Sylvia Reinart, Wolfgang Pöckl
Romanische Fachsprachen

Romanistische Arbeitshefte

―――
Herausgegeben von
Volker Noll und Georgia Veldre-Gerner

Band 63

Sylvia Reinart, Wolfgang Pöckl

Romanische Fachsprachen

Eine Einführung mit Perspektiven
aus der Übersetzungswissenschaft

DE GRUYTER

ISBN 978-3-11-040040-3
e-ISBN (PDF) 978-3-11-040041-0
e-ISBN (EPUB) 978-3-11-040054-0
ISSN 0344-676X

Library of Congress Cataloging-in-Publication Data
A CIP catalog record for this book has been applied for at the Library of Congress.

Bibliografische Information der Deutschen Nationalbibliothek
Die Deutsche Nationalbibliothek verzeichnet diese Publikation in der Deutschen Nationalbibliografie; detaillierte bibliografische Daten sind im Internet über http://dnb.dnb.de abrufbar.

© 2015 Walter de Gruyter GmbH, Berlin/Boston
Druck und Bindung: CPI books GmbH, Leck
♾ Gedruckt auf säurefreiem Papier
Printed in Germany

www.degruyter.com

Für meine Studierenden in Salzburg, Valencia, Germersheim und Innsbruck.
W.P.

Für Manfred, den Erfinder & für Karina, die Findige.
S.R.

Vorwort

Der Arbeitsmarkt fordert zunehmend fachsprachliche Kompetenzen. Studierende von Fächern mit obligatorischem Fremdsprachenanteil werden schon seit längerer Zeit gezielt mit didaktischen Angeboten bedient. Der Buchmarkt hält Lehrbücher für Wirtschaftsspanisch oder für Tourismus-Italienisch bereit, meist sogar konkurrierende Werke verschiedener Verlage. Auch Aufbaugrammatiken, die in allgemeine Strukturen von Fachtexten einer bestimmten Sprache einführen, haben sich erfolgreich etabliert. Einführungen in das Schreiben englischer Fachtexte aller Sparten finden reißenden Absatz. Was dagegen bislang fehlt, ist eine handliche Publikation, die das Thema Fachsprachen in leicht verständlicher Form in einen sprachwissenschaftlichen Kontext einbettet.

Das vorliegende Arbeitsheft richtet sich an Studierende unterschiedlicher Fächer, in denen eine vertiefte Beschäftigung mit einer oder mehreren romanischen Sprachen vorgesehen ist. Es möchte also nicht nur gezielt die Bedürfnisse eines um fachsprachliche Komponenten erweiterten philologischen Studiums abdecken. Adressaten sind vielmehr auch Studierende der Kommunikationswissenschaft, der Translationswissenschaft oder der zahlreichen kulturwissenschaftlichen Studiengänge, die das Prädikat „europäisch" in ihrem Namen tragen. Diese Personengruppen möchten wir für die Besonderheiten von Varietäten sensibilisieren, mit denen sie in ihren Berufen später regelmäßig konfrontiert sein und die sie vermutlich auch selbst gebrauchen werden. Welche Berufe dies sind, lässt sich wahrscheinlich in vielen Fällen noch nicht präzise sagen, denn viele Studien eröffnen ein breites Spektrum an Optionen, vom Wirtschaftsjournalismus über die Werbebranche oder *technical writing* bis hin zur Politikberatung. Die Fähigkeit, im Studium erworbenes Wissen flexibel umzusetzen und auf neue Situationen anzuwenden, wird ja besonders Geisteswissenschaftlern heute als hervorragend entwickelte Kompetenz zugeschrieben.

Die Zielgruppe dieser Einführung ist damit sehr heterogen, was bei der Abfassung der Kapitel berücksichtigt wurde. Im Idealfall sind die Leser bereits mit sprachwissenschaftlichen Fragestellungen vertraut oder zumindest an ihnen interessiert. Spezialisierte Kenntnisse werden jedoch nicht vorausgesetzt, im Gegenteil: Selbst elementare Begriffe sind durchweg im betreffenden Kontext erklärt. Im vorliegenden Arbeitsheft werden die Grundprobleme der gegenwartsbezogenen Fachsprachenforschung erläutert und ihre – vor allem für die Praxis – wichtigsten Ergebnisse sichtbar gemacht. Gleichzeitig wird auf offene Fragen hingewiesen, die Raum für weitere Forschungsarbeiten erkennen lassen. Da die Fachsprachenforschung eine recht junge Disziplin ist, aber von Natur aus in zahllose Fächer hineinreicht, hält sie hierfür ein nahezu unerschöpfliches Reservoir an Themen bereit.

Eine Anmerkung sei speziell an die Adresse der Fachromanisten gerichtet. Die Verfasser sind sich des Umstandes bewusst, dass es die Romanistik heute nur mehr als Organisationseinheit und kaum mehr als Studienfach gibt. Studierende an großen Universitäten, die gewohnt sind, für jedes philologische Studium nicht nur in der Sprachausbildung, sondern auch im literatur-, kultur- und sprachwissenschaftlichen Bereich eigene fachbezogene Lehrveranstaltungen im Vorlesungsprogramm vorzufinden, mögen sich daran stoßen, dass in diesem Heft nicht immer für jedes Phänomen Belege aus *allen* größeren romanischen Sprachen aufgeführt werden, wenn ein Beispiel aus *einer* Sprache stellvertretend für die anderen stehen kann. Was als bloß platzsparendes Verfahren erscheinen könnte, sollte jedoch, durchaus beabsichtigt, positive Nebeneffekte für die romanistische Horizonterweiterung haben. Dennoch sind Zitate in romanischen Sprachen stets von deutschen Übersetzungen in den Fußnoten begleitet, da nicht vorausgesetzt wurde, dass z.B. Hispanisten französische Texte problemlos lesen können. Insbesondere bei Zitaten aus älteren Sprachzuständen orientieren sich die Übersetzungen stark am Wortlaut des Originals, um damit die philologische Erschließung zu erleichtern.

Hinsichtlich der Sprachkompetenzen der Leserschaft wurde davon ausgegangen, dass muttersprachliche oder jedenfalls gut entwickelte bildungssprachliche Kompetenz in Deutsch vorausgesetzt und auch mit dem an Schulen deutschsprachiger Länder üblicherweise vermittelten metasprachlichen Wissen gerechnet werden darf. Nur vor diesem Hintergrund war es sinnvoll, konsequent einen kontrastiven Blickwinkel anzulegen und, wo immer es erkenntnisfördernd erschien, auf signifikante Unterschiede zwischen deutschen und romanischen Verhältnissen hinzuweisen und Differenzen bisweilen auch in den Übungsaufgaben zu thematisieren. Letztere sind oft so konzipiert, dass sich eine allgemein formulierte Frage in Bezug zu Einzelsprachen setzen und lösen lässt; daher kommt in den Formulierungen der Aufgabenstellungen regelmäßig der Ausdruck *Ihre romanische(n) Sprache(n)* vor, womit das jeweilige Studienfach gemeint ist. Bei der Besprechung mancher Themen war es auch angezeigt, das Sprachenspektrum zu erweitern und Englisch (z.B. als *lingua franca* des heutigen Wissenschaftsbetriebs) oder Russisch (z.B. im Zusammenhang mit der Rolle der Internationalismen) einzubeziehen. Die starke Präsenz deutschsprachiger Literatur, auf die zurückgegriffen wird, erklärt sich also einerseits aus der Sprachkenntnis der angesprochenen Leserschaft, andererseits aber auch mit dem Umstand, dass die deutschsprachige Fachsprachenforschung sehr aktiv und innovativ ist.

Das Arbeitsheft besteht aus elf Kapiteln. Das entspricht, wenn man eine oder zwei einführende Stunden und einen Klausurtermin einrechnet, der realistischen Anzahl von Unterrichtseinheiten in einem Semester.

Die sich an die einzelnen Kapitel anschließenden Übungen sind in der Regel als Anregung zur Vertiefung und zur Diskussion zu verstehen, nicht als Fragen mit „richtigen" Antworten, die man in einem Lösungsschlüssel präsentieren könnte. Vielfach werden die Resultate der Arbeitsaufträge auch von den örtlichen Gegebenheiten – z.B. dem Vorhandensein bestimmter Nachschlagewerke, Hilfsmittel etc. –

abhängen. Die gesamtromanistische Konzeption führt natürlich im Idealfall zu einem Vergleich von Ergebnissen aus unterschiedlichen Sprachen, da sich so auf natürliche Weise ein größeres Spektrum an Lösungen ergibt und das Gefühl für unterschiedliche Optionen, die Sprachen und Sprecher zur Verfügung haben, geschärft wird.

Im Text werden keine besonderen Zeichen oder Abkürzungen verwendet. Lediglich zur Kennzeichnung der Sprachen werden transparente Kürzel verwendet, und zwar (in alphabetischer Reihenfolge):

dt.	deutsch
en.	englisch
fr.	französisch
gr.	(alt)griechisch
it.	italienisch
lad.	ladinisch
lt.	lateinisch
mlat.	mittellateinisch
pt.	portugiesisch
ru.	russisch
rum.	rumänisch
sp.	spanisch

Die Frage, ob bei Nennung von Personengruppen sowohl die weibliche als auch die männliche Form gesetzt werden sollen, sind wir pragmatisch angegangen. Wir haben teilweise gegendert, uns im Sinne von Ausdrucksökonomie und besserer Lesbarkeit oft aber auch für das generische Maskulinum entscheiden. Selbstredend sind die männlichen Formen an allen Textstellen als inkludierend zu verstehen.

Die Autoren freuen sich über sämtliche Rückmeldungen, die sie von Lehrenden oder Studierenden zu ihren Erfahrungen mit diesem Arbeitsheft erhalten.

Innsbruck/Germersheim am Rhein, im September 2015

Wolfgang Pöckl/Sylvia Reinart

Inhaltsverzeichnis

1 Die gesellschaftliche Relevanz von Fachsprachen in der modernen Lebenswelt — 1
1.1 Fachsprachen in Curricula des 21. Jahrhunderts — 1
1.2 Fachsprachen im Rahmen der Architektur natürlicher Sprachen — 3
1.3 Fachsprachen als Faktoren des Sprachausbaus — 6
1.4 Das gesellschaftliche Prestige der Fachsprachen — 8
1.5 Irritationspotentiale und Reaktionen — 9
Aufgaben — 12

2 Herausbildung von Fächern und Fachsprachen — 13
2.1 Warum gibt es Fachsprachen? — 13
2.2 Der Fächerkanon der Antike — 14
2.3 Der Fächerkanon der Universitäten — 15
2.4 Die Sphäre der handwerklichen Berufe — 16
2.5 Die Sprachen der Fachleute — 17
Aufgaben — 21

3 Geschichte der Fachsprachenforschung — 23
3.1 Vorläufer und Vorstufen der Fachsprachenforschung — 23
3.1.1 Wissenschaftsgeschichte — 24
3.1.2 Wörter und Sachen — 24
3.1.3 Volkskunde — 25
3.1.4 Terminologiewissenschaft — 26
3.1.5 Wirtschaftslinguistik — 27
3.2 Fachsprachenforschung als linguistische Disziplin — 28
3.2.1 Die Bezeichnungen des Konzepts ‚Fachsprache' in germanischen und romanischen Sprachen — 28
3.2.2 Die Wortfamilie *Fachsprache* — 29
3.2.3 Publikationen zum Thema Fachsprachen im deutschsprachigen Raum — 30
3.3 Fachsprachenforschung in der Romania — 31
Aufgaben — 33

4 Definitionen und Modelle — 35
4.1 Fachsprachendefinitionen — 35
4.1.1 Definitionsproblematik — 35
4.1.2 Abgrenzungsgegenstand (das *tertium comparationis* des Vergleichs) — 36
4.1.3 Sprachliche Abgrenzungsparameter — 37
4.1.4 Definition über nichtsprachliche und parasprachliche Parameter — 38

4.2 Fachsprachliche Modelle —— 42
4.2.1 Von „der" Fachsprache zu *den* Fachsprachen: die interne Differenzierung —— 42
4.2.2 Einflussreiche Fachsprachenmodelle —— 43
4.3 Abschließende Betrachtung/Fazit —— 49
Aufgaben —— 51

5 Strukturelle Spezifika von Fachsprachen der Gegenwart unterhalb der Wortebene —— 53
5.1 Phonematik/Phonotaktik und Graphemik —— 53
5.1.1 Phonematik/Phonotaktik —— 53
5.1.2 Graphemik —— 55
5.2 Flexionsmorphologie —— 56
5.3 Wortbildungsmorphologie —— 59
5.3.1 Suffixe zur Bildung von Relationsadjektiven —— 59
5.3.2 Konfigierung —— 60
Aufgaben —— 61

6 Terminus/Terminologie —— 63
6.1 Das Verhältnis zwischen Wort und Terminus —— 63
6.2 Qualitätsmerkmale von Termini und allgemeine Benennungsprinzipien —— 64
6.2.1 Qualitätsmerkmale —— 64
6.2.2 Terminologische Benennungsprinzipien —— 66
6.3 Probleme: Überprüfung der Thesen zum Fachwortschatz auf kontrastiver Ebene —— 67
6.3.1 Soll-Norm vs. Ist-Norm —— 67
6.3.2 Spannungsverhältnis und Interdependenz der Qualitätskriterien —— 69
6.3.3 Benennungsbildung/Entstehung von Fachtermini —— 74
6.3.4 Fächergeschichtliche und fächerbezogene Besonderheiten —— 76
6.3.5 Fazit —— 78
Aufgaben —— 79

7 Internationalismen; *faux amis*; Inkongruenzen —— 81
7.1 Internationalismen —— 81
7.1.1 Begriffsbestimmung —— 81
7.1.2 Internationalismen in den Fachsprachen —— 83
7.2 Faux amis —— 85
7.2.1 Begriffsherkunft und Definition —— 85
7.2.2 Klassifizierung der *faux amis* —— 87
7.2.3 Probleme —— 92
7.3 Interlinguale Inkongruenzen —— 94
Aufgaben —— 96

8	**Fachliche Phraseologie und Syntax —— 97**	
8.1	Grundlagen —— 97	
8.1.1	Anfänge der Phraseologismen-Forschung —— 97	
8.1.2	Terminologische Überlegungen zur Phraseologismen-Debatte —— 97	
8.2	Spezifische Eigenschaften von Phraseologismen —— 99	
8.3	Die fachsprachliche Syntax —— 103	
8.3.1	Syntaktische Reduktion und syntaktische Universalien —— 103	
8.3.2	Überprüfung von Reduktions- und Universalienthese —— 104	
8.3.3	Einzelsprachliche Charakteristika fachsprachlicher Syntax —— 107	
Aufgaben —— 108		

9	**Text —— 111**	
9.1	Was ist ein Text? —— 111	
9.2	Funktionen von Texten —— 112	
9.3	Textsorten —— 115	
9.4	Kontrastive Textologie —— 118	
Aufgaben —— 121		

10	**Fachübersetzung —— 123**	
10.1	Bedeutung der Fachübersetzung —— 123	
10.2	Unterschiedliche Akzentsetzung in Fachsprachenforschung und Übersetzungswissenschaft —— 125	
10.3	Fachübersetzungsprofile: Gibt es Spezifika der Fachtextübersetzung? —— 126	
Aufgaben —— 136		

11	**Weitere Berufsbilder im Kontext der Fachsprachen —— 137**	
11.1	Terminologe/Terminograph —— 137	
11.2	Technical Writer —— 139	
11.2.1	Definition und Tätigkeitsprofil —— 139	
11.2.2	Zielsetzung und Techniken des Technical Writing —— 141	
11.3	Popularisator —— 143	
11.3.1	Konzept der Popularisierung —— 143	
11.3.2	Formen und Funktionen der Popularisierung —— 145	
11.3.3	Inhalte und Techniken der Popularisierung —— 147	
Aufgaben —— 151		

Literaturverzeichnis —— 153

Index —— 167

1 Die gesellschaftliche Relevanz von Fachsprachen in der modernen Lebenswelt

1.1 Fachsprachen in Curricula des 21. Jahrhunderts

Die Bereitschaft, fachsprachenbezogene Lehrveranstaltungen in romanistische Ausbildungsgänge aufzunehmen, ist neueren Datums. Sie ist eine logische und notwendige Konsequenz der Tatsache, dass die Curricula längst nicht mehr nur auf zukünftige Lehrerinnen und Lehrer zugeschnitten sind. Die relative Vereinheitlichung der Studienpläne und der akademischen Abschlüsse innerhalb der Europäischen Union mit ihrer Konzentration auf jeweils ein eng eingegrenztes Fachgebiet (in der Romanistik in der Regel auf eine Sprache) macht eine breitere Berufsvorbildung erforderlich. Die Absolventin eines Masters in Hispanistik oder der Italianist B.A. sollen sich nach dem Übertritt in die Arbeitswelt möglichst rasch in ein Tätigkeitsfeld einarbeiten können, auf welches das Studium naturgemäß viel weniger gezielt vorbereiten konnte, als dies traditionell bei der Ausbildung für das Lehramt geschehen kann bzw. konnte.

Auch in einer Reihe von anderen Fächern haben fachsprachliche Kenntnisse in romanischen Sprachen, zum Teil schon seit langer Zeit, einen hohen Stellenwert. Für Musikologen ist das disziplinenspezifische Italienisch unverzichtbar. An Instituten für Geschichte tragen Lehrveranstaltungen vom Typ „Französisch für Historiker" der Tatsache Rechnung, dass viele relevante Dokumente der europäischen Geschichte, die Fachleute im Original lesen können sollten, auf Französisch abgefasst sind und Einführungen nicht nur in das Fachvokabular der Geschichtswissenschaft, sondern auch in die Formulierungstraditionen der einstigen Weltsprache der Diplomatie notwendig sind. In einem Fach wie der Archäologie spielt das Französische nach wie vor auch als Publikationssprache eine bedeutende Rolle, so dass hier wohl auch der aktive Gebrauch ein Erfordernis darstellt. Eine nur scheinbar gegenläufige Entwicklung hat sich durch den Bologna-Prozess in den Curricula der Translationsausbildung vollzogen. Während sich lange Zeit eine intensive Beschäftigung mit Denkweise und Sprachen der Technik, der Medizin, der Wirtschaft oder der Rechtswissenschaft in den Vorlesungsverzeichnissen in Form entsprechender Einführungslehrveranstaltungen abgebildet hat, verlagern sich nun diese allgemeineren Inhalte in die jeweiligen Übersetzungs- und Dolmetschübungen. Der Verlust an „Sichtbarkeit" der fachsprachlichen Komponente bedeutet allerdings nicht, dass ihr weniger Aufmerksamkeit gewidmet würde.

So darf man generell festhalten, dass nahezu alle Berufsbilder, die mit den Qualifikationsprofilen in den diversen Curricula kompatibel sind, fachsprachliche Kompetenzen erfordern, meist sogar in mehreren Gebieten und Sprachen. Wer im Kulturmanagement Fuß fassen will, wird sich auch mit Texten aus den Bereichen Recht und Wirtschaft auseinandersetzen müssen. Wer eine Zusatzausbildung in Wissenschaftsjournalismus macht, muss lernen, sich sehr schnell nicht nur mit dem Fachwortschatz, sondern auch mit Denkweisen unterschiedlicher Disziplinen vertraut zu machen. Ohne souveräne Beherrschung fachlicher Ausdrucksmittel kann man heutzutage in kaum einem akademischen Beruf erfolgreich sein. Und selbst an den Schulen, die sich immer mehr im Hinblick auf spätere berufliche Orientierungen der Schülerinnen und Schüler spezialisieren, nehmen fachsprachliche auf Kosten von allgemeinbildenden und schöngeistigen Unterrichtsinhalten immer mehr Raum ein, wobei auch hier der Einsatz von Fremdsprachen zur Vermittlung von fachlichen Inhalten (Stichwort CLIL, z.B. Geographie auf Englisch, Geschichte auf Französisch) immer stärker propagiert und in Einzelfällen bereits umgesetzt wird.

Als symptomatisch für den umfassenden Wandel von Bildungsidealen kann die Debatte betrachtet werden, die der anglistische Literaturwissenschaftler Dietrich Schwanitz (1940–2004) mit seinem Buch *Bildung. Alles, was man wissen muß* entfacht hat. Seine Behauptung, naturwissenschaftliche Kenntnisse lägen außerhalb des Bildungswissens (Schwanitz 1999, 482), hat – zweifellos berechtigte – Proteste hervorgerufen und Erinnerungen an eine bereits vier Jahrzehnte früher unter sehr ähnlichen Vorzeichen geführte Auseinandersetzung erinnert, die der englische Physiker und Wissenschaftspolitiker Charles Percy Snow (1905–1980) europaweit unter dem Stichwort *Two Cultures* (womit die Geistes- vs. die Naturwissenschaften gemeint sind) ausgelöst hat. Denn wenn auch die Quizshows im Fernsehen die realen Verhältnisse noch nicht widerspiegeln und eher den traditionellen Kanon hochhalten, ist doch mittlerweile evident, dass heute am modernen gesellschaftlichen Leben nur aktiv teilnehmen kann, wer sich in der komplexen Welt der neuen Kommunikations- und Informationstechnologien auskennt und sich darin natürlich auch sprachlich angemessen bewegen kann. So ist nun die Situation eingetreten, dass die Generation von Heranwachsenden, die schon als *digital natives* sozialisiert werden, die Elterngeneration, die bestenfalls als *digital immigrants* den Anschluss nicht zu verlieren versucht, in Bezug auf informations- und kommunikationstechnisches Knowhow in den Schatten stellt. Freilich sind die heutigen Entwicklungen auch auf diesem Sektor so vielfältig, dass sich auch die Jugendlichen bereits auf bestimmte Bereiche spezialisieren, wenn sie den Ehrgeiz besonderer Kennerschaft auf einem bestimmten Gebiet haben und ihren Vorsprung verteidigen wollen.

Mit diesen gesellschaftlichen Entwicklungen gehen auch sprachliche Tendenzen einher, die Sprachhistoriker aller europäischen Standardsprachen in den großen Linien übereinstimmend diagnostizieren. Während die Dialekte seit geraumer Zeit einem Nivellierungsprozess unterliegen (und in manchen Regionen bereits ganz verschwunden sind), findet eine immer stärkere fachsprachliche Ausdifferenzierung statt, die beträchtliche Auswirkungen sowohl auf den Gesamtcharakter der jeweiligen Sprachen als auch auf den Umgang des einzelnen Individuums mit der Sprache, mit seinem Sprachbesitz, hat. Diese Entwicklung zu beleuchten und zu thematisieren ist eine dringliche Aufgabe aller Fächer, die sich die Vermittlung von Sprach- und Kommunikationskompetenz zum Ziel setzen.

1.2 Fachsprachen im Rahmen der Architektur natürlicher Sprachen

Auch wenn Sprachlehrbücher oder normative Grammatiken aus pädagogischen Gründen oft den Eindruck erwecken, die beschriebene Sprache sei ein homogenes Gebilde, so wissen wir doch aus eigener Erfahrung, dass sowohl unsere Muttersprache als auch die erlernten Fremdsprachen Konglomerate aus verschiedenen Komponenten sind, die wir unterschiedlich gut, zum Teil aber auch gar nicht, beherrschen. Neben der kodifizierten Standardsprache (die im Fall des Deutschen auch nicht ganz einheitlich ist, weil es sich um eine plurizentrische Sprache handelt), gibt es eine Reihe von Varietäten unterschiedlichen Typs: Dialekte/Regiolekte, Soziolekte, Fachsprachen, Sondersprachen usw. Für das Verhältnis dieser Varietäten zueinander hat der aus Rumänien stammende Romanist Eugenio Coseriu (1921–2002) die anschauliche Metapher der „Architektur der Sprache" verwendet.[1] Die längste Erfahrung hat die Linguistik mit der Ausfächerung der Sprache im Raum, also mit den regionalen und lokalen Unterschieden; eine Dialektologie hat sich schon im 19. Jahrhundert herausgebildet. Mit den schichtenspezifischen Ausprägungen befasst sich die Sprachwissenschaft – in Form der Soziolinguistik – konsequent erst seit etwa einem halben Jahrhundert; in den sechziger Jahren wurde das Thema im Zusammenhang mit dem Problem von Sprachgebrauch und sozialem Status/Aufstieg intensiv diskutiert. Ob Fachsprachen überhaupt als genuiner Gegenstand der Linguistik zu betrachten sind, war dagegen noch bis vor wenigen Jahrzehnten eine offene Frage.

Die ersten Modelle, die Fachsprachen als Teile natürlicher Sprachen einbezogen, waren sehr einfach und unmittelbar verständlich. Einen solchen Ansatz hat Ende der siebziger Jahre der österreichische Romanist Mario Wandruszka (1911–2004) in seinem für ein breites Publikum geschriebenen Werk *Die Mehrsprachigkeit des Menschen* vorgestellt (Wandruszka 1979, 32). Sein Credo bezüglich der Architektur von ausdifferenzierten Kultursprachen lautet: „Eine Sprache ist viele Sprachen" (Wandruszka 1979, 39). Gemeint ist, dass wir als Mitglieder einer Sprachgemeinschaft zwar einen gemeinsamen Kern an Sprachbesitz haben, dass wir aber darüber hinaus auch über Kompetenzen in verschiedenen Varietäten der Peripherie verfügen, wenngleich nur sehr selektiv. Wir sprechen *einen* Dialekt, wir verstehen eine Reihe von Dialekten (aber kaum alle, die es im jeweiligen Sprachraum gibt). Bei den Fachsprachen ist es ähnlich. Man sieht übrigens an dem Modell, dass die Fachsprachen (Technolekte) rein quantitativ einen erheblichen Teil der Peripherie ausma-

---

[1] Die Relation der Varietäten zueinander kann in den Sprachen sehr unterschiedlich sein. Im Französischen etwa, das dialektal kaum gegliedert ist, lässt sich eine ziemlich einheitliche soziolektale Schichtung erkennen; d.h. es gibt einen gesamtfranzösischen Substandard. Im Deutschen ist das ganz anders: Der Substandard hat immer eine unverkennbar regionale Färbung.

chen. Es wäre daher illusorisch, sich alle in gleicher Weise aneignen zu wollen. Wir erschließen uns die Fachsprachen aktiv nur in dem Ausmaß, wie sie unsere Lebenswelt tangieren.

Abb. 1: Innersprachliche Mehrsprachigkeit nach Wandruska (1979, 32)

Allerdings sind wir heute vielen medialen Einflüssen ausgesetzt. Daraus leiten Sprachwissenschaftler die Beobachtung ab, dass sich die sprachliche Kompetenz wie auch die Performanz der heutigen Sprecher von denjenigen früherer Generationen deutlich unterscheiden. In seiner kleinen *Geschichte der deutschen Sprache* bringt der renommierte Germanist Peter von Polenz (1928–2011) diesen Aspekt auf den Punkt:

> Jeder Sprachteilhaber kommt als Zeitungsleser oder Hörer von Rundfunk und Fernsehen mit dem Wortschatz vieler Berufe und Lebensbereiche in tägliche Berührung. Beim einzelnen Sprachteilhaber hat sich dadurch das Verhältnis zwischen a k t i v e m und p a s s i v e m W o r t s c h a t z stark zugunsten des letzteren verschoben. Jeder hört oder liest immer wieder Fachwörter [...] und lernt allmählich viele solcher Wörter zu verstehen, wird sie aber nicht alle selbst verwenden oder ist in der Gefahr, sie ungenau oder falsch zu gebrauchen [...]. Auf die Übersättigung des passiven Wortschatzes ist es sicher zurückzuführen, daß sich in unvorbereiteter öffentlicher Rede, z.B. im Rundfunkinterview, bei vielen Sprechern oft Sprachhemmungen oder Verlegenheitslaute einstellen, und zwar gerade bei vielseitig interessierten und vielwissenden Menschen. Das ständige Hören ohne Antworten und Lesen ohne Sprechen beeinträchtigt bei vielen Menschen die Unbefangenheit gegenüber dem Sprachbesitz und die Sicherheit im Sprachgebrauch (von Polenz 1978, 137).

Diese Darstellung legt natürlich auch nahe, dass das Modell von Wandruszka dynamisch zu interpretieren ist. Immer mehr Elemente strömen aus den Fachsprachen in die Sprache unseres Alltags. Sowohl Wandruszka als auch von Polenz richten ihre Aufmerksamkeit mehr oder weniger ausschließlich auf das Lexikon. Wir werden später noch zeigen, dass nicht nur Wortschatz, sondern vielfach auch ein generell fachsprachlicher Duktus in andere Varietäten einsickern kann.

Aber auch die Beobachtung der Bewegungen im Lexikon ist sehr aufschlussreich. Wenn man annimmt, dass gemeinsprachliche Wörterbücher einen Spiegel des Sprachgebrauchs und des sprachlichen Informationsbedarfs des Durchschnittssprechers darstellen, so dokumentiert der systematische Vergleich aufeinanderfolgender Auflagen lexikographischer Produkte (also z.B. des Duden) seit der Mitte des 20. Jahrhunderts eine exponentiell steigende Neuaufnahme von als „fachsprachlich" indizierten Einträgen. Dabei kann eine Markierung nach einiger Zeit auch wieder gelöscht werden, weil das betreffende Wort mittlerweile als gemeinsprachlich betrachtet wird. Dieses Phänomen, das man verschiedentlich als Intellektualisierung oder Verwissenschaftlichung der Umgangssprache bezeichnet hat, ist auch aus sprachsoziologischer Sicht außerordentlich relevant.

Es sind freilich nicht alle Fachsprachen gleichermaßen, die aus der Peripherie ins Zentrum drängen. Wissensgebiete, die nur eine Minderheit der Bevölkerung betreffen und interessieren, werden selbst in noch so aktuellen Wörterbüchern nicht mehr Platz einnehmen als früher. Die Sprachwissenschaft beispielsweise ist immer schon ein Wissenszweig für eine verschwindende Minderheit der Gesellschaft gewesen, weshalb man den Fachwortschatz dieser Disziplin auch nicht im gemeinsprachlichen Wörterbuch – wie umfassend es immer sein mag – suchen wird, sondern ausschließlich im spezialisierten Sachlexikon. Anders sieht die Situation für Bereiche aus, die sich seit längerer Zeit wachsenden Interesses breiterer Bevölkerungsschichten erfreuen: Medizin, Psychologie, Wirtschaft, Kraftfahrzeugtechnik, Unterhaltungsindustrie, Umweltschutz. Ganz besonders schwer haben es die Wörterbuchmacher, die „fortlaufende Expansion erklärungsbedürftiger technischer und nichttechnischer Objekte in unserem Alltag" (Zehrer 2014, 14) zu verfolgen und das Vokabular, das man beim Sprechen über Laptops, Smartphones, Navigationssysteme, Online-Banking etc. benötigt, aufzunehmen. Angesichts der Kurzlebigkeit vieler Wörter, die mit den bezeichneten Objekten kommen und gehen, ist die manchmal als defensiv erscheinende Haltung der Lexikographen verständlich. Die Produkt- und Innovationszyklen in der Industrie werden immer kürzer. Dieser Rhythmus kann höchstens von digitalen Nachschlagewerken einigermaßen zeitnah nachvollzogen werden, weshalb gedruckte Wörterbücher heute im Generalverdacht stehen, schon bei ihrem Erscheinen nicht mehr aktuell zu sein.

1.3 Fachsprachen als Faktoren des Sprachausbaus

Der deutsche Sprachsoziologe Heinz Kloss (1904–1987) entwickelte Anfang der fünfziger Jahre des letzten Jahrhunderts ein Modell, das die kommunikative Leistungsfähigkeit sprachlicher Varietäten abbildet. Dabei ging es Kloss zunächst um die Herausarbeitung von Kriterien für die Unterscheidung zwischen Sprache und Dialekt. Dieses Modell hat sich in der Soziolinguistik und im Bereich der Sprachpolitik mittlerweile fest etabliert, da es sich auch gut dafür eignet, diachrone Entwicklungen zu veranschaulichen. In unserem Zusammenhang können wir es benützen, um nachvollziehbar zu machen, welche Bedeutung das Vorhandensein oder Fehlen von fachsprachlichen Texten einerseits für die Funktionsbreite und andererseits für das Prestige einer Sprache bzw. einer Varietät hat.

Die Grundidee des Modells besteht darin zu zeigen, über welche Etappen Kommunikationsgemeinschaften ihre Sprache in wichtige Domänen – Verwaltung, Bildung, Kult, Literatur, Wissenschaft – einrücken. Diesen Prozess nennt Kloss Ausbau. Die äußere Geschichte der europäischen Sprachen ist ja zu einem wesentlichen Teil eine Geschichte der Emanzipation (zumeist vom Lateinischen, in Südosteuropa vom Griechischen, im Fall junger Minderheitensprachen auch von mächtigen Nationalsprachen) und somit eine Geschichte des Ausbaus, denn die Rollen der jeweils dominierenden Sprache mussten von der eigenen Varietät/Sprache übernommen werden (können). Die Domänen, die für die Anerkennung einer Varietät als eigenständige Sprache besonders relevant sind, unterscheiden sich von Epoche zu Epoche. Heute spielt natürlich die Präsenz in den Medien eine zentrale Rolle, während früher die Verwendung als Kirchen-/Kultsprache von großer Wichtigkeit war.

Das Modell von Kloss besteht aus drei mal drei Quadraten. Auf der x-Achse werden drei thematische Bereiche unterschieden, auf der y-Achse werden die so genannten Entfaltungsstufen (die den drei im Bildungswesen unterschiedenen Niveaus entsprechen) eingetragen (Kloss ²1978, 46–49; die Charakterisierung der durch Großbuchstaben markierten Parameter ist von uns komprimiert wiedergegeben):

Anwendungsbereiche

E = eigenbezogene Themen (d.h. Texte, die sich auf die eigene Lebenswelt beziehen; z.B. volkskundliche Schriften, Heimatliteratur)

K = kulturkundliche Fächer (Geisteswissenschaftliches im weitesten Sinn, auch religiöses Schrifttum

N = Texte aus den Bereichen Naturwissenschaften und Technologie

Entfaltungsstufen

V = Jedermannsprosa auf Volksschulstufe

G = der Bildungsstufe der Sekundarschule entsprechende Zweckprosa, vorzugsweise zu Geschichte/Geographie des eigenen Lebensraums

F = Forscherprosa, wissenschaftliche (Original-)Texte

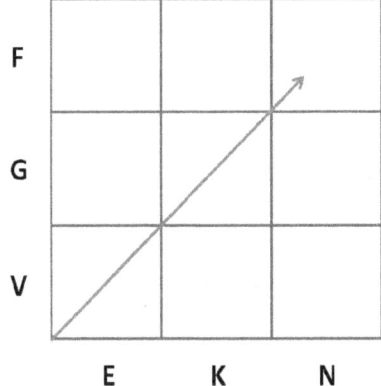 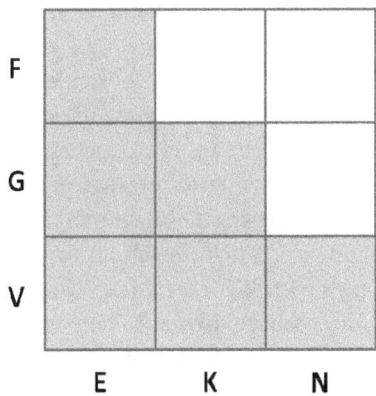

Abb. 2: Modell des Sprachausbaus (Kloss ²1978, 48 und 49)

Die organische Entwicklung des Ausbaus verläuft *grosso modo* von links unten nach rechts oben. Der Vollausbau einer Sprache ist erreicht, wenn sie als Kommunikationsmittel der Forschung, insbesondere in den Naturwissenschaften, zum Einsatz kommt.

In der Romania finden wir Sprachen in den unterschiedlichsten Ausbausituationen vor. Junge Sprachen (also solche, die erst seit kurzem politisch anerkannt sind) wie Dolomitenladinisch oder Korsisch müssen sich verschiedene Domänen erst „erobern". Manche Minderheitensprachen, die in der Vergangenheit große Bedeutung hatten, wie etwa das Okzitanische, haben seit dem Mittelalter wichtige Domänen verloren und müssen heute befürchten, zu Dialekten degradiert bzw. „heruntedefiniert" zu werden. Aber auch die großen Nationalsprachen schweben in der Gefahr, das Kriterium für den Vollausbau, nämlich die Verwendung als

Kommunikationsmittel in der naturwissenschaftlich-technischen Forschung, nicht mehr zu erfüllen, da auf diesem Gebiet das Englische in globalem Maßstab die Monopolstellung beansprucht. Da ein Großteil der betroffenen Wissenschaftler mit dieser Entwicklung einverstanden zu sein scheint, ist der Trend zur englischen Einsprachigkeit in zahlreichen Disziplinen heute ungebrochen. Auf geisteswissenschaftlicher Seite regt sich allenthalben noch Widerstand (cf. z.B. Goebl 2010). Es ist natürlich zu bedenken, dass im Lauf der Geschichte noch „nie alle (National)-Sprachen als Wissenschaftssprachen akzeptiert wurden" (Auer/Bassler 2007, 29). Dass sich das Ungleichgewicht gerade vor dem Hintergrund der Gleichheitsrhetorik der Europäischen Union immer mehr verstärkt, veranschaulicht die Kluft zwischen Ideal und Realität.

1.4 Das gesellschaftliche Prestige der Fachsprachen

Das Modell von Kloss macht deutlich, dass die Fachsprachen (insbesondere der Naturwissenschaften) unter den verschiedenen Varietäten einer Sprache in den westlichen Kulturen einen besonders hohen Rang einnehmen. Ihr Ansehen erklärt sich wiederum daraus, dass die anerkannten Träger dieser Fachsprachen hohes gesellschaftliches Prestige genießen.

Diese Konstellation erzeugt eine Reihe gesellschaftlicher Konfliktsituationen, die mit soziologischen Kategorien gut beschrieben werden können. Wissenschaftler sind sich ihrer Macht bewusst und versuchen ihren Status zu erhalten. Das bedeutet, dass sie ihr Wissensmonopol zu verteidigen trachten, um die „Expertokratie" in unseren Gesellschaften aufrechtzuerhalten. Allerdings gilt natürlich, was der namhafte Romanist Harald Weinrich (*1927) einmal so formuliert hat: „Alle wissenschaftlichen Erkenntnisse sind [...] einem allgemeinen Veröffentlichungsgebot unterworfen, und kein privates Wissen oder Geheimwissen darf sich wissenschaftlich nennen" (Weinrich 2001, 210). Geheimes Wissen könnte auch das Ansehen eines Wissenschaftlers in der Öffentlichkeit gar nicht fördern. Andererseits scheinen Experten oft darauf bedacht zu sein, ihre Erkenntnisse so darzustellen, dass sie nicht ohne weiteres von einem großen Kreis von Menschen rezipiert werden können.

In der deutschen und in den romanischen Wissenschaftskulturen wird diese Haltung eher akzeptiert als in den angelsächsischen, wo seit jeher argumentiert wird, dass die Wissenschaft von der Öffentlichkeit finanziert wird und diese daher auch ein Anrecht darauf hat zu erfahren, was mit den zur Verfügung gestellten Steuergeldern passiert. In anglophonen Ländern sozialisierte Wissenschaftler sind sich daher nicht nur ihrer „Bringschuld" eher bewusst als deutsche oder französische FachkollegInnen, sie sind in der Regel auch besser darin geschult, ihre Erkenntnisse einem breiteren Publikum zu erklären.

Der Druck auf die Fachleute, gesellschaftlich relevantes Wissen in Umlauf zu bringen, hat sich in letzter Zeit auch außerhalb der englischsprachigen Länder verstärkt (was dann allerdings vielfach Wissenschaftsjournalisten übernehmen). Eine besonders heikle Schnittstelle des Wissenstransfers stellt die Beratung von politischen Entscheidungsträgern durch Experten dar. Wenn die Fachleute nicht in der Lage oder willens sind, PolitikerInnen über Themen aufzuklären, die nur mit einem hohen Grad an Sachkenntnis zu verstehen sind (man denke an Fragen wie Klimawandel, erneuerbare Energien, Genmanipulation, Stammzellenforschung), so besteht die Gefahr, dass Gesetze ohne ausreichende sachliche Grundlage beschlossen werden und Lobbyisten mehr Gehör finden als unabhängige Wissenschaftler. In solchen Situationen ist es besonders wichtig, dass Informationsbarrieren von Seiten der Wissenschaft abgebaut werden.

Prestige fördert Nachahmung. Daher versuchen Laien häufig, ihrerseits ihren gesellschaftlichen Status durch Verwendung von Fachwörtern zu erhöhen. Viele Ausdrücke sind in den letzten Jahrzehnten aus ihren fachlichen Zusammenhängen herausgelöst worden und sind heute Wörter der Gemeinsprache. Manche dieser Entlehnungen aus den Fachsprachen haben heute jedoch eine ganz andere Bedeutung als in ihrem Fach (deutsche Beispiele: *Quantensprung*, *Halbwertszeit*, *Fehlleistung*).

Es ist aber auch zu beobachten, dass die Verbreitung von Informationen besonders im Netz dazu führt, dass von der vielbeschworenen Demokratisierung des Wissens durch das Internet Gebrauch gemacht wird. Dies gilt natürlich insbesondere für Bereiche, die die Menschen unmittelbar betreffen. Ärzte bestätigen übereinstimmend, dass Patienten sich in Gesundheitsportalen oft umfassend informieren und zumindest im Zusammenhang mit ihren eigenen gesundheitlichen Problemen regelrechtes Expertenwissen aneignen, die medizinische Fachterminologie eingeschlossen. Durch solche Entwicklungen werden traditionelle sozioprofessionelle Hierarchien beträchtlich relativiert.

1.5 Irritationspotentiale und Reaktionen

Solange die Beschäftigung mit fachlichen Inhalten und der damit verbundenen Sprachform aus intrinsischer Motivation und in der Hoffnung auf Informations- und vielleicht auch Statusgewinn erfolgt, werden im Allgemeinen relativ hohe Verständnishürden in Kauf genommen. Als Staatsbürger sieht man sich jedoch auch gelegentlich in die Situation versetzt, sich mit fachsprachegesättigten Texten auseinandersetzen zu müssen, denen man eher defensiv gegenübersteht: Steuerbescheiden, Versicherungsverträgen, behördlichen Verfügungen etc. In solchen Fällen gewinnen die Adressaten leicht den Eindruck, der Text sei mit der Absicht bis zur Unverständlichkeit so verklausuliert formuliert worden, dass man zur Interpretation einen Steuerberater oder einen Rechtsanwalt zu Hilfe rufen muss. Auch Studierende hegen gelegentlich die Vermutung, dass in der Fachliteratur, die sie zu lesen haben, von den Verfasser mutwillig Verständnisbarrieren aufgebaut worden sind (ein Verdacht, der nicht immer leicht von der Hand zu weisen ist). Den Studierenden sei zur

Beruhigung versichert, dass auch Fachleute die Texte und Theorien ihrer Kollegen nicht immer verstehen, was verschiedene Ursachen haben kann.

Unklarheit, wo man meint, ein Recht auf transparente Darlegung zu haben, erzeugt Irritation. Dann wird der Ärger artikuliert, indem man auf das „Juristenkauderwelsch", den „Soziologenjargon", das „Beamtendeutsch" oder generell das „Fachchinesisch" schimpft. Wenn es jedoch nicht nur um die durch die sprachliche Darstellung erschwerte Erweiterung des Wissens geht, sondern der Eindruck entsteht, dass die fachspezifische Formulierung legitime persönliche Interessen beeinträchtigt, wird – gewiss oft zurecht – der Vorwurf der Sprach- bzw. der Kommunikationsbarriere erhoben. Amtliche Bescheide oder Arzt-Patienten-Gespräche können das Gefühl der Ausgrenzung hervorrufen. Seit geraumer Zeit gibt es in vielen Ländern sprachkritische Bemühungen, die zum Abbau der Barrieren beizutragen versuchen. Während in der medizinischen Ausbildung vielerorts an einer Verbesserung der Kommunikation gearbeitet wird, zeigt sich die Sprache der Institutionen durchweg sehr veränderungsresistent.

Eine produktive Form der Verarbeitung des Unbehagens an solchen Barrieren ist das Verfassen von Parodien. Bekannt ist etwa die Serie von Versionen des Rotkäppchens. Hier ein kurzer Ausschnitt aus der Fassung für Informatiker:

> Es war einmal ein kleines, süßes Mädchen, das immer ein Käppchen aus rotem Samt trug. Auf Grund dieses Attributes erhielt es ein Assign unter dem symbolischen Namen ‚Rotkäppchen'. Eines Tages sprach die Mutter: „Rotkäppchen, die Gesundheit deiner Großmutter hat einen Interrupt bekommen. Wir müssen ein Pflegeprogramm entwickeln und zur Großmutter bringen, um das Problem zu lösen. Verirre dich aber nicht im Wald der alten Sprachen, sondern gehe nur strukturierte Wege. Nutze dabei immer eine Hochsprache der vierten Generation, dann geht es der Großmutter schnell wieder gut. Und achte darauf, dass dein Pflegeprogramm transaktionsorientiert ist, damit es die Großmutter nicht noch mehr belastet".[2]

Gegenstand parodistischer Auseinandersetzung sind vielfach auch Praktiken des Wissenschaftsbetriebs, die vor allem bei Laien leicht den Verdacht erwecken, durch Übertreibung zum Selbstzweck zu werden oder mehr der Selbstdarstellung des Verfassers als der nüchternen Darstellung des Gehalts zu dienen. Ein bevorzugtes Objekt des Spotts ist dabei die Fußnote, angeblich ein besonderes Liebkind der deutschen Wissenschaftskultur[3] (und in den USA als typischer Ausdruck von *teutonic scholarship* belächelt). In einem Sammelband, der die einzelnen Etappen eines Promotionsstudiums ironisch kommentiert und auch einen eigenen Beitrag zur Fußnote enthält, heißt es (hier gekürzt um die Fußnoten):

---

2 http://survol.de/comix/rotkaeppchen.htm#edv (Abruf 25.07.2014); orthographische Fehler wurden getilgt.
3 Cf. Anthony Grafton (1998): *Die tragischen Ursprünge der deutschen Fußnote*. Aus dem Amerikanischen von H. Jochen Bußmann. München, Deutscher Taschenbuch Verlag (dtv 30668), eine absolut seriös gemeinte Monographie.

> Als Maßeinheit für den Fußnotenumfang wurde vom internationalen Pedinotalogenkongreß [Pedinotalogie = Wissenschaft von den Fußnoten] in Paris 1991 das Pedzibel festgelegt. Ein Pedzibel entspricht bei 20° Celsius und einem Luftdruck von 1.013 Hektopascal sowie bei einer gegenüber dem Haupttext um 50% reduzierten Schriftgröße der Fußnoten 10% der Gesamttextfläche [...]. 1 Pedzibel gilt als Untergrenze für wissenschaftliche Arbeiten. Für Dissertationen, die mit „cum laude" und besser bewertet werden, wurde ein Minimum von 1,68 Pedzibel ermittelt (Hakelmacher 2000, 82).

Neben den zahlreichen Parodien, die sprachliche Merkmale von Fachtexten oder Konventionen von Textsorten aufs Korn nehmen und von einem breiten Leserkreis rezipiert werden können, gibt es vereinzelt auch parodistische Polemiken auf sehr hohem Niveau, in denen nicht nur bestimmte stilistische Eigenheiten, sondern auch und besonders argumentative Verfahren wissenschaftlicher Schulen der Kritik ausgesetzt werden. Ein Beispiel, das in den letzten Jahren weite Kreise gezogen hat, ist der Aufsatz *Transgressing the boundaries: Toward a transformative hermeneutics of quantum gravity*, der nach Durchlaufen der üblichen *peer review* in der kulturwissenschaftlichen Zeitschrift *Social Text* veröffentlicht wurde. Der Autor Alan Sokal ist ein amerikanischer Physiker, der den modischen kulturwissenschaftlichen Diskurs der französischen Postmoderne als *fashionable nonsense* – in der deutschen Übersetzung als *eleganten Unsinn* – demaskieren wollte, indem er hauptsächlich Zitate aus Werken der großen Autoritäten der kritisierten Richtung zu einem Text verknüpfte. Da die Affäre hohe Wellen schlug, sah sich Sokal – vermutlich nicht ungern – genötigt, Erklärungen und Rechtfertigungen für seinen Angriff auf eine höchst einflussreiche Denkrichtung, der er missbräuchliche und unverstandene Übernahme mathematischer und physikalischer Kategorien in die Geisteswissenschaften vorwirft, abzugeben. Wir zitieren eine Passage aus der deutschen Übersetzung seiner Erklärung:

> Wie das Genre, das er parodieren soll [...], ist mein Aufsatz eine Mischung aus Wahrheiten, Halbwahrheiten, Viertelwahrheiten, Fehlern, Trugschlüssen und syntaktisch richtigen Sätzen, die keinerlei Bedeutung haben. [...] Ich habe mich auch anderer Strategien bedient, deren Verwendung in diesem Genre (wenngleich manchmal unbeabsichtigt) gang und gäbe ist: Verweise auf Autorität anstelle von Logik; die Präsentation spekulativer Theorien als anerkannte Wissenschaft, strapazierte und sogar absurde Analogien, wohlklingende, aber zweideutige Rhetorik und die „Verwechslung" zwischen der Alltags- und der wissenschaftlichen Bedeutung von Wörtern. (Übrigens: Alle in meinem Aufsatz zitierten Arbeiten existieren tatsächlich, und alle Zitate sind exakt wiedergegeben; kein einziges wurde erfunden) (Sokal 1999, 319–321).

Wie das Parodieren von literarischen Texten, das vereinzelt als gute Einübung in den professionellen Umgang mit Literatur empfohlen wird (z.B. Fricke/Zymner 1991), könnte auch das Schreiben von wissenschaftsparodistischen Texten ein probates Mittel sein, ein sicheres Gefühl für die fachüblichen Stilkonventionen zu erwerben, denn dieses Verfahren macht sensibel für Verschleierungen, Übertreibungen und sprachliches Imponiergehabe.

Aufgaben

1. Eruieren und beschreiben Sie gemäß dem Modell von Kloss den Ausbaugrad der romanischen Sprachen, mit denen Sie sich beschäftigen.
2. Suchen Sie auf- und abwertende Benennungen für *Fachsprachen* bzw. *Fachjargon* in romanischen Sprachen. Bedenken Sie, dass es in manchen Sprachen nicht nur Wörter, sondern auch spezifische produktive Wortbildungsmittel für diesen Zweck gibt. Sind die Ausdrücke alle „politisch korrekt"?
3. Diskutieren Sie die Behauptung von Schwanitz (1999, 482): „Naturwissenschaftliche Kenntnisse müssen zwar nicht versteckt werden, aber zur Bildung gehören sie nicht".
4. Schreiben Sie eine Parodie „Rotkäppchen für Sprachwissenschaftler" (alternativ: „für Kulturwissenschaftler").
5. Lesen Sie Goebl (2010) und evaluieren Sie seine Argumente für Mehrsprachigkeit in den Wissenschaften.

2 Herausbildung von Fächern und Fachsprachen

2.1 Warum gibt es Fachsprachen?

Die Entstehung von Fachsprachen wird generell als Konsequenz der Arbeitsteilung gesehen. Obwohl der Begriff erst 1776 von dem schottischen Gelehrten Adam Smith (1723–1790) in seiner nationalökonomischen Abhandlung *An Inquiry into the Nature and Causes of the Wealth of Nations* geprägt wurde (en. *division of labour*, fr. *division du travail*, it. *divisione del lavoro*, sp. *división del trabajo*), ist das intuitive Verständnis für diesen Zusammenhang viel älter.

Schon der italienische Nationaldichter Dante (1265–1321) entwickelt in seinem lateinisch verfassten Traktat *De vulgari eloquentia* (1303/04; dt. Übersetzung: *Über das Dichten in der Muttersprache*) den Gedanken, dass berufliche Tätigkeiten auch zu sprachlicher Spezialisierung führen. In dieser Abhandlung, die als das erste romanistische Werk überhaupt gilt, präsentiert Dante seine Interpretation des Turmbaus zu Babel (I. Buch, Kap. VII), in der nicht der soziale Stand oder die geographische Herkunft die Grenze zwischen den neu entstehenden Sprachen bildet, sondern die jeweils unterschiedliche Aufgabe, die der Mensch bei diesem frevlerischen Unternehmen übernimmt:

> Der unverbesserliche Mensch nahm sich also in seinem Herzen auf Einreden des Riesen Nembroth [der Name bedeutet ‚Empörer'] vor, durch seine Kunst nicht nur die Natur zu übertreffen, sondern auch den Schöpfer der Natur, der Gott ist, und er fing an, in Sennaar, das später Babel, das heißt Verwirrung, genannt wurde, einen Turm zu bauen, mit dem er den Himmel zu ersteigen hoffte, wobei er unbewusst die Absicht hegte, dem Schöpfer nicht nur gleichzukommen, sondern ihn sogar zu übertreffen. [...]
>
> Beinahe das ganze Menschengeschlecht war zu diesem Werk der Ungerechtigkeit zusammengeströmt; einige errichteten die Mauern, einige begradigten sie mit Messleisten, einige verfugten sie mit Kellen, einige hauten Steine zu, einige wollten sie zu Wasser oder zu Lande befördern, einige widmeten sich diesen oder jenen Arbeiten, als sie auf einmal vom Himmel her mit einer derartigen Verwirrung geschlagen wurden, dass sie, die alle in einer und derselben Sprache das Werk angegangen waren, in verschiedene Sprachen zersplittert vom Werk ablassen mussten und nie wieder zu einer gemeinsamen Verständigung kommen konnten.
>
> Nur die, die in derselben Tätigkeit vereinigt waren, behielten nämlich dieselbe Sprache. Also hatten alle Bauplaner eine gemeinsame Sprache, alle Steintransporteure eine, und so bei allen Tätigkeitsgruppen. *Derart wurde damals das Menschengeschlecht in so viele Sprachen unterteilt, wie Berufssparten beim Werk beschäftigt waren,* und je höher ihre Tätigkeit war, desto roher und barbarischer sprechen sie jetzt.[1]

Heutzutage ist die sprachliche Differenzierung einzelner Fächer allein schon dadurch sichtbar, dass es für jede Disziplin Sachwörterbücher gibt, die den Spezialwortschatz erläutern.

---

[1] Dante (2007, 45/47); Übersetzung Michael Frings und Johannes Kramer (Hervorhebung W.P./S.R.).

2.2 Der Fächerkanon der Antike

Unter Anthropologen und Historikern wird in jüngster Zeit darüber diskutiert, ob die Steinzeitkultur tatsächlich bereits eine Art Arbeitsteilung zwischen Mann und Frau gekannt habe. Manche traditionellen Erklärungen für (angeblich) geschlechtsspezifische Stärken wie Orientierungssinn oder Multitasking beruhen bekanntlich auf der Vorstellung, den Männern sei die Aufgabe des Jagens zugefallen, während die Frauen sich um Haushalt und Kinder gekümmert hätten, wodurch unterschiedliche Fähigkeiten ausgebildet worden seien.

Sobald wir historische Epochen betrachten, aus denen schriftliche Zeugnisse überliefert sind, ist bereits durch diese selbst offenkundig, dass bestimmte Tätigkeiten nur von einzelnen Mitgliedern des Gemeinwesens ausgeübt wurden. In den alten Kulturen, die uns besser bekannt sind, lassen sich zahlreiche unterschiedliche Berufe festmachen. Bildliche oder schriftliche Quellen geben oft auch Hinweise auf eine hierarchische Abstufung im Ansehen der Tätigkeiten, die durchaus nicht mit unseren modernen Wertungen übereinstimmen muss.

Die griechische und römische Antike kannte natürlich eine voll ausdifferenzierte Gesellschaft. Wenn wir sie als eine der Säulen betrachten, auf der unsere abendländische Zivilisation ruht, so nicht zuletzt deswegen, weil zahlreiche Wissenszweige der Gegenwart ihre Wurzeln in und ihre Namen aus dieser Epoche haben.

Ein systematischer Fächerkanon, wie er uns etwa heute aus den Schulen vertraut ist, bildet sich jedoch nur langsam heraus. Erst in der Spätantike wird ein Lehrgebäude entworfen, das die Disziplinen benennt und beschreibt, die ein umfassend gebildeter Bürger beherrschen sollte. Obwohl es sich um ein Werk handelt, das wegen seines – am ciceronianischen Stilideal gemessen – bedenklich schlechten Lateins von klassischen Philologen wenig geschätzt wird, verdient es unsere besondere Aufmerksamkeit, weil es die europäische Bildungsgeschichte bis in die Neuzeit maßgeblich geprägt hat. Gemeint ist das aus neun Büchern bestehende enzyklopädische Werk *De nuptiis Philologiae et Mercurii* des nordafrikanischen Juristen Martianus Capella, verfasst vermutlich Anfang des 5. Jahrhunderts n. Chr. (damals war Karthago noch römische Provinz und somit lateinischsprachiges Territorium). Der Titel evoziert den allegorisch-mythologischen Rahmen. Der Gott der Beredsamkeit heiratet die irdische *doctissima virgo* Philologia (womit er ihre Apotheose erwirkt) und schenkt ihr als Morgengabe sieben Dienerinnen, nämlich die *septem artes liberales*, denen je eines der Bücher III bis IX gewidmet ist und in denen sie der Reihe nach das Wesen ihrer Disziplin darlegen: Grammatik, Dialektik, Rhetorik; Geometrie, Arithmetik, Astronomie und Musik (Harmonie).

In einer älteren Aufzählung von Fächern bei Marcus Terentius Varro (1. Jahrhundert v. Chr.) sind auch Architektur und Medizin berücksichtigt. Martianus schließt diese beiden Bereiche explizit aus, weil sie sich mit irdischen Dingen beschäftigen, die der Göttlichkeit des Paares nicht angemessen wären.

Bevor wir auf die Rezeptionsgeschichte dieser Systematik eingehen, sind zum besseren Verständnis einige Begriffe zu klären.
- Der sprechende Name *Philologia* ist umfassender gemeint als das moderne Substantiv Philologie. Man könnte ihn mit ‚Gelehrsamkeit' übersetzen.
- Obwohl *septem artes liberales* gewöhnlich mit *sieben* freie Künste wiedergegeben wird, führt die Übersetzung von *ars* mit ‚Kunst' in die Irre, weil wir automatisch das in der Romantik entstandene Kunstverständnis zugrunde legen. Wir fassen den Wortinhalt besser, wenn wir auf die griechische Entsprechung von *ars*, nämlich τεχνή (techné) zurückgehen, von dem das moderne Wort ‚Technik' abstammt. Kunst ist im antiken, mittelalterlichen und auch noch frühneuzeitlichen Sinn etwas, das auf Regeln beruht und das man – ein gewisses Talent vorausgesetzt – erlernen kann. Bis in das Jahrhundert der Aufklärung respektierten Maler, Komponisten, Dichter zahlreiche disziplinenspezifische Regeln.
- *Liberalis* schließlich, also ‚frei', bezieht sich auf den sozialen Status der Personen, die diese Künste pflegen; es meint somit ‚einem freien Mann angemessen', weil dafür keine – in der Antike verachtete – schwere manuelle Arbeit erforderlich ist.

Der Text des Martianus ist ohne Kontinuitätsbruch ab der Spätantike (Cassiodor, Isidor von Sevilla) ein didaktisches Referenzwerk. Die angesehensten europäischen Gelehrten des Mittelalters kommentieren es, Notker der Deutsche erprobt an ihm seine Übersetzungstechnik. Die sieben Künste werden in der Karolingerzeit, ihrem Gegenstand entsprechend, in zwei Gruppen eingeteilt: die ersten drei, später im Deutschen als „redende Künste" bezeichnet, heißen *Trivium*, die übrigen vier werden *Quadrivium* bzw. „rechnende Künste" genannt. Als in Österreich 1774 unter Kaiserin Maria Theresia die allgemeine Schulpflicht eingeführt wird, bekommen die Volksschulen den Namen *Trivialschulen*.
An den ab dem 13. Jahrhundert nach und nach gegründeten Universitäten etablieren sich die Artes als eine – und zwar die unterste, von allen Studierenden zu absolvierende – Fakultät. Später geht die so genannte Artisten-Fakultät in der den anderen gleichgestellten Philosophischen Fakultät auf.

2.3 Der Fächerkanon der Universitäten

Ab ihrer Gründung – Modell ist die Pariser Sorbonne – bis weit über die Mitte des 20. Jahrhunderts bestehen die europäischen Volluniversitäten aus vier Fakultäten: Theologie, Medizin, Recht, Philosophie. Erst das so genannte Phänomen der Massenuniversität zwingt zur Einrichtung einer größeren Anzahl an Fakultäten mit jeweils zusammengehörigen Fächern (z.B. *Philologische Fakultät* oder *Sprachen I* und *Sprachen II*). Theologie und Recht (dt. Jura, österr./schweiz. Jus) bilden auch an großen Universitäten meist nach wie vor nur eine Fakultät; die ehemalige Philosophische Fakultät ist jedoch im Allgemeinen aus pragmatischen Gründen der Administrierbarkeit in viele verschiedene Einheiten aufgespalten worden.

2.4 Die Sphäre der handwerklichen Berufe

Das stark enzyklopädisch ausgerichtete und vielfach zahlenmystisch fundierte Weltbild des Mittelalters führte dazu, dass auch die praktischen und dem Lebensunterhalt dienenden Tätigkeiten in ein System gebracht wurden. Da es schon in der Antike *artes* gab, die nicht in die Freien Künste integrierbar waren, weil sie einen stark manuellen Anteil hatten, schält sich schrittweise eine Serie so genannter mechanischer Künste (< *ars mechanica*, Lehnübersetzung von gr. μηχανική τέχνη, *mechaniké techné*) heraus, deren Zahl bald in Analogie zu den *artes liberales* auf sieben aufgestockt wird, wobei die konkrete Füllung mit Tätigkeitsfeldern variieren kann. Im einflussreichen *Didascalion de studio legendi* des Pariser Gelehrten Hugo von St. Victor (1. Hälfte des 12. Jahrhunderts) finden wir folgende Liste:

1. lanificium (Verarbeitung flexibler organ[ischer] Stoffe),
2. armatura (techn[isches] Handwerk: bildende Künste, Waffenbau, Baugewerbe),
3. navigatio (Handel zu Wasser und Land),
4. agricultura (Garten- und Landwirtschaft)
5. venatio (Lebensmittelgewerbe aller Art),
6. medicina,
7. theatrica (Ritterspiele) (Krafft 2002, I, Spalte 1063f.)

Ganz unterschiedlich beurteilt wird die Wertigkeit der mechanischen Künste. Das durch die Aristoteles-Rezeption befestigte Prinzipat der Theorie, das bis heute bestimmend für das abendländische Wissenschaftsverständnis geblieben ist, findet sich bei Thomas von Aquin explizit bestätigt: „artes liberales sunt excellentiores quam artes mechanicae [...] sicut artes mechanicae sunt practicae, ita artes liberales sunt speculativae".[2] Gleichwohl formiert sich unter den Intellektuellen eine Phalanx, die den Wert der Praxis verteidigt und die Empirie würdigt. Besonders in Bezug auf die Heilkunst wird erfahrenen Praktikern durchaus Achtung entgegengebracht. So schreibt etwa schon Brunetto Latini, der Lehrer Dantes und Autor einer (in altfranzösischer Sprache abgefassten) Laienenzyklopädie: „Nous veons mains mires ki par seule esperiance sevent maint bien faire a lor mestier, mais enseignier ne le poroient as autres, pour çou k'il n'ont science d'universeles."[3] Noch pronon-

---

[2] Die Freien Künste sind erhabener als die mechanischen [...], denn die mechanischen Künste sind praktischer, die Freien Künste dagegen theoretischer Natur.
[3] Wir sehen manche Ärzte, die allein aufgrund ihrer Erfahrung ihren Beruf sehr gut ausüben können, allerdings könnten sie ihn nicht andere lehren, da ihnen die allgemeinen wissenschaftlichen Grundlagen fehlen (Übersetzung W.P./S.R.).

cierter vertritt Ambroise Paré (1509–1590), Leibarzt mehrerer französischer Könige und Vater der modernen Chirurgie, den Standpunkt, dass die reine Theorie keinen erfolgreichen Arzt macht: „Science sans experience n'apporte pas grande asseurance."[4] Und der französische Enzyklopädist Jean le Rond d'Alembert (1717–1783) optiert für eine wechselseitige Befruchtung von Theorie und Praxis: „les sciences et les arts se prêtent mutuellement des secours."[5]

Andererseits ist aber nicht zu leugnen, dass die Hierarchie *science* (theoretisch, abstrakt, universell) – *art* (erfordert Begabung) – *métier* (generell erlernbar) fest in den Köpfen verankert ist. Ein anschauliches Beispiel dafür liefert Molière in seiner Komödie *Le bourgeois gentilhomme* (*Der Bürger als Edelmann*), wenn er drei Vertreter von Hofkünsten (mlat. *theatrica*, s.o.), nämlich einen Fecht-, einen Musik- und einen Tanzlehrer, mit einem Philosophen um den Rang der jeweiligen Disziplinen streiten lässt. Alle drei behaupten, dass sie die würdigste und wichtigste *science* vertreten, worauf der Philosoph indigniert poltert:

> Et que sera donc la philosophie? Je vous trouve tous trois bien impertinents de parler devant moi avec cette arrogance, et de donner impudemment le nom de science à des choses que l'on ne doit pas même honorer du nom d'art, et qui ne peuvent être comprises que sous le nom de métier misérable de gladiateur, de chanteur et de baladin![6] (2. Akt, Szene 3).

2.5 Die Sprachen der Fachleute

Die Behauptung, dass in Europa die Gelehrtensprache bis in die frühe Neuzeit das Lateinische ist, mag tendenziell zutreffend sein, sie ist jedoch in mehrfacher Hinsicht zu nuancieren. Zweifellos mussten die Volkssprachen behutsam als Kommunikationsmittel für theologische, philosophische oder auch naturwissenschaftliche Themen ausgebaut werden. Andererseits darf man aber auch vermuten, dass die Lateinkundigen nicht ganz frei von Bildungsdünkel waren und die Popularisierung des Wissens als Profanierung betrachteten, wie eine kurze Anekdote der italienischen Geschichtensammlung *Novellino* aus der Zeit um 1300 zeigt:

> *Qui conta d'uno filosofo molto cortese di volgarizzare la scienzia.*
>
> Fue un filosofo, lo quale era molto cortese di volgarizzare la scienzia per cortesia a signori e altre genti. Una notte li venne in visione che le dee della scienzia, a guisa di belle donne, stavano

---

4 Wissenschaft ohne Erfahrung bildet keine sichere Grundlage (Übersetzung W.P./S.R.).
5 Die [theoretischen] Wissenschaften und die [praktischen] Künste unterstützen sich gegenseitig (Übersetzung W.P./S.R.).
6 Und was wäre dann die Philosophie? Ich finde es von allen dreien reichlich unverschämt, zu mir so anmaßend zu sprechen und schamlos als Wissenschaft zu bezeichnen, was nicht einmal den Namen Kunst verdient, was einfach zum elenden Handwerk der Gladiatoren, Bänkelsänger und Gaukler gehört (Übersetzung Arthur Luther).

al bordello. Ed elli vedendo questo, si maravigliò molto e disse: "Che è questo? Non siete voi le dee della scienzia?" Ed elle rispuosero: "Certo sì." – "Com'è ciò, voi siete al bordello?" Ed elle rispuosero: "Ben è vero, perché tu se' quelli che vi ci fai stare." Isvegliossi, e pensossi che volgarizzare la scienzia si era menomare la deitade. Rimasesene, e pentési fortemente. E sappiate che tutte le cose non sono licite a ogni persona (Novellino LXXVIII).[7]

Übersetzungen sind, wie die Anekdote auch andeutet, eine Voraussetzung, dass Volkssprachen zu tauglichen Instrumenten für fachliche Diskurse werden. Wenn wir die Geschichte der romanischen Sprachen näher betrachten, sehen wir freilich, dass der Ausbau nicht im Gleichschritt erfolgt, sondern verschiedene Konstellationen und Bedürfnisse auch zu unterschiedlichen Schwerpunkten führen.

In Italien, wo das Lateinische am längsten als natürliche, die zahlreichen Dialekte überdachende Schriftsprache fungiert, formiert sich in den oberitalienischen Stadtrepubliken ein starkes, politisch aktives Bürgertum, das an der Ausbildung in Rhetorik und Dialektik in der Muttersprache interessiert ist und folglich Übersetzungen einschlägiger lateinischer Standardwerke (z.B. der damals Cicero zugeschriebenen *Rhetorica ad Herennium*) in Auftrag gibt. Das italienische Schrifttum des späten Mittelalters umfasst ein großes Korpus an literarischen wie fachlichen[8] Übersetzungen, die als *volgarizzamenti* bezeichnet werden (< *volgarizzare* ‚ins *volgare* [d.h. in die Volkssprache] bringen'). Die sprachlichen Errungenschaften der Übersetzer bilden alsbald die Grundlage für eine breite Produktion originaler italienischer Fachliteratur.[9]

Auf der Iberischen Halbinsel herrscht eine völlig andere sprachlich-kulturelle Situation. Die mehrere Jahrhunderte während arabische Dominanz löst eine rege Übersetzungstätigkeit aus dem Hocharabischen ins Lateinische aus, wobei meist im Tandem gearbeitet wird. Die zielsprachliche Version führt über eine mündliche volkssprachliche Zwischenstufe, die zunächst nicht aufgezeichnet wird. Ab dem 13.

---

7 *Von einem Gelehrten, der allzu freigebig mit den Erkenntnissen der Wissenschaft umging.*
Es war einmal ein Gelehrter, der sehr freigebig die Erkenntnisse der Wissenschaft an adlige Herrschaften und an andere Leute weitergab. Eines Nachts sah er im Traum, wie die Göttinnen der Wissenschaften, alle schöne Frauen, sich im Bordell aufhielten. Bei diesem Anblick wunderte er sich sehr und sprach: „Was ist mit euch? Seid ihr nicht die Göttinnen der Wissenschaft?" Jene antworteten: „Gewiß sind wir das." – „Wie kommt es dann, daß ihr im Bordell seid?" Und jene antworteten: „Du bist es ja, wahrhaftig, der uns hierhergebracht hat." Da wachte er auf und erkannte, daß es eine Herabwürdigung der Gottheit war, wenn man die Wissenschaft gemein machte. Er bereute, was er getan, und tat es fortan nicht mehr. Wisset darum, daß nicht alle Erkenntnisse jedermann zugänglich sein können. [Il Novellino (1988): Das Buch der hundert alten Novellen. Italienisch/Deutsch. Übersetzt und herausgegeben von János Riesz. Stuttgart, Reclam, it. 176/dt. 177].
8 Bis in die Zeit der Aufklärung etwa gilt jedoch, dass fiktionale und nicht-fiktionale Texte nicht so streng geschieden werden wie heute. Vergils *Aeneis*, die historischen Bücher der Bibel oder Romane mit antiken Stoffen etwa gelten auch als Quellen der Geschichtskenntnis.
9 Für das Italienische gibt es eine hervorragende dreibändige Übersichtsdarstellung über die Fachliteratur der frühen Neuzeit von Leo Olschki (1919/1922/1927): Geschichte der neusprachlichen wissenschaftlichen Literatur, 3 Bde. Heidelberg, Winter.

Jahrhundert jedoch wird auch die kastilische (also altspanische) Version verschriftet, wodurch die spanische Kultur schon früh über Texte mit Inhalten aus einem außereuropäischen Kulturkreis verfügt, der in den unterschiedlichsten Disziplinen – Mathematik, Astronomie/Astrologie, Medizin/Pharmazie, Botanik usw. – einen beachtlichen Wissensvorsprung gegenüber dem Abendland vorweisen kann. Viele für die Geistesgeschichte und die Sachkultur Europas einflussreiche Texte werden von Mitgliedern der berühmten Übersetzerschule von Toledo vermittelt. Auch hier ist die Wissenschaftsprosa der Übersetzungen die Voraussetzung dafür, dass originale Fachliteratur entsteht, aus der Werke des spanischen Königs Alfons des Weisen (1252–1284) zur Geschichte oder zur Sternenkunde herausragen.

Französisch gilt nicht erst ab dem 17./18. Jahrhundert, sondern schon im Spätmittelalter als vergleichsweise weit verbreitete Fremdsprache (man spricht von der „ersten Universalität" des Französischen), weshalb mehrere Autoren anderer Muttersprache Texte in Französisch verfassen. Allerdings handelt es sich vorwiegend um Werke unterhaltenden oder populärwissenschaftlichen Charakters (z.B. Marco Polos Reisebericht oder die schon erwähnte Enzyklopädie Brunetto Latinis). Im 14. Jahrhundert aber setzt unter der Patronanz des Königs Karl V. (Charles V le Sage, 1364–1380) eine systematische Übersetzungstätigkeit wissenschaftlicher Literatur ein. Die berühmteste Gestalt am Hof ist Nicole Oresme, dem die Lexikographen an die 500 Wörter zuschreiben, die er in die französische Sprache eingeführt haben soll und die natürlich zum allergrößten Teil dem Fachvokabular angehören. Für Karl V. spielt bei dem Übersetzungsprogramm auch die ideologische Denkfigur der *translatio studii* eine Rolle, bei der es um die Frage geht, welche Nation die führende Position in der Wissenschaft innehat. In der Antike kann man beobachten, dass sich das Zentrum des Wissens von Athen nach Rom verlagert hat. Aber wer darf sich nach dem Untergang Roms als legitimer Erbe betrachten? Schon der Dichter Chrétien de Troyes hatte angedeutet, dass nur den Franzosen diese Aufgabe zukommen könne. Der Übersetzerkreis um Karl V. befestigt diese Vision mit konkreten Leistungen (cf. Pöckl 2006).

Interessant ist, dass – nicht nur in Frankreich – in jener Phase, die die Literaturhistoriker mit einem kulturellen Niedergang verbinden, die Fachliteratur einen Aufschwung erlebt, was längerfristig auch zu einer Aufwertung der Epoche führen könnte, die man seit Johan Huizinga gern als „Herbst des Mittelalters" apostrophiert.

Im Zusammenhang mit der Artes-Literatur ist noch auf ein anderes Phänomen hinzuweisen, das sich allerdings in den europäischen Sprachräumen mit unterschiedlicher Deutlichkeit manifestiert. Da die *artes liberales* einerseits aus der antiken Tradition kommen und andererseits in die tendenziell konservativen Universitätsstrukturen gut integriert sind, bleiben sie dem Lateinischen länger verhaftet als die mechanischen Künste, die nur teilweise lateinische Wurzeln haben und deren Trägerschicht ja auch des Lateinischen in viel geringerem Maß mächtig ist. Leider muss man jedoch feststellen, dass wir bis heute aufgrund der – trotz vermehrter

Anstrengungen in den letzten Jahrzehnten – höchst unzureichenden Editionslage nur einen sehr unvollkommenen Einblick in das nicht-literarische Schrifttum haben.

Wann die akademische Lehre vom Latein zur Landessprache übergeht, ist von Region zu Region, von Universität zu Universität und von Fach zu Fach unterschiedlich. Einige Universitäten sind auf diesen Aspekt hin detailliert untersucht worden. Bis ins 18. Jahrhundert ist es üblich, dass Gelehrte sich je nach Situation und Publikum entweder der „internationalen" Wissenschaftssprache Latein oder der Landessprache bedienen. Selbstübersetzungen sind an der Tagesordnung. Zahlreiche italienische *volgarizzamenti* sind von den Verfassern der lateinischen Vorlagen selbst erstellt worden. Auch die umgekehrte Reihenfolge ist gelegentlich zu beobachten. Wenn Sprachen unterschiedlichen Prestiges am Übersetzungsprozess beteiligt sind, spricht man von vertikaler Übersetzung. Je weiter wir uns vom Mittelalter entfernen, desto mehr verblasst der Rangunterschied zwischen Latein und den etablierten Volkssprachen. René Descartes übersetzt seinen *Discours de la méthode pour bien conduire sa raison et chercher la vérité dans les sciences* (1637), gewissermaßen das Gründungsdokument des französischen Rationalismus, ins Lateinische (*Specimina philosophiae: seu Dissertatio de methodo recte regendae rationis [...] Ex Gallico translata et ab auctore perlecta variisque in locis emendata*, Amsterdam 1644).

Ganz nach Belieben wählbar ist die Sprache allerdings nicht. Im 16. Jahrhundert wird Paracelsus von der Basler Universität vertrieben, weil er Vorlesungen auf Deutsch hält und damit, so der Vorwurf, Bader und Alchimisten anlocke. Galileo Galilei hätte sich, ein Jahrhundert später, vermutlich weniger Probleme eingehandelt, wenn er seine Erkenntnisse den Gelehrtenkreisen vorbehalten und nicht auf Italienisch publiziert hätte.

Obwohl es bis ins 19. Jahrhundert lateinisch geschriebene Dissertationen gibt, kann man das 18. Jahrhundert im Großteil Europas als jenen Zeitraum betrachten, in dem sich die Nationalsprachen an den Universitäten etablieren. Was die Romania betrifft, so stellt sich die Situation in Südosteuropa allerdings etwas anders dar. Rumänisch ist als Schriftsprache zwar seit dem 16. Jahrhundert dokumentiert, aber fachsprachliche Texte erscheinen erst nach und nach im 19. Jahrhundert. Im orthodox geprägten Kulturkreis ist Griechisch lange Zeit die herrschende Kultursprache. Mit dem erwachenden Bewusstsein der Zusammengehörigkeit der romanischen Sprachen orientieren sich die Rumänen zunächst an Italien, dann aber vor allem an Frankreich. Der Bildungswortschatz ist ab dem 19. Jahrhundert stark vom Französischen beeinflusst; heute spielt natürlich, wie überall, das Englische als Spendersprache eine wichtige Rolle. Eine autochthone fachsprachliche Tradition gibt es lediglich im handwerklichen Bereich (cf. Schweickard 1989).

Die Entwicklung der letzten Jahrzehnte ist in allen Kultursprachen von einer immer weiteren Differenzierung der Fachsprachen gekennzeichnet. Allerdings findet komplementär zu einer durchweg markanteren Spezialisierung und der damit zusammenhängenden ständig größeren Diversifikation auch eine Verschränkung von Disziplinen statt, die sich gut sichtbar in den Benennungen der so genannten Bindestrich-Wissenschaften manifestiert: Psycho-Linguistik, Rechts-Soziologie, Neuro-Biologie, usw. In welcher Weise sich durch solche Verschmelzungen auch das spezifische Fachvokabular verändert, ist bisher jedoch wenig untersucht.

Aufgaben

1. Seit wann ist die Bezeichnung für das Konzept ‚Arbeitsteilung' in Ihrer romanischen Sprache belegt? In welcher Art von Text kommt sie erstmals vor? Welche bedeutenden Philosophen und Wirtschaftsfachleute haben den Begriff im 19. Jahrhundert übernommen und in ihre Theorien integriert?
2. Lesen Sie in Dantes *Divina Commedia* den Abschnitt über Nembroth/Nimrod (Inferno, XXXI) und stellen Sie den Bezug zu der Darstellung in *De vulgari eloquentia* her. Beachten Sie insbesondere v. 67 und den anschließenden Kommentar Vergils.
3. Eruieren Sie, welche Sachwörterbücher/Lexika für Sprachwissenschaft es im Deutschen und in Ihrer romanischen Sprache gibt. Lesen Sie jeweils das Vorwort und finden Sie heraus, ob das betreffende Nachschlagewerk a) sich bevorzugt an gewisse Nutzergruppen wendet; b) bestimmte Richtungen der Sprachwissenschaft privilegiert; c) Artikel über bedeutende VertreterInnen des Fachs enthält.
4. Viele Fächer, die heute an Universitäten gelehrt werden, haben Namen, die aus griechischen oder lateinischen Elementen zusammengesetzt sind: *Philosophie, Astronomie, Kosmologie, Biologie, Zoologie, Geographie, Geologie, Psychiatrie; Architektur, Agrikultur, Neonatologie* usw. Finden Sie heraus, welche Bezeichnungen für Fachgebiete es schon in der Antike gegeben hat und ob sich gegebenenfalls ein semantischer Wandel vollzogen hat.
5. Die vier Fakultäten werden in der Regel als allegorische Figuren dargestellt. Als solche schmücken sie oft die Fassaden von Universitätsgebäuden. Finden Sie heraus, welche Attribute den die Fakultäten darstellenden Figuren zugeordnet werden. Suchen Sie Universitäten, die solche Darstellungen zieren.
6. Lesen Sie in Gerhard Ernst et al. (2006) von den Kapiteln 118 bis 124 die für Sie relevanten Beiträge zur Geschichte der Übersetzungen und vergleichen Sie, wann die ältesten Fachübersetzungen erscheinen und welchen Themen sie gewidmet sind.

3 Geschichte der Fachsprachenforschung

Das Interesse der Sprachwissenschaft an den Fachsprachen und an deren Erforschung ist noch nicht sehr alt. Die Ursachen dafür sind zum einen das traditionelle Selbstverständnis der Linguistik von ihren Aufgaben und zum anderen die lange Zeit vorherrschende Vorstellung, die Spezifik der Fachsprachen liege allein in der Terminologie (cf. Punkt 4.1.1 und Kapitel 6). Die Sprachwissenschaft betrachtete die Sprache als einen Organismus, auf dessen Funktionieren der einzelne Sprecher keinen Einfluss nehmen könne und dessen Konventionen er sich beugen müsse, wenn er an der Kommunikation teilhaben wolle. Die Bedeutung der von Generation zu Generation tradierten Wörter konstituiere (und verändere) sich im gesellschaftlichen Diskurs unabhängig vom Willen oder der Verfügung einzelner Mitglieder einer Sprachgemeinschaft. Bei Fachtermini sei dies ganz anders. Hier werde der semantische Gehalt eines sprachlichen Zeichens durch privilegierte und legitimierte Sprecher festgelegt. Diese Kategorie sprachlicher Zeichen falle aber nicht in die Kompetenz der Linguistik. Eine kategorische Unterscheidung sollte die Aufgabengebiete klar getrennt halten: Gemeinsprachliche Wörter haben eine Bedeutung, Termini haben eine Definition.

Andere Disziplinen, die sich mit Fachwortschatz beschäftigen, haben sich diese kategorische Sichtweise nicht zu Eigen gemacht. Auch der Linguistik selbst fiel es schwer, angesichts der Dynamik sprachlicher Entwicklungen diese methodologische Unterscheidung konsequent aufrechtzuerhalten. Fachtermini sickern in die Gemeinsprache ein, und es ist meistens schwer festzustellen, wie und wann der Übergang von einem terminologischen zu einem gemeinsprachlichen Element stattfindet. Beobachtungen dieser Art konnten regelmäßig an den fachsprachenbezogenen Forschungen verschiedener Wissenschaften gemacht werden, was sicherlich auch zur Einbeziehung von Fachsprachen in das Arbeitsspektrum der Sprachwissenschaft geführt hat.

3.1 Vorläufer und Vorstufen der Fachsprachenforschung

Wenn man die Geschichte einer wissenschaftlichen (Sub-)Disziplin schreibt, kann man selten ein bestimmtes Ereignis oder ein konkretes Datum nennen, das den Ursprung markiert. In den allermeisten Fällen wird man auf Vorstufen verweisen können, in denen die Themen oder Gegenstände – gegebenenfalls mit einer etwas anderen Fokussierung – untersucht wurden, bevor sich das Fach im engeren Sinn konstituiert hat. So verhält es sich auch mit der Fachsprachenforschung.

3.1.1 Wissenschaftsgeschichte

Die meisten wissenschaftlichen Disziplinen sind an der Geschichte des eigenen Fachs und damit auch an der ihm eigenen Versprachlichung der Erkenntnisse interessiert. Fachliche Paradigmenwechsel sind häufig mit einer neuen Begrifflichkeit verbunden. Manche Fächer, deren Tradition weit in die Vergangenheit, oft bis in die Antike, zurückreicht, haben die Erforschung ihrer Geschichte zu einer eigenen Subdisziplin ausgebaut (Philosophiegeschichte, Rechtsgeschichte, Medizingeschichte). In naturwissenschaftlichen Fächern wird der Befund sprachlicher Uneinheitlichkeit schon früh als Hemmnis für den Erkenntnisfortschritt betrachtet, weshalb hier zumindest seit der Epoche der Aufklärung terminologische Systematisierungen unternommen worden sind (Zoologie, Botanik, Chemie usw.). In der Medizin ist man Ende des 19. Jahrhunderts daran gegangen, den Fachwortschatz in Teilbereichen übereinzelsprachlich zu vereinheitlichen.

3.1.2 Wörter und Sachen

In der zweiten Hälfte des 19. Jahrhunderts war die Sprachwissenschaft vom junggrammatischen Paradigma beherrscht, das stark auf die Regelhaftigkeit lautlicher Veränderungen fixiert war. Ein guter Teil des Wortschatzes konnte denn auch mit Hilfe von „Lautgesetzen" durchaus befriedigend etymologisiert werden. Eine Reihe von Wörtern jedoch widersetzte sich einer Erklärung. Phonetische Unregelmäßigkeiten wurden mit Analogie begründet (auch wenn sie nicht immer nachzuweisen war), wogegen Fällen von nicht unmittelbar nachvollziehbarem Bedeutungswandel grundsätzlich kaum Aufmerksamkeit gewidmet wurde. Ein neuer Forschungsansatz, der von den Begründern schlicht *Wörter und Sachen* genannt wurde, setzte sich zum Ziel, Licht in solche weniger evidenten Entwicklungen zu bringen, indem die Wörter in ihren Verwendungskontexten aufgesucht wurden. Die Spuren führten sehr oft in die – meist schlecht dokumentierten – traditionellen Handwerkssprachen, was zu einer intensiven Befassung mit Geräten und Techniken von Jägern, Fischern, Webern, Kürschnern, Bergleuten etc. führte. Der bedeutendste romanistische Vertreter, Hugo Schuchardt (1842–1928), prägte für das Programm die Parole *Sachwortgeschichte*. Das wissenschaftsgeschichtlich bedeutende Forum für Publikationen aus dem Geist dieses Ansatzes war die ebenfalls *Wörter und Sachen* betitelte Zeitschrift. Die dort erschienenen Artikel enthalten oft Zeichnungen oder Fotografien zur Veranschaulichung der Realien.

Diese neue Forschungsrichtung öffnete die Sprachwissenschaft zu mehreren anderen Fächern hin (cf. Heller 1998: 151–159). Eine besonders enge Beziehung ergab sich zur Volkskunde (cf. 3.1.3), denn neben berufsbezogenen Aspekten interessierten sich die *Wörter-und-Sachen*-Forscher natürlich auch für Brauchtum, religiöse Praktiken und Aberglauben, soziale Lebensformen usw. Die kulturwissenschaftliche Komponente stellte vor allem im Kontrast zu der strikt auf die formale Seite der sprachlichen Zeichen konzentrierten junggrammatischen Schule eine signifikante Erweiterung dar (die allerdings im Gründungsparadigma der Philologie, also etwa bei Jacob und Wilhelm Grimm, schon angelegt war).

Eine mehr auf die moderne Lebenswelt hin orientierte Perspektive ergab sich durch die Integration terminologischer Untersuchungen. Der Pionier der Terminologiewissenschaft, der österreichische Elektrotechniker Eugen Wüster (1898–1977), war selbst Autor von Beiträgen, die im Periodikum *Wörter und Sachen* veröffentlicht wurden (cf. 3.1.4).

3.1.3 Volkskunde

Neuere Strömungen der Volkskunde beschäftigen sich nicht nur mit der materiellen Alltagskultur und den Traditionen, in die diese eingebettet ist. Gemäß ihrem modernen Selbstverständnis als Kulturwissenschaft (das auch in der jüngeren Bezeichnung des Fachs als *Europäische Ethnologie* zum Ausdruck kommt) widmet sie sich auch aktuellen sprachlichen Verhaltensweisen, die sie unter dem Gesichtspunkt von Gruppenzugehörigkeiten analysiert. Zu einer Zeit, als die Varietätenlinguistik erst langsam Konturen gewann und sich von dem bis dahin dominierenden strukturalistischen Paradigma ablöste, interessierte sich der Tübinger Professor für Volkskunde Hermann Bausinger bereits für identitätsstiftende Merkmale dessen, was er als Sondersprachen bezeichnete.[1] Das von ihm entworfene Schema kontrastiert anschaulich die zentralen Funktionen gruppenspezifischer Ausprägungen.

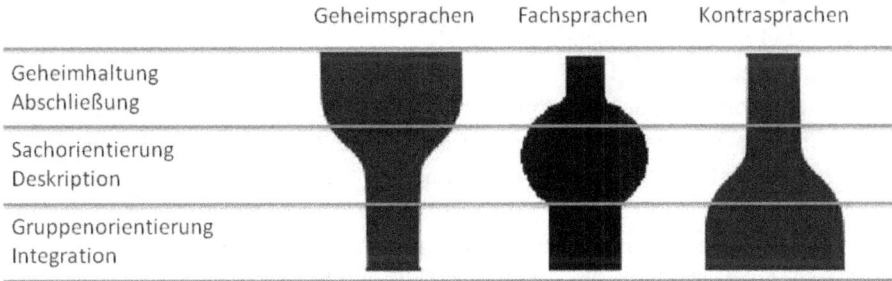

Abb. 1: Funktion der Sondersprachen (Bausinger 1972: 124)

Natürlich muss man sehen, dass nur die Ausdifferenzierung im Bereich des Wortschatzes anvisiert ist, doch Anfang der siebziger Jahre des letzten Jahrhunderts

---

1 In der Systematik der *Romanischen Bibliographie* figurieren die „Berufs- und Fachsprachen" bis heute unter der Überschrift *Sondersprachen*.

war dieser Zugang für die Sprachwissenschaft keineswegs überholt. Im Gegenteil: Bausingers Gegenüberstellung konnte noch der Soziolinguistik als Anregung zur Auseinandersetzung mit dem Aspekt der Gruppenkohäsion dienen.

3.1.4 Terminologiewissenschaft

Nach allgemeiner Auffassung hat Eugen Wüster mit seiner Wiener Dissertation *Internationale Sprachnormung in der Technik, besonders in der Elektrotechnik* (1931)[2] die moderne Terminologielehre begründet. Die Arbeit wurde ins Russische übersetzt und gab in der Sowjetunion Anstöße zu einer vertieften Reflexion, weshalb manche Fachleute der Auffassung sind, die theoretische Fundierung einer Terminologiewissenschaft sui generis sei erst danach durch den sowjetischen Wissenschaftler D.S. Lotte (1898–1950) erfolgt. Das im engeren Sinn terminologiewissenschaftliche Standardwerk Wüsters *Einführung in die Allgemeine Terminologielehre und terminologische Lexikographie* ist erst postum 1979 erschienen (cf. auch 6.2.1).

Je deutlicher sich eine selbständige Fachsprachenforschung herausbildete, für die der Wortschatz nur einen von mehreren Untersuchungsgegenständen darstellte, desto klarer etablierte sich auch die Terminologiewissenschaft als eigene, in gewissem Sinn komplementäre Subdisziplin mit speziellen Aufgaben und Methoden. Die Einrichtung großer Terminologiedatenbanken erforderte spezielle Kenntnisse in den Bereichen der Terminologienormung, der (vor allem mehrsprachigen) Lexikographie und der Sprachtechnologie.

Die Grenzen zwischen den beiden Tätigkeitsfeldern sind jedoch immer durchlässig geblieben. Fachsprachenlinguisten müssen über die Entwicklungen auf dem terminologischen Sektor informiert sein, auch wenn sie sich selber nicht aktiv an der Terminologienormung beteiligen.

Da die Schaffung und Durchsetzung von Terminologien ein wichtiger Aspekt für die Sprachplanung ist, sind entsprechende Initiativen vielfach nicht vom politisch-ökonomischen Zentrum einer Sprachgemeinschaft oder eines Landes ausgegangen, sondern von der Peripherie. Der 1961 gegründete *Office de la Langue Française* (heute *Office Québecois de la Langue Française*) beispielsweise war und ist intensiv um französische Termini bemüht, um dem Einsickern englischer Ausdrücke mit der Begründung, es gebe keine französischen Äquivalente, vorzubeugen. Auf der Iberischen Halbinsel sind in Katalonien traditionell sehr viel mehr terminologische Aktivitäten zu registrieren als in spanischsprachigen Regionen, und zwar auch in theoretischer Hinsicht. Erwähnt sei das Standardwerk zur Terminologie von M. Teresa Cabré (1993), das in eine Reihe anderer Sprachen übersetzt wurde.

---

[2] Heute wird zwischen Sprach- und Terminologienormung unterschieden. Wüster konzentrierte sich ausschließlich auf letztere.

3.1.5 Wirtschaftslinguistik

Unter dem institutionellen Dach akademischer Ausbildungsstätten für Handels- und Wirtschaftswissenschaft entwickelt sich in der Zwischenkriegszeit vor allem in Ländern Mitteleuropas eine wissenschaftliche Ausrichtung, die Wirtschafts- und Sprachgeschichte miteinander verbindet. Die Untersuchungen dieses Zweigs sind überwiegend diachron ausgerichtet und setzen sich zum Ziel, die Veränderungen wirtschaftlicher Doktrinen und Praktiken (auch) aus der Perspektive der Sprache zu kommentieren und verständlich zu machen. Mit der Durchleuchtung der epochenspezifischen Fachterminologien ist meistens auch eine didaktische Absicht verbunden. Ambitioniertere und sprachtheoretisch fundiertere Arbeiten versuchen aber auch, Korrelationen zwischen Denkform und Kommunikationsstil herzustellen.

Ein Musterbeispiel für eine romanistische Studie dieser Art ist Alwin Kuhns Leipziger Dissertation *Die französische Handelssprache im 17. Jahrhundert*. Schon das Inhaltsverzeichnis gibt Aufschluss über den Zweck der Untersuchung. Die Einleitung bietet eine zwanzigseitige Einführung in die Geschichte des französischen Wirtschaftslebens und der Wirtschaftspolitik des Untersuchungszeitraums, danach folgt eine ausführliche Analyse des einschlägigen Vokabulars mit genauer Angabe der bis dahin vielfach noch nicht ausgewerteten Belegstellen des Textkorpus. Im dritten Teil werden die Fachwörter nach sprachlichen Kriterien gruppiert (z.B. Neologismen; Handelsausdrücke, die in die Gemeinsprache übergehen; Fremdwörter in der Handelsterminologie). Die dem Ehepaar von Wartburg zugeeignete Publikation hat einen eindeutig lexikologischen Schwerpunkt und enthält zweifellos zahlreiche Informationen, die in das *Französische Etymologische Wörterbuch* (FEW) Walther von Wartburgs eingegangen sind.

Einen schon beinahe mentalitätsgeschichtlich zu bezeichnenden Ansatz verfolgt der tschechische Germanist Hugo Siebenschein in seinen *Abhandlungen zur Wirtschaftsgermanistik* (1936). Er stützt sich auf sehr viel mehr sprachtheoretische Literatur unterschiedlichster Provenienz als die meisten anderen Wirtschaftslinguisten (z.B. auf Bühler, Havers, Mathesius, Meillet, de Saussure, Wundt) und fokussiert seine Aufmerksamkeit weniger auf Wörter als auf die stilistische Gestaltung der Fachkommunikation. So beobachtet er etwa die mit der Veränderung der üblichen Besitzverhältnisse in der Sphäre der Wirtschaft (vom eigenen Betrieb zu neuen Unternehmensformen wie Kapitalgesellschaften) einhergehende „Affektausschaltung", die er folgendermaßen beschreibt:

> Sie ist im Grunde nur eine spezifische, aber ungemein bezeichnende Erscheinungsform der sich auf der ganzen Ebene des brieflichen Ausdruckes vollziehenden Entpersönlichung. In dem Maße, in welchem Kapital und Produktionsstätte aus dem gefühlsgebundenen Besitz übergehen in die unpersönliche Form der Aktiengesellschaft oder der Gesellschaft mit beschränkter Haftung, in demselben Maße erscheint jeglicher Affekt immer mehr als Fremdkörper, als Unschicklichkeit. Die Gefühlsentwicklung geht hier voran, die Sprachentwicklung folgt ihr auf dem Fuße (Siebenschein 1936, 163).

Obwohl im Rahmen der Wirtschaftslinguistik einige wegeisende Gedanken für die spätere Fachsprachenforschung entwickelt und an manchen einschlägigen Hochschulen auch sprachenbezogene Professuren eingerichtet wurden, ist nach 1945 nicht explizit an diese Tradition angeknüpft worden.

3.2 Fachsprachenforschung als linguistische Disziplin

Ein genuin linguistisches Interesse an Fachsprachen als Varietäten der Fachkommunikation hat sich erst allmählich herausgebildet. Einen wichtigen Anstoß hat zweifellos die Textlinguistik, selbst eine relativ junge Disziplin, gegeben. Die Erkenntnis, dass wir uns nicht primär mit einzelnen Wörtern oder Sätzen, sondern mit Hilfe von Texten verständigen, führte zu einer schnell anwachsenden Zahl an fachtextbezogenen Untersuchungen. Die Attraktivität des neuen Forschungsgebiets hängt sicher auch damit zusammen, dass die Wissenschaftlerinnen und Wissenschaftler nun Textsorten analysieren konnten, mit denen sie in der täglichen Arbeitspraxis zu tun hatten und die sie selbst produzierten. Heutzutage stellt die Fachtextforschung einen der produktivsten Zweige der Linguistik dar. Der rasche Sprung von der einzelwort- bzw. terminologieorientierten zur textzentrierten Ausrichtung hatte allerdings zur Folge, dass die Syntax als Ebene zwischen Wort und Text gewissermaßen „übersprungen" wurde und bis heute zu einem Schattendasein verurteilt zu sein scheint.

3.2.1 Die Bezeichnungen des Konzepts ‚Fachsprache' in germanischen und romanischen Sprachen

Das deutsche Erbwort *Fach*, das zunächst die Bedeutung ‚abgeteilter Raum' (so noch in ‚Schubfach' oder ‚Fachwerk') hat und im 18. Jahrhundert zum „Spezialgebiet in Handwerk, Kunst und Wissenschaft" wird (cf. *Duden – Das Herkunftswörterbuch*, s.v.), ist ein gemeinsprachliches Substantiv, das sich als Erstglied, also als Determinans, zur Bildung durchsichtiger und daher intuitiv problemlos verständlicher Komposita wie *Fachgebiet*, *Fachleute*, *Fachschule* oder eben *Fachsprache*[3] anbietet.

Ein Vergleich der Äquivalente für *Fachsprache* in anderen Sprachen zeigt, dass die Bildung eines entsprechenden Ausdrucks nicht überall so unkompliziert erfolgen konnte. Die nordgermanischen Sprachen allerdings verfügen über ganz analoge

---

[3] Laut dem historisch ausgerichteten *Deutschen Wörterbuch* von Hermann Paul (hier zitiert nach der 9., vollständig neu bearbeiteten Auflage, Tübingen: Niemeyer 1992, s.v.) ist *Fachsprache* „ein Wort des späteren 19. Jhs.". Im *Grimmschen Wörterbuch* ist es daher naturgemäß noch nicht verzeichnet.

Komposita: *fackspråk* (Schwedisch), *fagspråg* (Norwegisch), *fagsprog* (Dänisch). Im Englischen dagegen wurden unter dem Druck der Notwendigkeit, der in den Fokus des Interesses geratenen Varietät einen Namen zu geben, verschiedene Bezeichnungen geschaffen: *special language*, *language for specific purposes*, *language for special purposes*, wobei *language* auch durch den Namen einer bestimmten natürlichen Sprache ersetzt werden kann, also z.B. *English for special purposes*. Da diese Bezeichnungen lang und umständlich sind, werden sie gewöhnlich – zumindest in linguistischen Kontexten – zu Siglen verkürzt: *LSP*, *ESP* etc.

In den romanischen Sprachen haben sich vergleichbare Probleme ergeben. Im Französischen konkurrieren miteinander *langue de spécialité* und *langage de spécialité* sowie stärker auf die Verwendungsgebiete einschränkende Bezeichnungen wie *langue professionnelle* oder *langue technique* (auch *technoscientifique*). Entsprechend den Mustern romanischer Wortbildung (cf. 5.3) gibt es auch die gelehrte Bildung *technolecte*. Neben dem Vorteil der Kürze hat diese Form auch die Eigenschaft, gut in das System der internationalen linguistischen Terminologie zu passen, in welchem *-lecte* für ‚Varietät' steht (vgl. *Dialekt*, *Soziolekt*); außerdem dient es als Basis für ein praktisches Relationsadjektiv *technolectal* (cf. 5.3.1).

Da sich die romanischen Sprachen in Bezug auf terminologische Fragen zum Teil nach wie vor am Französischen ausrichten, begegnet man im Spanischen einer Reihe analoger Formen: *lenguaje de especialidad*, *lenguaje especializado*, *tecnolecto*; darüber hinaus aber auch *lenguaje sectorial*, *lenguaje con fines profesionales*, *lenguaje científico*. Im Italienischen sind neben *lingua speciale*, *linguaggio speciale*, *linguaggio settoriale/scientifico* oder *tecnoletto* auch *sottocodice* und *microlingua* belegt (letzteres vielleicht in Anlehnung an die schwedische Bildung *minilekt* für Fachsprachen mit überschaubaren Ausdrucksmitteln).

Alle diese Formen sind in einschlägigen Bibliographien zu finden. Die gegenseitigen Abhängigkeiten sind schwer zu rekonstruieren und ohnehin nicht von zentraler Bedeutung. Auf Dauer wird sich die Zahl der (Quasi-)Synonyme vermutlich reduzieren, wie sich das in ähnlichen Fällen terminologischer Überangebote regelmäßig beobachten lässt.

3.2.2 Die Wortfamilie *Fachsprache*

Das Kompositum *Fachsprache* ist wortbildungsmäßig gut in deutsche Strukturen eingebettet. Die adjektivische Ableitung *fachsprachlich* kann wiederum ihrerseits als Basis für ein abstraktes Substantiv *Fachsprachlichkeit* fungieren. Die wissenschaftliche Beschäftigung mit Fachsprachen wird *Fachsprachenforschung* genannt.

Möglicherweise hat es mit dieser harmonischen Integration der Wortfamilie zu tun, dass sich die linguistische Auseinandersetzung mit Fachsprachen vergleichsweise früh und intensiv entwickelt hat. Die Existenz eines einfach gebildeten einheimischen Worts suggeriert den Sprechern, dass es ein mit diesem Wort adäquat bezeichnetes Objekt geben müsse. Und bis in die Gegenwart ist es so, dass die Fachsprachenforschung weniger als andere Zweige der Sprachwissenschaft vom Englischen dominiert und dass die Zahl deutschsprachiger Publikationen in diesem Bereich vergleichsweise hoch ist. Im Gegensatz zu vielen anderen wissenschaftlich durchaus bemerkenswerten Publikationen, die in deutscher Sprache veröffentlicht wurden, kann man behaupten, dass einige deutsch geschriebene Veröffentlichungen aus der Fachsprachenforschung auch im Ausland rezipiert worden sind.

3.2.3 Publikationen zum Thema Fachsprachen im deutschsprachigen Raum

Die starke Position der deutschen Sprache auf dem Sektor Fachsprachen lässt sich durch eine Reihe von Veröffentlichungen dokumentieren, die zum Teil durchaus Anspruch auf das Prädikat Pionierleistung haben.

Im Jahr 1976 brachte Hans-Rüdiger Fluck ein einführendes Werk mit dem schlichten Titel *Fachsprachen* heraus. Dass es nicht selbstverständlich war, zu diesem Zeitpunkt ein Überblickswerk für einen breiten Leserkreis zu konzipieren, kommt im Vorwort zur fünften Auflage zum Ausdruck, wo sich der Autor endlich „weitgehend befreit vom Legitimationsdruck früherer Jahre" (Fluck ^{5}1996: 10) fühlt. Eine zweite Einführung, unter den ideologischen Vorgaben marxistischer Wissenschaftspolitik entstanden und 1985 in einer überarbeiteten Auflage im Westen erschienen, ist Lothar Hoffmanns Werk *Kommunikationsmittel Fachsprache*. Ebendiese Publikation eröffnet die von Hartwig Kalverkämper bis heute betreute Buchreihe *Forum für Fachsprachen-Forschung* (FFF). Derzeit umfasst die Serie an die 130 Titel und ist so die weltweit mit Abstand umfassendste Reihe zum Thema Fachsprachen. Die Publikationssprache ist bis auf wenige Ausnahmen das Deutsche, wodurch Deutsch auch als Wissenschaftssprache erheblich gestärkt wird.

Die erste einschlägige Fachzeitschrift, deren thematischer Einzugsbereich weit über die Terminologie hinausreichte, wurde 1979 in Wien gegründet. Zunächst unter dem Titel *Fachsprache – Internationale Zeitschrift für Fachsprachenforschung, -didaktik und Terminologie* veröffentlicht, bald mit dem englischen Zusatz *International Journal of LSP*, heute unter dem Namen *Fachsprache – International Journal of Specialized Communication* vertrieben, ist dieses Periodikum im deutschsprachigen Raum das einzige seiner Art geblieben. Heute überwiegen freilich die englischen Beiträge; Aufsätze mit Bezug zur Romania sind eher selten enthalten, obwohl der letzte Herausgeber- und Namenswechsel zum dreißigjährigen Jubiläum der Zeitschrift eine Erweiterung um die Publikationssprache Spanisch gebracht hat. In die jede Nummer abschließende Bibliographie fachsprachenrelevanter Publikationen werden jedoch auch Titel aus romanischen Sprachen aufgenommen.

Einen Einblick in die Fachsprachen sowie in die entsprechende Fachsprachenforschung der größeren romanischen Sprachen – und damit in Summe einen ersten gesamtromanischen Überblick – bot das *Lexikon der Romanistischen Linguistik* (Holtus/Metzeltin/Schmitt 1989–2005) in Form separater Artikel in den Bänden zum jeweiligen Sprachraum. Es ist wohl mehr als Zufall, dass die Hälfte der Fachsprachenartikel nicht von Fachleuten des betreffenden Landes, sondern von deutschsprachigen Autoren verfasst wurde.

Mit über 2700 Seiten als monumental zu bezeichnen ist der *Doppelband Fachsprachen/Languages for Special Purposes* aus der bei de Gruyter erscheinenden HSK-Reihe (Hoffmann/Kalverkämper/Wiegand 1998 und 1999), der den internationalen Stand der Forschung darzustellen versucht.

Eine bezüglich ihrer theoretischen Fundierung hervorzuhebende Publikation zur didaktischen Vermittlung von Technolekten ist das *Handbuch des Fachsprachenunterrichts* von Buhlmann/Fearns (1987; ^{6}2000), wobei thematisch naturwissenschaftlich-technische Fachsprachen im Vordergrund stehen und hinsichtlich der Zielgruppe primär die Bedürfnisse nicht-deutscher Muttersprachler reflektiert werden, was impliziert, dass sich das Werk hauptsächlich als Hilfe für DaF-LehrerInnen versteht.

Nicht zuletzt sei erwähnt, dass die erste umfassende französisch geschriebene wissenschaftliche Monographie zur Fachsprache der Naturwissenschaft und Technik, die von einem kanadischen Professor mit tschechischer Muttersprache verfasst wurde (Kocourek 1982, ^{2}1991), in einem deutschen Verlag publiziert wurde. Nicht weniger bemerkenswert mag es erscheinen, dass schwedische Spitzenlinguisten Bücher zu fachsprachlichen Themen auf Deutsch und nicht auf Englisch schreiben (z.B. Laurén/Nordman 1996).

3.3 Fachsprachenforschung in der Romania

Der Versuch, die wissenschaftlichen Aktivitäten im Bereich der Fachsprachenforschung in der Romania global zu beschreiben sowie bestimmte Merkmale und Stärken einzelner Sprachräume hervorzuheben, kann ohne vergleichende Vorarbeiten nur in Form mehr oder weniger punktueller Beobachtungen vorgenommen werden. Grundlage dieses Abschnitts ist die Durchsicht der *Romanischen Bibliographie* und der Bibliographien der Zeitschrift *Fachsprache* der letzten zwei Jahrzehnte.

Grundsätzlich fällt im Vergleich zur deutschen und skandinavischen Fachsprachenforschung auf, dass der Wortschatz nach wie vor sehr stark im Vordergrund steht. Die Behandlung von fachsprachlichen Textsorten wird vornehmlich von ausländischen Linguisten beigesteuert. Die Untersuchung von Diskursmustern erfreut sich größerer Beliebtheit, die entsprechenden Publikationen werden aber bibliographisch meist nicht unter die Rubrik ‚Fachsprachen' eingeordnet.

Die Mehrzahl der Studien betrifft erwartungsgemäß Disziplinen wie Wirtschaft, Recht, Technik, Medizin. Die Zahl der für Französisch, Italienisch und Spanisch erfassten Titel ist sehr viel höher als die Einträge zu Rumänisch, Katalanisch oder

Portugiesisch. Ob dieses Missverhältnis der tatsächlichen Publikationsdichte entspricht, müsste in einer eigenen Studie erhoben werden.

Der französische Zugang zum Phänomen Fachsprachen/Fachterminologien ist nach wie vor durch eine stark normative Einstellung geprägt, woran allerdings die kanadischen Forscher einen gewichtigen Anteil haben. Die in den sprachlichen Alltag der französischen Staatsbürger hineinreichende Spezialwortschatz wird von den (bei den jeweils zuständigen Ministerien angesiedelten) Terminologiekommissionen normiert, aber auch in wissenschaftlichen Publikationen herrscht oft ein deutlich präskriptiver Unterton. Ein repräsentatives Beispiel für diese Haltung stellt die in den Bibliographien gewöhnlich systematisch berücksichtigte und ausgewertete Zeitschrift *La banque des mots* dar,[4] die in ihrem Internet-Auftritt ihre Mission folgendermaßen formuliert: „Cette revue, présente des études et des recommendations sur la formation des mots nouveaux ainsi que des articles sur les vocabulaires spécialisés forgés récemment dans les disciplines scientifiques et techniques".[5]

Über einen längeren Zeitraum hat aber eine Gruppe am Forschungsinstitut CNRS auch die Geschichte wissenschaftlicher Fachwortschätze erforscht und annähernd im Jahresrhythmus Ergebnisse unter dem Titel *Histoire du vocabulaire scientifique* zugänglich gemacht.

Zu erwähnen ist auch eine Zeitschrift namens *ASp* (= *Anglais de spécialité*), die ausschließlich dem Englischen als Fachsprache und insbesondere seiner didaktischen Vermittlung gewidmet ist. Die darin veröffentlichten Artikel sind entweder in englischer oder in französischer Sprache abgefasst.

Die italienischen Beiträge zur Fachsprachenforschung kommen vornehmlich aus zwei Richtungen. Zum einen beschäftigen sich viele philologisch ausgebildete und in bestimmten Sachgebieten kompetente Forscher mit historischen Fachsprachen, namentlich solchen, in denen Italien in der frühen Neuzeit eine Führungsrolle innehatte (Handel, Architektur, Musik, Malerei etc.). Die gegenwartsbezogenen Untersuchungen werden vielfach von Angehörigen translationswissenschaftlicher Einrichtungen beigesteuert und sind daher oft kontrastiv ausgerichtet. Das Themenspektrum ist sehr breit; neben den eingangs erwähnten Bereichen Recht, Wirtschaft, Technik etc. haben Tourismus, Mode oder Kulinarik seit Jahrzehnten ungebrochen Konjunktur.

Als Einrichtung mit einer besonderen Aufgabe und mittlerweile gefestigter Tradition ist das produktive *ILESI* (= *Istituto per il Lessico Intellettuale e Storia delle Idee*) hervorzuheben, das Fachwörter und -terminologien im gesamteuropäischen Kontext (und gegebenenfalls darüber hinaus) analysiert und außerdem bemüht ist,

---

[4] Diese Zeitschrift enthält Untersuchungen und Empfehlungen bezüglich der Bildung neuer Wörter sowie Artikel über neu geschaffene Fachwortschätze in den wissenschaftlichen und technischen Disziplinen.

[5] http://www.cilf.fr/f/index.php?sp=coll&collection_id=10, Abruf am 30. Juli 2015.

die Erkenntnisse mit Hilfe der jeweils neuesten technischen Möglichkeiten der internationalen *scientific community* zur Verfügung zu stellen.

Auch die spanische Fachsprachenforschung ist thematisch und personell sehr breit aufgestellt. Ein Teil der Publikationen behandelt traditionelle, oft regional verankerte handwerkliche Praktiken. In der Folge der Aufnahme in die EU (1986) erschienen aber auch zahlreiche Studien, die die Kompatibilität spanischer Terminologien mit den „europäischen" ausloteten und den Weg zu einer Harmonisierung ebnen sollten, womit sie einen unmittelbar staatspolitisch-wirtschaftlich nützlichen Zweck verfolgten.

Ein erwähnenswertes Beispiel eines kontinuierlich verfolgten Forschungsziels ist die seit 1997 auf sechs Tagungen angewachsene Reihe zur Geschichte der iberoromanischen Fachsprachen (*Historia de los lenguajes iberorrománicos de especialidad*); die Initiative ging von der Universität Pompeu Fabra in Barcelona aus, einzelne Tagungen fanden aber an anderen Orten (Salzburg, Leipzig) statt.

In Spanien wird ebenfalls eine den Fachsprachen gewidmete Zeitschrift herausgegeben. Die *Revista de Lenguas para Fines Específicos* wird an der Universität Las Palmas de Gran Canaria betreut und erscheint seit 1993 einmal pro Jahr; Publikationssprachen sind Spanisch, Englisch, Französisch, Deutsch (und in begründeten Fällen auch andere).

Ein Problem der hispanophonen Welt, das in den in die Bibliographien aufgenommenen Titeln nicht sehr deutlich sichtbar ist, weil es mehr in den Kompetenzbereich der Sprachakademien der zahlreichen spanischsprachigen Länder fällt, ist die Abstimmung der Fachtermini zwischen dem (eher der französischen Tradition folgenden) europäischen und dem (mehr US-amerikanischen Einflüssen unterliegenden) lateinamerikanischen Spanisch.

Aufgaben

1. Bis zum Ende des 19. Jahrhunderts waren in der Medizin viele konkurrierende Bezeichnungen im Umlauf. 1895 wurde der Versuch unternommen, einen Teil des medizinischen Fachwortschatzes international nach einheitlichen Gesichtspunkten zu gestalten. Eruieren Sie, welche Bereiche der medizinischen Lexik damals systematisiert und nach welchen Prinzipien die Benennungen fixiert wurden.
2. Sammeln Sie lexikalische Elemente zu den Wortfeldern „Geld", „Buch", „arbeiten" in Ihrer Muttersprache und in einer romanischen Sprache und ordnen Sie die Wörter den Varietäten im Schema von Bausinger zu. Versuchen Sie zu beschreiben, in welcher semantischen Relation die jeweiligen Elemente zueinander stehen. Lassen sich innerhalb der drei Varietäten Regelmäßigkeiten bezüglich der semantischen Verhältnisse erkennen?

3. Machen Sie eine Aufstellung der an Ihrer Universitätsbibliothek vorhandenen Publikationen, die in 3.2.3 erwähnt sind.
4. Vergleichen Sie die romanischen Bezeichnungen für ‚Fachsprache' und überlegen Sie, welcher Aspekt der Varietät in den unterschiedlichen Bezeichnungen jeweils hervorgehoben wird.

4 Definitionen und Modelle

4.1 Fachsprachendefinitionen

4.1.1 Definitionsproblematik

Jeder Sprachbenutzer hat wohl eine intuitive Vorstellung davon, was ein fachsprachlicher Text ist. Als wichtigster Indikator für die „Fachsprachlichkeit" eines Textes oder Diskurses dürfte ihm dabei in den meisten Fällen die Verwendung von *Fachwörtern bzw. -termini* gelten. Die Gleichsetzung der Fachsprache mit dem Gebrauch von Fachwortschatz hängt in erster Linie damit zusammen, dass das Beherrschen des fachspezifischen Lexikons vieler Wissensgebiete über die Alltagskompetenz der meisten Sprecher hinausgeht. Über seine oft unzureichende Verständlichkeit sendet der Fachausdruck somit ein Signal an den Laien, das ihm die Nicht-Zugehörigkeit zum intendierten Leserkreis anzeigt. Die zentrale Stellung des spezialisierten Wortschatzes, dem die Aufgabe zugeschrieben wird, Dinge und Sachverhalte möglichst präzise und eindeutig zu benennen, wird aber nicht nur von den Laien gesehen. Insbesondere in der Anfangsphase der Fachsprachenforschung betonten auch zahlreiche Wissenschaftler, dass „das Wesentliche der fachlichen Aussage in den Fachworten" läge (Jumpelt 1966, 3; cf. Kapitel 6). Wenngleich der Blick auf die Fachsprachen heute meist nuancierter ausfällt, ist diese Aussage im Kern doch unwidersprochen geblieben. Es wird daher *bis dato* häufig kolportiert, dass die fachsprachlichen Substantive Hauptträger der fachlichen Information seien (Lewandowski ⁵1990, 296, *Linguistisches Wörterbuch* 1, Eintrag *Fachwort*; vgl. auch DIN 2342 1992, 1). Nun macht das Auftreten eines einzelnen Fachworts innerhalb eines Textes diesen allerdings noch nicht zu einem „Fachtext". Außerdem ist unmittelbar ersichtlich, dass eine Fachsprache neben substantivischen Benennungen auch *fachsprachliche Verben, Adjektive, Wendungen* etc. umfasst. Last but not least definiert sich eine „Sprache" selbstredend nicht allein über die Elemente, die zu ihrem Inventar gehören, sondern eben auch durch die spezifischen *Verknüpfungsregeln*, die für sie gelten (grammatikalischer, syntaktischer, textueller Art etc.). Und überhaupt: Reicht es bei der Betrachtung einer Fachsprache aus, sich allein mit *sprachlichen Mustern* zu befassen oder muss man nicht gleichzeitig auch die *außersprachliche Wirklichkeit* betrachten, die sie beschreibt? Wenn sich Fach*sprache* letztendlich immer in Fachtexten (oder Fachdiskursen) manifestiert, muss dann nicht auch die *Kommunikationssituation*, in denen diese auftreten, bei der Beschreibung berücksichtigt werden? Schon diese wenigen Fragen machen deutlich, dass die Identifikation von Fachsprache mit Fachwörtern einigermaßen problematisch erscheint. Was genau ist also eine Fachsprache?

4.1.2 Abgrenzungsgegenstand (das *tertium comparationis* des Vergleichs)

Die Beantwortung dieser Frage erweist sich als unerwartet schwierig. Das liegt unter anderem darin begründet, dass man zunächst entscheiden muss, *wogegen man eigentlich abgrenzen* möchte. Ist es beispielsweise sinnvoll, die Fachsprache der Gemeinsprache gegenüberzustellen oder bietet sich als *tertium comparationis* eher die Literatursprache an? Unabhängig davon, wie die Wahl ausfällt, sieht man sich mit weiteren Schwierigkeiten konfrontiert. Entscheidet man sich nämlich für den Vergleich mit der Gemeinsprache (Seibicke 1959 und Mentrup 1979 beispielsweise tun dies), wird schnell klar, dass auch der Begriff „Gemeinsprache" völlig unzureichend definiert ist. In vielen Darstellungen erscheint „Gemeinsprache" im Sinne eines Oberbegriffs, der die Gesamtheit aller sprachlichen Mittel umfasst, über die eine (Einzel-)Sprache verfügt. Gemeinsprache wäre dann eine Art „Gesamtsprache", die in zahlreiche Unterkategorien, zu denen auch die Fachsprache zählt, zerfällt. Demgegenüber finden sich andere Ansätze, in denen vorgeschlagen wird, Gemeinsprache als dasjenige „Instrumentarium an sprachlichen Mitteln" zu verstehen, „über das alle Angehörigen einer Sprachgemeinschaft verfügen" (Hoffmann 1985, 48; vgl. auch Arntz/Picht 1991, 16). In dieser Begriffsfestlegung, die übrigens der heute gültigen Duden-Definition entspricht, erscheint die Gemeinsprache als eine spezifische Auswahl dessen, was eine Einzelsprache an Ausdrucksmöglichkeiten zur Verfügung stellt. Ist die Gemeinsprache also ein Subsystem, dem (auf gleicher oder auf nachgeordneter Ebene) weitere Subsysteme wie die Fachsprachen (und möglicherweise auch die Mundarten) gegenüberstehen?

Lassen wir diese Frage zunächst offen, um zu prüfen, ob der Vergleich mit der Literatursprache für die begriffliche Festlegung möglicherweise Vorteile bietet. Tatsächlich stellt sich die Abgrenzungsproblematik im Falle der Gegenüberstellung der Fachsprache zum literarischen Sprachgebrauch in ganz ähnlicher Weise, denn hier muss analog die Frage gestellt werden, was „die" Literatursprache eigentlich ist. Während die Fachsprachenforscher und Translationswissenschaftler sie gerne über ihre *ästhetische Funktion* definieren und darauf hinweisen, dass Literatursprache – anders als die Fachsprache – *nicht in erster Linie der zweckgebundenen Kommunikation* innerhalb eines spezifischen Themengebiets dient, weisen Literaturwissenschaftler zu Recht darauf hin, dass die Reduktion der Literatur auf formalästhetische Gesichtspunkte der Vielzahl der literarischen Erscheinungsformen in keiner Weise gerecht wird. Immerhin kann die Literatur alle nur erdenklichen Inhalte thematisieren. Aber nicht nur das: Literarische Werke (in ihrer Gesamtheit) können auch sämtliche sprachlichen Möglichkeiten ausschöpfen, die eine Einzelsprache bietet (Coseriu 1971, 185) und bei Bedarf (in Form von Regelverstößen) sogar über die etablierten Muster hinausgehen. So betrachtet kann Literatursprache in sprachlicher wie inhaltlicher Hinsicht alles fassen – unter anderem eben auch die „Fachsprache", von der sie ja eigentlich abgegrenzt werden soll. Bei der Gegenüberstellung von Fach- und Literatursprache (die natürlich immer ein intuitives Vorverständnis dafür, was Fach- und Literatursprache eigentlich sein können, voraussetzt), scheint aber noch ein weiteres Problem auf. So scheinen die Vorstellungen davon, was eine Fachsprache ausmacht, über längere Zeitverläufe hinweg nicht unbedingt stabil. Zumindest bei den Fachsprachen im Mittelalter ist – gemessen an heutigen Fachsprachenkonzeptionen – jedenfalls oft keine klare Grenzlinie zwischen fachlichen und literarischen Texten zu erkennen (vgl. Belke 1973, 27; Pöckl 1990, 272–273). Für die Auseinandersetzung mit Fachsprachen bedeutet das, dass eine weitere Grundsatzentscheidung getroffen werden muss, nämlich die, ob man rein synchronisch (gegenwartsbezogen) vorgehen möchte, oder ob auch diachronische Aspekte eine Rolle spielen sollen.

4.1.3 Sprachliche Abgrenzungsparameter

Angesichts der genannten Schwierigkeiten nimmt es nicht Wunder, wenn Fluck zu der Aussage gelangt, der Terminus Fachsprache sei „bis heute nicht gültig definiert" (Fluck [5]1996, 11; vgl. Kalverkämper 1998a, 1 und Rincke 2010, 238). Dabei herrscht an Definitionsvorschlägen kein Mangel. Woran also scheitert eine allgemein konsensfähige Begriffsfestlegung? Um dieser Frage nachzuspüren, erscheint es sinnvoll, die bestehenden Definitionen und Modelle auf ihre Stärken und Schwächen hin zu prüfen und deutlich zu machen, welche Fachsprachenkonzeptionen sich jeweils in ihnen widerspiegeln. Als Ausgangspunkt dafür kann die ausgesprochen einflussreiche und entsprechend häufig zitierte Begriffsfestlegung dienen, die von Lothar Hoffmann getroffen wurde:

> Fachsprache – das ist die Gesamtheit aller sprachlichen Mittel, die in einem fachlich begrenzbaren Kommunikationsbereich verwendet werden, um die Verständigung zwischen den in diesem Bereich tätigen Menschen zu gewährleisten (Hoffmann [2]1985, 53).

Es sind vor allem sprachliche Parameter, die in dieser „klassischen" Begriffsfestlegung als Maßstab herangezogen werden, um den Gegenstandsbereich der Fachsprachenforschung zu bestimmen. Auch wenn ihr zuweilen der Vorwurf gemacht wurde, in erster Linie systemlinguistisch ausgerichtet zu sein, findet sich in ihr zumindest insofern eine Bezugnahme auf pragmatisch-kommunikative Aspekte wieder, als sie auf den „fachlich begrenzbaren" Kommunikationsbereich sowie auf die Fachsprachen-Nutzer hinweist. Trotz (oder gerade *wegen*) seiner „Eingängigkeit" lässt der definitorische Ansatz einige Schwächen erkennen. So wird (zumindest innerhalb der begrifflichen Festlegung) das *tertium comparationis* nicht explizit genannt (es ist die Gemeinsprache), und auch die „sprachlichen Mittel" bleiben zunächst sehr unbestimmt. Nicht thematisiert bleibt damit auch die Frage, ob es „die" Fachsprache überhaupt geben kann oder ob nicht ein Konglomerat sehr unterschiedlicher Fachsprachen anzusetzen ist, die je verschiedene sprachliche Mittel einsetzen, die möglicherweise je nach Kommunikationssituation und in Abhängigkeit vom mündlichen oder schriftlichen Sprachgebrauch abweichen. Damit entfällt zugleich der Blick auf die Frage, ob bei den Fachsprachen möglicherweise einzelsprachenspezifische Merkmale zu erwarten sind (vgl. hierzu Albrecht 1992 und Pöckl 1995b). Wenn Hoffmann schreibt, dass Fachsprache die Kommunikation „zwischen den in diesem Bereich tätigen Menschen" gewährleisten soll, nimmt er zudem ausschließlich die Kommunikation zwischen Experten, die so genannte innerfachliche Kommunikation ins Visier. Ein Problem ganz grundsätzlicher Art bemängelt zudem Roelcke, wenn er darauf hinweist, dass Fachsprache in der Definition Hoffmanns über das Adjektiv „fachlich" bestimmt wird, ohne dass gesagt würde, was ein „Fach" eigentlich ist (Roelcke ³2010, 15). Aber lässt sich dieser Zirkel, den Roelcke vor allem in Bezug auf die ältere Fachsprachenforschung als „nicht untypisch" bezeichnet (Roelcke ³2010, 15), überhaupt vermeiden?

4.1.4 Definition über nichtsprachliche und parasprachliche Parameter

Tatsächlich sind in der obigen Begriffsfestlegung sowie in der Kritik an ihr bereits eine ganze Reihe neuralgischer Punkte angerissen, die die Fachsprachenforschung bis heute beschäftigen. So gibt es offenbar *sprachliche*, aber auch *außersprachliche* („fachliche") Parameter, die den Geltungsbereich der Fachsprache bestimmen, d.h. die Fachsprache scheint einmal durch Parameter wie den Gegenstandsbereich, auf den sie sich bezieht, definiert und einmal durch ihre intrinsischen sprachbezogenen Besonderheiten, also die spezifischen Merkmale, die sie von anderen Formen der Sprachverwendung abgrenzt. Was tragen die genannten beiden Parameter zur Begriffsbestimmung bei?

4.1.4.1 Die Definition von Fachsprache über den Referenzbereich

Die Kennzeichnung der Fachsprache über den außersprachlichen Referenzbereich, auf den sie sich bezieht, scheint zunächst eine sehr überzeugende Möglichkeit zu bieten, sie von anderen Formen der Sprachverwendung abzugrenzen. Immerhin findet sich auch in der Norm DIN 2342-1 der Hinweis darauf, dass die Fachsprache auf die Kommunikation in einem *Fachgebiet* gerichtet sei (1992, 1). Präziser wird Fachsprache dort definiert als der

> Bereich der Sprache, der auf eindeutige und widerspruchsfreie *Kommunikation in einem Fachgebiet* gerichtet ist und dessen Funktionieren durch eine festgelegte Terminologie entscheidend unterstützt wird (DIN 2342-1 1992, 1, Hervorhebung W.P./S.R.).

Bei näherer Betrachtung scheint das Problem damit allerdings nur verschoben, denn nun stellt sich die Frage, was ein „Fach" eigentlich ist. So beruht der „Fach"-

Begriff zwar einerseits „auf einem allgemeinen, sozial gefestigten Konsens des Verstehens, was sich im spontanen Aufzählen von Fächern zeigt" (Kalverkämper 1998a, 7), andererseits fällt es aus wissenschaftstheoretischer Sicht schwer, ihn hinreichend zu bestimmen (vgl. Posner 1993; Berschin 1989, 52). An dem „kulturwissenschaftlich zentrale[n], weil die Menschheitsgeschichte prägend begleitende[n] Begriff" (Kalverkämper 1998a, 4) des „Fachs" erscheinen insbesondere die folgenden drei Aspekte differenzierungsbedürftig: erstens die Frage nach der „inhaltlichen Qualität", die ein Fach ausmacht; zweitens die nach der Systematik der Fächer sowie drittens die nach der „horizontale[n] Gliederung von (Fach-)Sprachen der Fächer zueinander" (Kalverkämper 1998, 7). Entsprechend werden uns die eng miteinander verbundenen Problematiken der *Qualitätsmerkmale*, der *Abgrenzung der einzelnen Disziplinen gegeneinander* sowie der *Binnendifferenzierung* der „Fächer" im Folgenden weiter beschäftigen.

Zunächst einmal erscheint jedoch noch ein anderer Gedanke von grundlegender Bedeutung: Lässt sich ein Fachgebiet überhaupt unabhängig von der Sprache, die in ihm verwendet wird, abgrenzen? Gibt es also *sprachenunabhängige Begriffssysteme* oder, präziser gefasst: Gibt es „in den Dingen selbst" Merkmale, die so unübersehbar sind, dass sie
1. eine Untergliederung der Welt in einen spezialisierten Referenzbereich (die „Fachwelt") und einen nicht spezialisierten Referenzbereich (die „Alltagswelt") möglich machen und
2. darüber hinaus den so abgegrenzten spezialisierten Sach- und Gegenstandsbereich (die „Fachwelt") sprachen- und kulturübergreifend einheitlich gliedern?

Die erste der beiden Teilfragen, die natürlich eng miteinander verquickt sind, lässt sich relativ leicht beantworten, indem man ein von Albrecht diskutiertes Beispiel bemüht. Er weist darauf hin, dass ein Musikinstrument, das in einem Land zur Alltagskultur gerechnet wird, in einem anderen möglicherweise nur Fachleuten bekannt ist (Albrecht 1992, 67). Mit Blick auf die Romania lässt sich diese Überlegung an der Gaita illustrieren, einer in verschiedenen Versionen existierenden Sackpfeifenart, die vor allem im Norden Portugals sowie in Galicien ein traditionelles Instrument darstellt. Entsprechend dem hohen Bekanntheitsgrad des Instruments tritt das Wort *gaita* in Nordspanien oder Nordportugal im Alltagsdiskurs auf, wohingegen es in anderen Kulturen nur im Fachdiskurs unter Musikexperten geläufig ist und somit Fachwortcharakter hat. Schon dieses verhältnismäßig banale Beispiel kann also als Beleg dafür gewertet werden, dass im außersprachlichen Sach- und Gegenstandsbereich *allein* keine (kulturübergreifend) eindeutigen Abgrenzungskriterien für die Unterscheidung zwischen Gemein- und Fachsprache (bzw. für die in der Norm als so wesentlich charakterisierte lexikalische Ebene der Sprache) zu finden sind. Sehen wir uns noch ein weiteres Beispiel an, das in dieselbe Richtung zeigt: Während man beim Hören des Ausdrucks „Blutlaugensalz" zögern wird, ihn der Fachsprache zuzuordnen, entspricht spanisch *ferrocianuro potásico* oder *hexacianoferrato (II) de potasio trihidratado*, port. *ferrocianeto de potássio*, rum. *ferocianură de potasiu* (respektive *E536*) oder it. *ferrocianuro di potassio* (oder *potassio esacianoferrato (II)*) sehr viel eher dem intuitiven Verständnis, das man von einer fachsprachlichen Benennung hat. Die chemische Verbindung ist aber jeweils dieselbe. Auch in diesem Fall ist es also nicht allein der Gegenstandsbereich, der über die Zugehörigkeit oder Nicht-Zugehörigkeit der lexikalischen Einheiten zur Fachsprache bestimmt.

Die Beantwortung der zweiten Teilfrage gestaltet sich etwas komplexer, denn sie betrifft das Verhältnis, in dem die gedankliche Vorstellung von den Dingen (die Begriffe) und die sprachlichen Zeichen, mit denen sie handhabbar gemacht werden (die Benennungen), zueinander stehen. Das sprachphilosophische Problem des Verhältnisses von Wort und Terminus erscheint allerdings so zentral, dass es die Betrachtung in einem eigenen Unterpunkt verdient (cf. Kapitel 6.1). An dieser Stelle reicht es ohnehin aus, festzustellen, dass die Begriffsbestimmung des „Fachs" mehr Probleme bereitet als erwartet. Darüber hinaus muss kritisch hinterfragt werden, ob die fächerbezogene Gliederung (auch *horizontale Gliederung* genannt), die Teilbereiche wie Medizin, Wirtschaft, Technik, Chemie, Informatik etc. ausweist, für die Fachsprachenbestimmung *überhaupt* ein produktives Modell darstellt. So gliedern sich die genannten „Fächer" ihrerseits in zahlreiche Sparten (in der Medizin etwa in Pathologie, Anatomie, Urologie, Pharmazie etc., in der Wirtschaft in Volks- und Betriebswirtschaft), die wiederum in Untergruppen zerfallen. Lässt sich wirklich sagen, dass jede dieser Einzelwissenschaften eine eigene Sprache hervorbringt? Die Frage nach dem Verhältnis von Sprache und „Fach" stellt sich umso dringlicher, als neue wissenschaftliche Disziplinen oft durch Erweiterungen oder Einschränkungen traditioneller Forschungsgebiete konstituiert werden. Die „Neurowissenschaften" beispielsweise führen die Forschungsbereiche Medizin, Biologie und Psychologie zusammen, wohingegen Disziplinen wie Sozialpsychologie, Sprachsoziologie oder Wirtschaftsgeschichte jeweils spezifische Ausschnitte der „mitwirkenden" Disziplinen herausgreifen und näher beleuchten. Wie muss man sich die Fachsprache solcher interdisziplinärer Wissenschaftsbereiche vorstellen: als Vereinigungsmenge der Fachsprachen der involvierten Disziplinen oder als Schnittmenge? Angesichts der sehr zahlreichen Probleme erscheint es fraglich, ob der Verweis auf den Referenzbereich *allein* die Diskussion um die Fachsprachendefinition wesentlich voranbringen kann. Es werden also noch weitere Parameter zu untersuchen sein, um zu einer befriedigenderen begrifflichen Festlegung zu gelangen.

Immerhin lässt sich aber die eingangs angesprochene definitorische Unzulänglichkeit, die darin besteht, „Fach*sprache*" über das ebenfalls unzureichend definierte „Fach" zu erklären, ausschalten, indem man die Vorstellung von einem Fach präzisiert. Roelcke tut dies, wenn er vorschlägt, ein Fach als einen „mehr oder weniger spezialisierte[n] menschlichen[n] Tätigkeitsbereich" aufzufassen (Roelcke [3]2010, 15). Die Vagheit, die der Definition anhaftet („mehr oder weniger" spezialisiert), ist nicht notwendig als Manko anzusehen. Im Gegenteil: Die in ihr angelegte graduelle Abstufung von Spezialisierungsgraden lässt Graustufen zwischen Alltags- und Fachwelt zu. Außerdem hat die Begriffsfestlegung den Charme, nicht nur für die Betrachtung der Wissenschaft, sondern auch für das Handwerk oder für Freizeitaktivitäten (Alpinismus, Fußball) geeignet zu sein, die in der Fächerdiskussion sonst eher ausgeblendet bleiben.

4.1.4.2 Die Definition von Fachsprache über die Fachsprachennutzer
Folgt man dem Gedanken der „Spezialisierung", so ist auch die Überlegung nicht fern, Fachsprachen über den Kreis ihrer Nutzer und somit über ihre soziale Funktion zu definieren:

> Fachsprachen bilden in erster Linie ein *Kommunikationsmittel unter Fachleuten* zur Darstellung und Mitteilung komplexer Sachverhalte. Dementsprechend sind sie an bestimmte fachliche Denk- und Handlungsweisen gebunden, die ihre sprachlichen Erscheinungsformen prägen,

schreibt Fluck (2002, Hervorhebung W.P/S.R.). Es ist unübersehbar, dass sich auch hier der zu Kapitelbeginn bereits angesprochene definitorische Zirkel eingeschlichen hat (man muss ja schon *wissen*, was eine Fachsprache ist, wenn man auf die Menschen verweist, die sie nutzen). Lohnend erscheint die Beschäftigung mit diesem Ansatz aber schon deshalb, weil die Akzentverlagerung einen soziolinguistischen Parameter mit in die Diskussion bringt. Fachsprache wird in diesem Abgrenzungsversuch vor allem als *Gruppensprache* verstanden, d.h. als die Sprache eines Kreises von Spezialisten in einem wissenschaftlichen, handwerklichen, technischen etc. Gebiet. Damit unterscheidet sie sich von der Gemeinsprache, die als transsoziales und überregionales Kommunikationsmittel aufgefasst wird. Interessanterweise tritt das gruppensprachliche (diastratische) Merkmal nicht alleine auf, sondern ist an ein „qualitatives" Merkmal gekoppelt, nämlich das der *Komplexität des Sachverhalts*, den es sprachlich zu erfassen gilt. In diesem Zusammenhang erläutert Fluck:

> Durch die Verwendung von Fachsprache kann es zwischen Fachleuten verschiedener Disziplinen sowie zwischen Fachleuten und Laien zu Kommunikationsstörungen kommen, die auf verschiedene Weise zu beheben sind und spezifische Formen des Wissenstransfers ausgebildet haben (z.B. Wissenschaftsjournalismus, Technisches Schreiben und Fachsprachendidaktik) (Fluck 2002).

Es ist offensichtlich, dass die Einführung des Qualitätskennzeichens der „Komplexität" nicht nur Vorteile bietet. So umschifft Fluck zwar einerseits souverän eine Problematik, die manchen soziolinguistisch ausgerichteten Definitionsvorschlägen anhaftet, d.h. er übersieht keinesfalls, dass Fachsprachen nicht allein dort Anwendung finden, wo sie der Verständigung unter Experten desselben Fachs dienen. Andererseits bewertet er das Überschreiten der innerfachlichen Kommunikationsgrenze ausschließlich negativ. „Komplex" erscheint als gleichbedeutend mit „*zu* komplex" (cf. Kapitel 1). Bezeichnend ist jedoch, dass nicht nur ein Ausweg aus der Kommunikationsbarriere aufgezeigt wird (wobei die aufgezählten Möglichkeiten vorrangig den Wissenstransfer zwischen Fachmann und Laien, weniger jedoch den zwischen Fachleuten verschiedener Disziplinen betreffen), sondern auch eine Ursache für die Kommunikationsstörung genannt wird, die über die übliche Fachwortdiskussion hinausgeht. So findet sich der Gedanke, dass man mit dem Erlernen von Fach*sprache* auch Fach*denken* erwirbt und dass das fachliche Denken umgekehrt die Sprache beeinflusst (cf. Punkt 4.3 und 5.1.3). Die Überlegung, dass Fachsprache und Fachdenken gar nicht unabhängig voneinander gesehen werden können, kann sicher als essentiell für die heutige Fachsprachendiskussion angesehen werden.

4.1.4.3 Die Definition von Fachsprache über die kommunikative Funktion

Häufig wird die Fachsprache auch direkt über kommunikationstheoretische Parameter definiert. Für Möhn/Pelka etwa ist Fachsprache

> [...] die Variante der Gesamtsprache, die der Erkenntnis und begrifflichen Bestimmung fachspezifischer Gegebenheiten sowie der Verständigung über sie dient und damit den spezifischen kommunikativen Bedürfnissen im Fach allgemein Rechnung trägt (Möhn/Pelka 1984, 26).

Man merkt, dass der Ansatz sehr eng mit der Definition der Fachsprache über die Fachsprachennutzer verwandt ist, ohne indessen vollständig mit ihm übereinzustimmen. Fachsprache dient gemäß dieser Auffassung vor allem der *zweckgebundenen* Kommunikation in einer Disziplin. Nicht die soziale Gemeinschaft der Fachsprachennutzer steht im Vordergrund, sondern die Kommunikationsbewältigung in einer bestimmten Situation. Da diese Situation mehr umfasst als nur die Nutzer, nämlich die konkrete Einbettung einer Äußerung, bietet dieser Ansatz die Möglichkeit, die Fachsprachenbetrachtung in Richtung pragmatischer Aspekte zu öffnen – theoretisch zumindest, denn *de facto* zeigt die Formulierung, dass der Blick weiterhin sehr einseitig an der innerfachlichen Kommunikation ausgerichtet ist, die fachexterne sowie die interfachliche Kommunikation also unbeleuchtet bleiben.

4.2 Fachsprachliche Modelle

4.2.1 Von „der" Fachsprache zu *den* Fachsprachen: die interne Differenzierung

Sieht man sich die Kritik an den verschiedenen Fachsprachendefinitionen an, wird deutlich, dass diese um recht ähnliche Probleme kreist: Die Fachsprache wird auf die Darstellungs- und Erkenntnisfunktion reduziert, die Experten-Laien-Kommunikation sowie die Kommunikation zwischen Fachleuten verschiedener Disziplinen wird ausgeklammert und die Sprache wird stärker unter normativen als unter deskriptiven Gesichtspunkten gesehen, d.h. es wird stärker der Blick darauf gerichtet, was Fachsprache sein *soll* als darauf, was Fachsprache *ist*. In gewisser Weise kranken die Definitionsversuche daran, dass sie zu viel wollen, wenn sie aus der Vielzahl der Fachsprachen gemeinsame Merkmale abstrahieren. Schon die „unendliche Vielfalt von Fachsprachen, die es entsprechend der unendlichen Vielfalt von Metiers in jeder Sprachgemeinschaft gibt" (Wesch 1998, 41), lässt es fraglich erscheinen, ob die Verwendung der Singularform und die damit verbundene Hypostasierung einen entscheidenden Erkenntnisgewinn zulässt. An dieser Problematik setzen die verschiedenen fachsprachlichen Modelle an. Ihre Gemeinsamkeit besteht darin, dass sie die Fachsprache nicht als monolithisches Gebilde auffassen, sondern davon ausgehen, dass sie eine Schichtung und Differenzierung aufweist, die sowohl die thematische Ausrichtung als auch den sprachlichen Abstraktionsgrad betrifft. Anders als Definitionen, die versuchen, einen Gegenstandsbereich erschöpfend festzulegen, stellen Modelle von vornherein lediglich bestimmte, für wesentlich erachtete Merkmale des Untersuchungsgegenstands in den Vordergrund. Sie bilden daher die Realität nie im Verhältnis eins zu eins ab, sondern stellen sie verkürzend dar. Die Verkürzung wird zur Reduzierung der Komplexität bewusst in Kauf genommen, denn sie stellt ein Mittel dar, sich auf diejenigen Merkmale zu konzentrieren, die mit Blick auf die jeweilige Fragestellung besonders relevant erscheinen. Außerdem enthalten die Modelle meist eine graphische Komponente, die dazu dient, die Beziehungen zwischen den als wesentlich identifizierten Einflussfaktoren anschaulich darzustellen.

4.2.2 Einflussreiche Fachsprachenmodelle

4.2.2.1 Das Modell von Ischreyt

Interessanterweise stammen die zentralen Modelle zur Fachsprache nicht aus der Romania, sondern vornehmlich aus dem deutschsprachigen Raum. Dass sie dennoch in der romanistischen Fachsprachenforschung weitgehend unkritisch übernommen wurden, kann wohl als Indiz für die Annahme gelten, dass die Charakteristika, die eine Fachsprache ausmachen, sich sprachen- und kulturenübergreifend einheitlich festlegen lassen. Eine Vorreiterrolle in Sachen Modellbildung ist dabei zweifellos Ischreyt zuzuschreiben, der bereits 1965 eine Binnengliederung von Fachsprachen zugrunde legt, in der er eine horizontale und eine vertikale Komponente unterscheidet. Die von ihm vorgenommene *horizontale Gliederung* entspricht einer thematischen Differenzierung, wie wir sie in der fächerbezogenen Gliederung bereits kennengelernt haben, d.h. sie ist am Gegenstandsbereich (Fach 1, Fach 2, Fach 3 usw.) orientiert. Entscheidend neu ist dagegen die *vertikale Gliederung*, die nach Ischreyt den Abstraktionsebenen innerhalb eines einzelnen Faches folgt:

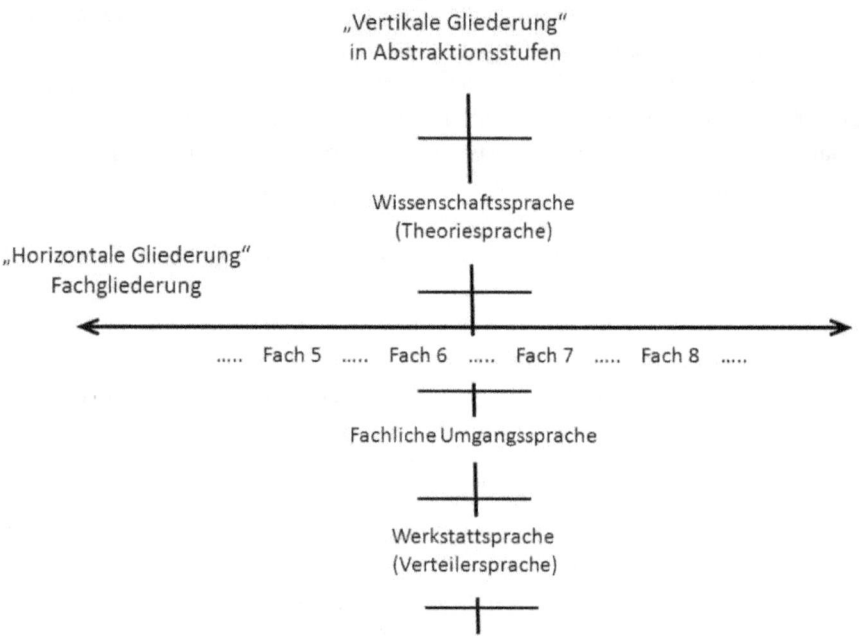

Abb. 1: Gliederung der Fachsprachen nach Ischreyt (1965, 39)

Wie die Abbildung erkennen lässt, sieht dieses Modell eine Gliederung der Fachsprachen in drei Ebenen vor: die Theorie- oder Wissenschaftssprache; die fachliche Umgangs- oder Werkstattsprache und die Verbraucher- respektive Verkäufersprache (Ischreyt 1965, 39). Der *Wissenschafts-/Theoriesprache* wird dabei die höchste Abstraktionsstufe zugeordnet. Nach Ischreyt dient diese der innerfachlichen Kommunikation unter Experten und liegt meist in Schriftform vor. Demgegenüber lässt die *fachliche Umgangssprache* eine nur mittlere Abstraktionsstufe erkennen und ist hauptsächlich in der mündlichen Kommunikation unter Experten zu finden. Die niedrigste Abstraktionsstufe hat die *Werkstatt- oder Verteilersprache*, die in der mündlichen wie in der schriftlichen Kommunikation in der Produktion (Werkstattsprache) oder im Verkauf (Verteilersprache) Anwendung findet. Sie ist also das Ausdrucksmittel von Produktion und Konsum. Richtungsweisend an diesem Modell ist der Gedanke, dass eine einzelne Fachsprache verschiedene kommunikative Ebenen (hier sind es drei) aufweist, denen jeweils eigene verbale – und übrigens auch nonverbale – Charakteristika zugeschrieben werden.

4.2.2.2 Das Modell von Hoffmann

Ausgehend von dem Modell Ischreyts wurden zahlreiche andere Ansätze entwickelt, die jeweils Einzelaspekte der fachsprachlichen Kommunikation hervorheben oder ergänzen. Große Resonanz fand vor allem der Ansatz von Hoffmann, der die kommunikativen Ebenen mit fünf Abstraktionsstufen weiter differenziert und darüber hinaus Anregungen für eine Fächersystematik gibt. Wie Ischreyt legt Hoffmann eine horizontale (²1985, 58–62) und eine vertikale Gliederungsebene (²1985, 64–70) der Fachsprachen zugrunde. Der an der horizontalen Gliederung vielfach geäußerten Kritik an der fehlenden Systematik begegnet er dadurch, dass er die Einzelfächer nach dem *Verwandtschaftsgrad* auf einer linearen Skala anordnet. Ausgangspunkt seiner Überlegungen ist, dass manche Fächer Fachsprachen hervorbringen, die in enger Beziehung zueinander stehen (die Physik und die Mathematik beispielsweise), wohingegen andere wenig Berührungspunkte aufweisen wie etwa Physik und Philologie (Hoffmann ²1985, 60–61). Entsprechend präsentiert er die horizontale Gliederung als offene Reihe, in der die Fächer gemäß den sprachlichen Mitteln, die sie einsetzen, in Ähnlichkeitsbeziehung zueinander gesetzt werden. Man könnte auch sagen, dass sie jeweils in ihrer Nähe und Ferne zu anderen Fächern und deren Fachsprachen definiert werden. Ausgehend von der künstlerischen Prosa kann diese Gliederung beispielsweise wie folgt gedacht werden:

Künstlerische Prosa	Literatur-wissenschaft	Pädagogik	Philosophie	...	Ökonomie der Land- und Nahrungsgüterwirtschaft	...
Landwirtschafts-wissenschaft	Tierproduktion und Veterinärmedizin	...	Bauwesen	...	Maschinen-bau	...
Elektrotechnik	...	Medizin	...	Chemie	Physik	Mathematik	...

Abb. 2: Horizontale Gliederung der Fachsprachen nach Hoffmann (²1985, 58)

Je formalisierter die Sprache ist, desto weiter rechts erscheint sie im Schaubild. Durch die unbesetzten Felder in der Skala möchte Hoffmann signalisieren, dass zwischen die aufgeführten Bereiche weitere treten können. Allerdings kann die Problematik, dass sich Verwandtschaftsgrade in einer linearen Anordnung nur schwer darstellen lassen, mit der Einführung von Leerräumen nicht vollständig behoben werden. Es ist aber nicht allein die darstellungstechnische Frage, die Kopfzerbrechen bereitet, sondern vor allem die Tatsache, dass die Grenzziehung zwischen einzelnen Disziplinen schwierig ist – ein Umstand, den Hoffmann selbst thematisiert: „Auf der Tagesordnung steht die Wissenschaftsintegration, die interdisziplinäre Kooperation oder zumindest die Übernahme von Methoden aus einer Wissenschaft in die andere" (Hoffmann ²1985, 54). Tatsächlich macht die fortschreitende interdisziplinäre Vernetzung es nahezu unmöglich, eine einzelne Fachsprache als vollständig autonom zu betrachten. Nach heutiger Forschungslage ist vielmehr davon auszugehen, dass eine Eigenständigkeit *de facto* weder auf inhaltlicher, noch auf sprachlicher oder auch nur auf pragmatischer Ebene postuliert werden kann (vgl. Pöckl 1990, 267). Das bedeutet nun allerdings nicht, dass Einteilungsversuche von vornherein müßig wären. Die besondere Leistung Ischreyts und Hoffmanns besteht darin, den „Fächerbegriff" präzisiert zu haben, indem sie ihn in Zusammenhang mit den sprachlichen Ausdrucksmitteln stellen. Trotz aller damit verbundenen Schwierigkeiten ist der Erkenntnisgewinn unverkennbar, denn durch die Rückbindung des zunächst intuitiven Vorverständnisses eines „Fachs" an das Vorhandensein sprachlicher Besonderheiten kann die Kategorisierung neu überdacht und gegebenenfalls revidiert werden.

Auch in Bezug auf die vertikale Gliederung führt Hoffmann Neuerungen ein, indem er vier Kriterien ansetzt: den *Rahmen* der fachlichen Kommunikation, die *Kommunikationsteilnehmer*, die *äußere Sprachform* und vor allem die *Abstraktionsstufe*, die er in ganze fünf Untergruppen gliedert (A = höchste Abstraktionsstufe; B = sehr hohe Abstraktionsstufe; C = hohe Abstraktionsstufe; D = niedrige Abstraktionsstufe; E = sehr niedrige Abstraktionsstufe). Vom Modell Ischreyts entfernt er sich dabei insofern, als er die Theorie-/Wissenschaftssprache in die *Sprache der theoretischen Grundlagenwissenschaften* einerseits und in die *Sprache der experimentellen Wissenschaften* andererseits differenziert. Ähnlich sieht er für die fachliche Umgangssprache eine Untergliederung in die *Sprache der angewandten Wissenschaften und der Technik* sowie die *Sprache der materiellen Produktion* vor. Komprimiert dargestellt werden die terminologischen und systematischen Besonderheiten der vertikalen Gliederungen von Ischreyt und Hoffmann in der Aufstellung von Roelcke (cf. die umseitige Tabelle 1). Die Spalten zwei bis vier repräsentieren die von Hoffmann gewählten Benennungen sowie die semiotischen, sprachlichen und kommunikativen Merkmale, die er den vertikalen Gliederungsebenen zuordnet. In der äußerst linken Spalte findet sich die von Ischreyt gewählte Terminologie.

Was aus theoriebezogener Warte ausgesprochen überzeugend erscheint, trifft bei der Konfrontation mit der fachsprachlichen Realität an seine Grenzen. Jedenfalls ist die romanische Fachsprachenforschung den Beweis schuldig geblieben, dass *jedes Fach* die genannten fünf (oder auch nur drei) Abstraktionsstufen auf pragmatischer Ebene tatsächlich vorweisen könnte und dass die semiotischen, sprachlichen und kommunikativen Merkmale dann auch noch in *allen Einzelsprachen* nachweisbar wären. Beides bleibt angesichts des bereits Gesagten äußerst fraglich: Wenn noch nicht einmal auf horizontaler Ebene eine vollständige Autonomie einzelner Fachsprachen nachzuweisen ist, wie sollte diese dann auf den nachgeordneten Ebenen der vertikalen Schichtung bestehen?

Tab. 1: Vertikale Fachsprachengliederungen nach Ischreyt und Hoffmann (Roelcke ³2010, 36)

Bezeichnung nach Ischreyt	Bezeichnung nach Hoffmann	semiotische und sprachliche Merkmale	kommunikative Merkmale
Theoriesprache (Wissenschaftssprache)	Sprache der theoretischen Grundlagenwissenschaften	künstliche Symbole für Elemente und Relationen	Wissenschaftler ↔ Wissenschaftler
	Sprache der experimentellen Wissenschaften	künstliche Symbole und Elemente; natürliche Sprache für Relationen (Syntax)	Wissenschaftler (Techniker) ↔ Wissenschaftler (Techniker) ↔ wissenschaftlich-technische Hilfskräfte
fachliche Umgangs-sprache	Sprache der angewandten Wissenschaften und der Technik	natürliche Sprache mit einem sehr hohen Anteil an Fachterminologie und einer streng determinierten Syntax	Wissenschaftler (Techniker) ↔ wissenschaftliche und technische Leiter der materiellen Produktion
	Sprache der materiellen Produktion	natürliche Sprache mit einem hohen Anteil an Fachterminologie und einer relativ ungebundenen Syntax	wissenschaftliche und technische Leiter der materiellen Produktion ↔ Meister ↔ Facharbeiter (Angestellte)
Werkstattsprache (Verteilersprache)	Sprache der Konsumption	natürliche Sprache mit einigen Fachtermini und ungebundener Syntax	Vertreter der materiellen Produktion ↔ Vertreter des Handels ↔ Konsumenten ↔ Konsumenten

4.2.2.3 Der Ansatz Kalverkämpers

Auch Hartwig Kalverkämper stellt ein Modell zur Differenzierung der (Fächer und) Fachsprachen vor, das bis heute häufig zitiert wird (vgl. Sinner 2014, 195). Wie die umseitige Abbildung erkennen lässt, unterscheidet er zwischen Wissenschafts-, Technik-/Wirtschaft-, Konsumptions- und Verwaltungs-/Institutionensprache.

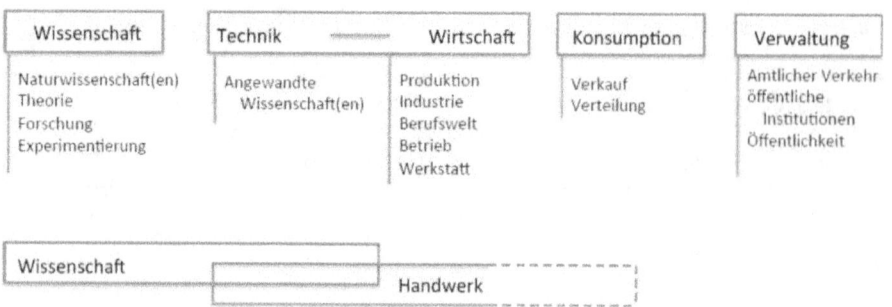

Abb. 3: Horizontale Gliederung nach Kalverkämper (1988, 112)

Gleichzeitig macht er deutlich, dass die genannten Kategorien in Relation zu der konkurrierenden Einteilung in eine Wissenschafts- und Handwerkssprache stehen, wobei Wissenschaft und Handwerk wiederum sowohl autonome Bereiche als auch eine gemeinsame Schnittmenge aufweisen. Was Kalverkämpers Herangehensweise von vielen anderen unterscheidet, ist, dass er schon sehr frühzeitig auf Distanz zur Dichotomie Fachsprache(n) vs. Gemeinsprache geht, die bis heute vielen Forschern als Hintergrundfolie für die Fachsprachenbeschreibung dient. Während Stolze beispielsweise schreibt: „Im Fachtext verweben sich gemeinsprachliche und fachsprachliche Phänomene" (Stolze 1999, 21) und somit auf die *Durchlässigkeit* zwischen beiden Ebenen der Sprachverwendung hinweist und Roche präzisiert, dass „sich die Fachsprachen die Grammatik bis auf wenige Ausnahmen mit der Allgemeinsprache [teilen]" (Roche ³2013, 162), plädiert Kalverkämper für eine vollständige Abkehr von jeder binären Kategorisierung und für eine „integrierende Sichtweise" (1990). Dabei geht er von einer Pluralität von Fachtextkategorien und Fachtextsorten aus, die unterschiedliche *Graduierungen der Fachsprachlichkeit* aufweisen (Kalverkämper 1990, 121–122). „Fachsprachlichkeit" definiert er als eine „Eigenschaft von referentiellen Texten-in-Funktion" und setzt dabei an einem Pol jene Texte, die der streng fachinternen Kommunikation dienen und daher reich an fachsprachlichen Merkmalen sind, und am anderen Pol solche Texte, die als „(extrem) merkmalarm" gelten können (Kalverkämper 1990, 124). Die Beobachtung, die den „Dichotomie-Ansätzen" und dem Ansatz Kalverkämpers zugrunde liegt, ist dabei durchaus dieselbe, nämlich die, dass auch der Alltag von einer Verwissenschaftlichung oder „Verfachlichung" gekennzeichnet ist und in der massenmedialen Kommunikation eine ganze Reihe von Texten/Diskursen mit vergleichsweise geringem Fachlichkeitsgrad vorkommen. Die *Bewertung* des Phänomens ist jedoch eine andere. Auf der einen Seite findet sich die Auffassung, dass an der binären Differenzierung durchaus festgehalten werden kann, auch wenn die Grenzziehung angesichts der wechselseitigen Beeinflussung zwischen Fach- und Gemeinsprache an manchen Stellen schwer fällt. In dieser Lesart ist weder ein „gemeinsprachlicher" Text notwendig fach(sprachlichkeits)frei, noch ein Fachtext oder fachsprachlicher Diskurs ausschließlich von Fachbegriffen und Fachthemen besetzt (vgl. Roche ³2013, 164). Auf der anderen Seite steht die Überlegung, dass die Gegenüberstellung von Fach- und Gemeinsprache nicht nur unbefriedigend, sondern generell unwesentlich ist und die binäre Differenzierung daher durch ein Kontinuum an Texten mit unterschiedlichen Fachlichkeitsgraden ersetzt werden sollte.

4.3 Abschließende Betrachtung/Fazit

Die Vielzahl der definitorischen und modellhaften Ansätze lässt erkennen, dass die Suche nach einem anerkannten Rahmen für den Fachsprachenbegriff problematischer ist als erwartet. Was eine „Fachsprache" ausmacht, ist offenbar durch die Bezugnahme auf ein Fachgebiet/die referentielle Dimension *allein* nicht definierbar. Die verschiedenen Fächer-Systematiken, wie sie in den Modellen der Fachsprachen durchscheinen, belegen die relative Willkürlichkeit der Kategorisierungen, die vom Erkenntnisinteresse und der Interessenlage der ordnenden Personen abhängen (vgl. Kalverkämper 1998a, 9). Das wäre nicht weiter schlimm, denn eine Definition kann ja nicht „wahr" oder „falsch" sein, sondern sie ist daran zu messen, was sie mit Blick auf eine bestimmte Fragestellung leistet. Insbesondere in den Geisteswissenschaften mit ihren verschiedenen Schulen erscheint es jedoch fraglich, ob die Sachbereiche/Fächer wirklich in der Weise durch Erfahrung und Wissen strukturiert sind, dass diese sprach- und kulturübergreifend identisch wären. Entsprechend schreibt Popper:

> Ein sogenanntes wissenschaftliches Fach ist nur ein abgegrenztes und konstruiertes Konglomerat von Problemen und Lösungsversuchen. Was es aber wirklich gibt, das sind die Probleme und die wissenschaftlichen Traditionen (Popper 1979, 108).

Fächer können also als historisch gewachsene Größen betrachtet werden, die Probleme aus unterschiedlichen Blickrichtungen betrachten. Das gilt natürlich auch für das „Fach" Fachsprache(nforschung), das seinen Gegenstandsbereich je nach Untersuchungsperspektive unterschiedlich festlegt. Entsprechend kann die Fachsprachendefinition unter anderem nach *sprachlichen*, gegenstandsbezogenen (*außersprachlichen*), sozialen (*diastratischen*), kommunikativ-funktionalen (*diaphasischen*) Kriterien erfolgen [sowie in geringerem Ausmaß auch nach *diatopischen* (regionalen) Kriterien]. So spiegeln die verschiedenen definitorischen und modellhaften Festlegungen, die wir betrachtet haben, den Perspektivenwandel von einer zunächst systemlinguistisch ausgerichteten Sichtweise hin zu text- und pragmalinguistischen Fragestellungen wider. Trotz ihrer Widersprüchlichkeit können die Definitionen und Modelle insofern gleichberechtigt nebeneinander stehen, als sie durch ihre Schwerpunktsetzung den Blick auf verschiedene Einzelaspekte bei Problemidentifikation und -lösung lenken.

Etwas unterbelichtet scheinen in den Begriffsfestlegungen die geschichtlichen Aspekte, d.h. die Betrachtung der Fachsprachen als historisch gewachsene Einheiten/Varietäten. Die unterschiedlichen fächergeschichtlichen Bedingungen bei der Herausbildung einzelner Fachsprachen in der Romania sowie die anerkannte Wechselwirkung zwischen den Fach- und den (ihrerseits einzelsprachlich markierten) Gemeinsprachen lassen erwarten, dass die Merkmale, die eine spezifische Fachsprache ausmachen, nicht sprachenübergreifend identisch sein können. Es wird daher zu überprüfen sein, ob – und wenn ja auf welcher Ebene – fachsprachliche „Universalien" zu identifizieren sind und wo vergleichende Analysen einzelsprachenspezifische Differenzierungen zutage fördern.

Trotz der Unschärfe des Fachsprachenbegriffs kann auf ihn nicht verzichtet werden. Die Problematik, die in den unterschiedlichen Begriffsfestlegungen zutage tritt, lässt sich durch das Aufstellen eines weiteren Definitionsversuchs sicher nicht beseitigen. Tatsächlich bemerkt schon Berschin, dass sich Fachsprache „ebenso wenig gültig definieren [lässt] wie ‚Sprache', ‚Recht', ‚Krankheit' oder ‚Politik'." Seiner Auffassung nach werden derartige Grundbegriffe „axiomatisch eingeführt, sie sind nicht definierbar, sondern nur interpretierbar, und die Interpretation besteht darin, dass dem Begriff ein empirisch überprüfbarer Wirklichkeitsbereich zugeordnet wird" (Berschin 1989, 52). Fachsprachen gehören in diesem Sinne nicht nur „zu den ersten vorwissenschaftlich betrachteten Varietäten des Diasystems" (Sinner 2014, 191), sondern es erscheint fraglich, ob eine einheitlich typisierende Fachsprachendefinition überhaupt wünschenswert ist.

Ist also die Pluralität des Fachsprachenbegriffs in Wirklichkeit kein Manko, sondern nur der Spiegel einer ebenso komplexen wie facettenreichen Realität? Tatsächlich lassen sich Fachsprachen auf vielerlei Arten begreifen. So kann man einen *deskriptiven* Zugang wählen und die Definition danach richten, „wodurch eine Fachsprache typisch ausgezeichnet ist", oder *normativ* vorgehen und festlegen, „wodurch eine gelungene Form ausgezeichnet sein *sollte*" (Rincke 2010, 236). Man kann die *kognitive Leistung* der Fachsprachen, d.h. ihre Funktion als Erkenntnismittel, ebenso herausstellen wie ihre *referentielle Funktion*; man kann sie unter systemlinguistischen, textlinguistischen oder pragmatischen Aspekten beleuchten; einzelne Fachsprachen herausgreifen und Gemeinsamkeiten und Unterschiede zwischen ihnen eruieren; *einzelsprachenspezifische* Merkmale von Fachtextsorten betrachten oder versuchen, *Universalien* aus ihnen zu abstrahieren etc. All diese Ansätze wurden und werden in der Fachsprachenforschung verfolgt und finden in der Verschiedenartigkeit der Definitionen ihren Ausdruck. Die Präzision, mit der die jeweils in den Fokus genommenen Wesenszüge analysiert werden, belegt jedoch eindrucksvoll, dass Pluralität nichts mit Beliebigkeit zu tun hat. „Die wahre Flut von Arbeiten im Bereich der Fachsprachen zeigt ohnehin deutlich, dass Fachsprachenforschung keineswegs als Disziplin auf der Suche nach ihrem Gegenstand anzusehen ist" (Sinner 2014, 195).

Aufgaben

1. Wenden Sie das in Tabelle 1 dargestellte Schema von Roelcke auf die medizinische Kommunikation an. Gehen Sie dabei die Konstellationen des Gesprächs von Ärztin zu Ärztin, von Ärztin zu Krankenschwester und von Ärztin zum Patienten durch.
2. Überlegen Sie, warum Juristen in den von ihnen verfassten Texten auf ihrer Terminologie bestehen, auch wenn sie nicht „benutzerfreundlich", d.h. für den Laien nicht unbedingt leicht verständlich ist.
3. Kalverkämper vertritt die Auffassung, dass alles Sprechen in irgend einer Weise fachsprachlich ist. Überlegen Sie, welche Argumente für diese These sprechen. Können Sie Gegenargumente finden?
4. Wo ist Ihrer Meinung nach die Literatursprache anzusiedeln?
5. Zur Fächer-Systematik: Schlagen Sie nach, wie die einzelnen „Fächer" (akademischen Disziplinen, Fachwissenschaften) in der/denen von Ihnen beherrschten romanischen Sprache(n) untergliedert werden. Sie können dafür wahlweise auf Printmedien oder auf Online-Enzyklopädien zurückgreifen. Tipp: Unter dem Stichwort *Einzelwissenschaft* finden Sie in Wikipedia eine deutschsprachige Aufstellung solcher Disziplinen sowie Verlinkungen zu den Untergliederungen in anderen romanischen Sprachen.

5 Strukturelle Spezifika von Fachsprachen der Gegenwart unterhalb der Wortebene

Wie andere Varietäten auch, kann man Fachsprachen auf allen Ebenen auf Eigenschaften hin analysieren, die sie von anderen Varietäten unterscheiden. Als Kontrastgröße wird bei derartigen Untersuchungen in der Regel die Gemeinsprache herangezogen. Einer bewährten Tradition folgend, hält sich auch diese Einführung an die Reihenfolge von den einfachsten zu den komplexesten Einheiten. Aus Gründen der Proportion sind die Ausführungen zu Wort und Terminus (Kap. 6), zu Phraseologie und Syntax (Kap. 8) sowie zum Text (Kap. 9) jeweils in eigene Kapitel ausgelagert. In diesem Abschnitt werden daher nur die Einheiten unterhalb der Wortebene behandelt.

5.1 Phonematik/Phonotaktik und Graphemik

5.1.1 Phonematik/Phonotaktik

Es scheint allgemeiner Konsens darüber zu herrschen, dass die Lautebene in den Fachsprachen keinerlei signifikante Besonderheiten aufweist und daher in der einschlägigen Forschung unberücksichtigt bleiben kann. Dasselbe wird im Allgemeinen über die Grapheme behauptet, weshalb beide Kategorien im Kontext der Fachsprachenforschung gern mit einem Nebensatz abgefertigt werden. Den Nachweis, dass die Zählung von Lauten oder Schriftzeichen höchstens leichte statistische Divergenzen zwischen gemeinsprachlichen und fachsprachlichen Texten erbringt, hat Lothar Hoffmann (^{2}1985, 79–96) ausführlich anhand von numerischen Daten aus vier Sprachen (Deutsch, Englisch, Französisch, Russisch) und jeweils einem halben Dutzend Varietäten (in seiner Terminologie: Subsprachen) geführt. Seine Schlussfolgerung hat vermutlich nicht als Anregung zu weiteren Forschungen gewirkt, denn er konstatiert, dass

> die statistische Distribution der einzelnen Elemente zwar gewisse quantitative Besonderheiten der Fachsprachen aufweist, diese sich aber nicht sinnvoll interpretieren lassen (Hoffmann ^{2}1985, 95).

Während man in der Lexik durch Zählungen die Häufigkeit (und damit z.B. die didaktische Nützlichkeit) fachsprachlicher Elemente erheben könne, sei es natürlich unsinnig, seltenere Laute oder Buchstaben aus dem Inventar zu entfernen.

Zu einem ganz ähnlichen Ergebnis kommt Kocourek (^{2}1991, 44) in Bezug auf den lautlichen Bedarf wissenschaftlich-technischer Fachsprachen:

> Pour ce qui concerne la nature phonique de la langue technoscientifique, on va supposer que le système phonologique du français est capable de remplir les fonctions technolinguistiques sans être obligé de changer sa constitution, c'est-à-dire sans modifier, sans supprimer ni ajouter des phonèmes ou d'autres ressources phoniques.[1]

Der Befund ändert sich jedoch, wenn man fachsprachliche Wörter unter phonotaktischen[2] Gesichtspunkten betrachtet. Da erscheinen dann nämlich durchaus in Entlehnungen zahlreiche Lautkombinationen, die in der standardsprachlichen Lexik nicht vorkommen und die als schwer (oder als in der Nehmersprache gar nicht) aussprechbar gelten. In vielen Fachwörtern sind die ungewohnten Lautkombinationen im Wortinneren „versteckt" und daher weniger auffällig, zumal meist die Silbenstruktur der eigenen Sprache auf die Entlehnungen angewendet wird; altgriech. *phthóngos* ‚Laut' erscheint in den deutschen phonetischen Termini *Diphthong*, *Triphthong*; diese werden jedoch „etymologisch falsch" in die Silben *Diph-thong*, *Triph-thong* zerlegt (und laut Duden in der Schreibung auch so getrennt). Wenn [ft] aber am Wortanfang platziert ist, wie etwa in dt. *Phtisis* ‚Lungenschwindsucht' oder dt. *Phthiriasis* ‚Filzlausbefall', wird den Artikulationsorganen deutscher Sprecher eine besondere Anstrengung abverlangt; für romanische Sprachen, sofern sie solche Kombinationen nicht a priori vereinfachen, gilt natürlich dasselbe. Es gibt eine Reihe weiterer in den meisten europäischen Sprachen nur in Fachwörtern auftauchender Konsonantenkombinationen am Wortanfang: [tm] in der Bezeichnung der rhetorischen Figur *Tmesis*, [pt] in *Pterodaktylus* (Flugsaurier), während die zoologische Bezeichnung *Koleopteren* (< *pterón* ‚Flügel') für ‚Käfer' keine Hürde darstellt. Weil [mn] am Wortanfang für Deutschsprachige schwer auszusprechen ist, hört und liest man manchmal *Memotechnik*, wogegen [pn] wie in dt. *Pneumonie* oder [ps] wie in *pseudo-*, *psycho-* etc. im Deutschen normalerweise korrekt realisiert werden, nicht jedoch in einigen romanischen Sprachen.

Es sind vor allem Fachwörter aus dem Griechischen, die Lautkombinationen enthalten, die in gemeinsprachlichen Wörtern romanischer und germanischer Sprachen nicht vorkommen. Wie solche Entlehnungen in modernen Sprachen orthographisch und phonetisch bzw. orthoepisch behandelt werden, ist sehr unterschiedlich (cf. Aufgabe 1).

---

[1] Was die lautliche Natur der wissenschaftlich-technischen Fachsprache betrifft, wird man annehmen dürfen, dass das phonologische System des Französischen in der Lage ist, die technolektalen Funktionen ohne Veränderung seiner Zusammensetzung zu erfüllen, d.h. ohne dass Phoneme oder andere lautliche Bestände modifiziert, getilgt oder hinzugefügt werden müssten (Übersetzung W.P./S.R.)

[2] Die Phonotaktik beschreibt, welche Laut- bzw. Phonemkombinationen in einer bestimmten Sprache in welchen Positionen (z.B. Anlaut, Auslaut) vorkommen können und welche nicht.

5.1.2 Graphemik

Obwohl die modernen Textverarbeitungssysteme grundsätzlich viele neue Gestaltungsmöglichkeiten eröffnen, gibt es doch immer noch einige graphische Besonderheiten, die außerhalb von fachsprachlichen Texten selten oder gar nicht üblich sind. Während heute der Einsatz von Kursivschrift in nahezu allen Textsorten anzutreffen ist, bleibt die Verwendung von Zeichen aus unterschiedlichen Alphabeten in Sprachen, die die lateinische Schrift verwenden, ein Spezifikum fachsprachlicher Texte.[3] In erster Linie betrifft diese Beobachtung das Griechische. Die unter 6.1 zitierte kategorische Behauptung Hoffmanns, Graphematisches sei kein ergiebiger Untersuchungsgegenstand der Fachsprachenforschung, erklärt sich wahrscheinlich daher, dass er nicht an geisteswissenschaftliche Texte gedacht hat[4] und die griechischen Buchstaben, wie sie einem in mathematischen oder physikalischen Texten laufend begegnen, als Symbole klassifiziert. Es ist aber auch daran zu erinnern, dass griechische Buchstaben nach wie vor als Gliederungssignale in Gesetzeswerken fungieren.

Ein graphisches Mittel zur Hervorhebung bestimmter Elemente ist die Schreibung mittels Kapitälchen (in der historischen Linguistik konventionell zur Angabe des Etymons). In Sprachen mit generalisierter Kleinschreibung – also in den meisten Sprachen außer Deutsch – können auch große Anfangsbuchstaben von Wörtern als Signal z.B. von Terminologisierung eingesetzt werden.[5]

In verschiedenen Fachsprachen findet sich die Kombination von Buchstaben und Zahlen, wobei die Zahlen meist hoch- oder tiefgestellt werden. Mit alphanumerischen Zeichen wird man schon im Schulunterricht vertraut gemacht, namentlich in der Mathematik (x^4) oder in den naturwissenschaftlichen Fächern Physik (E = mc^2) und Chemie (H_2O). Aber auch in der Linguistik sind sie üblich; so etwa nummeriert man in der (Fremd-)Spracherwerbsforschung die Sprachen mit L_1, L_2, L_3 usw. (neuerdings meist schlicht L1, L2, L3 geschrieben). Die Angabe der Auflage eines Druckwerks erfolgt mittels hochgestellter Zahl vor dem Erscheinungsjahr. In modernen linguistischen Theorien (insbesondere in der Konstruktionsgrammatik) werden zunehmend auch tiefgestellte Buchstaben verwendet.

---

3 In philologischen Fachtexten kommen natürlich die Alphabete zum Einsatz, die zur Verschriftung der jeweils untersuchten Sprachen verwendet werden. – In kyrillischen Schriftkulturen ist die Mischung von Alphabeten schon seit Langem in verschiedensten Textarten gängige Praxis. Man denke z.B. an Tolstois Roman *Krieg und Frieden*, wo die (sich manchmal über mehrere Seiten erstreckenden) französischen Passagen in lateinischen Buchstaben stehen.
4 Eine Abhandlung über griechische Philosophie etwa ist ohne das Zitieren griechischer Fachwörter kaum denkbar.
5 Allerdings begegnet man diesem Verfahren gelegentlich auch in der Literatursprache (z.B. sehr häufig in Gedichten von Charles Baudelaire).

Nicht zu vergessen sind Klammerformen, die im Inventar der gemeinsprachlichen Interpunktionszeichen nicht vorhanden sind. So findet man in fachsprachlichen Texten neben den allgemein gebräuchlichen runden Klammern auch eckige sowie geschwungene. In einem Zitat steht in wissenschaftlichen Texten zwischen eckigen Klammern oft ein Ausrufezeichen als Hinweis auf eine bemerkenswerte oder auch fragwürdige bzw. fehlerhafte Aussage. Auch phonetische Zeichen werden zwischen eckige Klammern gesetzt.

Schließlich sind in den meisten Fächern noch bestimmte Schriftzeichen konventionalisiert, deren Bedeutung man lernen muss. In der Sprachwissenschaft wird der Asterisk gebraucht, und zwar in zwei unterschiedlichen Funktionen. In sprachhistorischen Kontexten heißt ein * vor einem Wort, dass es nicht belegt, sondern die Form rekonstruiert ist. In synchronen Untersuchungen verweist der Asterisk darauf, dass die mit ihm markierte Form/Wendung ungrammatisch ist (in nicht eindeutig entscheidbaren Fällen steht statt des Sternchens ein hochgestelltes Fragezeichen: ?). Im Übrigen muss daran erinnert werden, dass viele Konventionen nicht universell gelten, sondern durchaus kulturspezifisch geprägt sind (cf. Reinart ²2014, 79ff.).

5.2 Flexionsmorphologie

In der Anfangszeit der maschinellen Translation wurde davon ausgegangen, dass präzise Morphemanalysen und die Kenntnis zuverlässiger statistischer Auftretenswahrscheinlichkeiten die besten Garanten für die Optimierung der technischen Übersetzungsprozesse seien. Und da der größte Teil des erwarteten Übersetzungsvolumens auf Texte mit dominanter Informationsfunktion[6] entfallen würde, existieren auch für mehrere Sprachen detaillierte Zählungen über die Verteilung grammatischer Morpheme in expositorischen Textsorten. Die ermittelten Daten beruhen allerdings ausschließlich auf Analysen schriftlicher Texte und vernachlässigen die in letzter Zeit zunehmend untersuchten Formen mündlicher Fachkommunikation. Dass sie bis heute herangezogen werden, zeugt davon, dass man auf eine relativ große Stabilität der Ausdrucksmuster setzt. Die nicht sehr zahlreichen diachronen Studien zu einzelnen Fachtexten stützen diese Annahme jedoch nur bedingt (cf. beispielsweise die Untersuchung von Eckkrammer 1999 zur Packungsbeilage von Medikamenten Deutsch/Italienisch/Portugiesisch).

Tendenziell treffen die traditionellen Beobachtungen aber nach wie vor zu. Generell lassen sich idealtypische Fachtexte gut mit dem Selektionsmodell beschrei-

---

6 Wir beziehen uns auf die Einteilung der Texte in Klaus Brinkers Einführungswerk *Linguistische Textanalyse* (⁶2005ff.), wo fünf textuelle Grundfunktionen unterschieden werden: Informationsfunktion, Appellfunktion, Obligationsfunktion, Kontaktfunktion, Deklarationsfunktion.

ben, dem zufolge technolektale Texte nur einen sehr eingeschränkten Gebrauch der von der Gesamtsprache zur Verfügung gestellten Mittel machen, bestimmte Formen dafür aber mit besonders hoher Frequenz auftreten.

In unserem Zusammenhang – d.h. wenn man vor allem die romanischen Sprachen und Deutsch berücksichtigt – wird jedoch sehr schnell klar, dass sich nur sehr wenige sprachübergreifende Verallgemeinerungen formulieren lassen. Daher wird bei der folgenden Auswahl auch verschiedentlich auf den Gesichtspunkt der mangelnden Vergleichbarkeit von Phänomenen hingewiesen.

Im Bereich der Nominalflexion wird in Bezug auf das Deutsche (und andere Sprachen mit stark ausgebautem Kasussystem wie das Russische) auf die hohe Frequenz des Genitivs hingewiesen. Für das Deutsche ist dieser Befund auch insofern interessant, als Sprachkritiker gern den drohenden Verlust des Genitivs beklagen; fachsprachliche Texte können hier also als Gegengewicht zu einer Tendenz des Sprachwandels wirksam werden. Da die romanischen Sprachen – mit Ausnahme des Rumänischen – beim Substantiv eigentlich kein Kasussystem haben, ist ein direkter Vergleich mit dem Deutschen schwer möglich.

Flexibler als das Deutsche sind die romanischen Sprachen bei der Bildung des Plurals von Stoffbezeichnungen und Abstrakta. Schon im Rahmen der *stylistique comparée* wurden lange Listen französischer Abstrakta im Plural und entsprechende deutsche Übersetzungsvorschläge zusammengestellt (z.B. Malblanc 1968, 56–59; *les neiges – die Schneemassen, les malheurs – die Schicksalsschläge, les jalousies – die Gefühle des Neides*). Plurale der Art fr. *les cuivres*/sp. *los cobres* – dt. *Blechblasinstrumente/Blechbläser* oder it. *sali e tabacchi* sind für das romanische Sprachgefühl weniger fachsprachlich markiert als für Deutschsprachige *die Sande, die Mehle* (in der Duden-Grammatik als „Sortenlesart" bezeichnet). Auch für den Singular von Pluraliatantum gilt eine analoge Feststellung. Der in der Biologie übliche Ausdruck dt. *ein Elter* ist eindeutig technolektal, wogegen die französische (*parent*) oder italienische (*genitore*) Entsprechung keinen fachsprachlichen Anstrich hat.

Obwohl das Verbum in den meisten fachsprachlichen Texten eine vergleichsweise untergeordnete Rolle spielt, weil in den modernen europäischen Sprachen (nicht so in den antiken!) fachliche Inhalte hauptsächlich substantivisch kodiert[7] sind, bietet es unter morphologischem Gesichtspunkt eine Reihe von Besonderheiten gegenüber gemeinsprachlichen Texten.

Entsprechend der Informationsfunktion der meisten Texte dominiert die sachbezogene Darstellung, wodurch die 3. Person Singular Indikativ Präsens favorisiert wird, wogegen z.B. die 2. Person Singular in schriftlichen Texten kaum anzutreffen

---

[7] Man kann das sehr leicht daran erkennen, dass die Einträge in den Sachwörterbüchern der meisten Disziplinen zu einem hohen Prozentsatz aus Substantiven bestehen. Es gibt freilich Ausnahmen. Die Kochterminologie umfasst viele fachspezifische Verben. In der verbreitetsten Textsorte der Kulinarik, dem Kochrezept, sind die wesentlichen fachlichen Instruktionen in den Verben enthalten (cf. Kapitel 8).

ist.[8] Die erste Person Singular tritt vor allem dann auf, wenn eine Autorin/ein Autor z.B. die Durchführung eines Untersuchungsschritts erläutert (dann vorwiegend in einem Vergangenheitstempus). Die erste Person Plural kann für ein Team stehen, das über eigene Erfahrungen berichtet, es kann als *pluralis modestiae* erscheinen oder aber als ein die Adressaten einschließendes Pronomen („Wir können daraus den Schluss ziehen, dass ..."). Der Imperativ der 1. Person Plural (also der Hortativ) dient besonders dazu, den Kontakt zum Leser herzustellen. In der mündlichen Fachkommunikation, für die es bislang keine repräsentativen Daten zu diesem Aspekt gibt, dürfte die Häufigkeit der Imperativformen wie auch der Verben in der 1. Person Singular wie Plural erheblich höher sein als in schriftlichen Texten.

Eine sehr oft anzutreffende Behauptung betrifft die hohe Frequenz des Passivs, die damit begründet wird, dass in Passivkonstruktionen das Agens nicht genannt werden muss, was der Unpersönlichkeit von Fachtexten entgegenkommt. Hier ist wieder zwischen Deutsch und den romanischen Sprachen zu unterscheiden. Während das Deutsche über zwei Passivformen – Vorgangs- und Zustandspassiv – verfügt, kennen die romanischen Sprachen die Reflexivkonstruktion (manchmal auch als reflexives Passiv bezeichnet), die insbesondere die Funktion des deutschen Vorgangspassivs übernimmt. Im Französischen steht auch die Konstruktion mit dem Indefinitpronomen *on* (plus Verb im Aktiv) zur Verfügung.

Ein auffälliger Unterschied zwischen Deutsch und den romanischen Sprachen im Bereich der Tempusverwendung betrifft das Futurum. Es erscheint in romanischen Fachtexten sehr viel häufiger, weil es eine größere Palette an Funktionen übernehmen kann; in Gesetzestexten beispielsweise die Aufgabe des deutschen Vorgangspassivs: dt. „jede Gesetzesübertretung *wird* bestraft" – fr. „toute infraction à la loi *sera* punie". Aber auch in eher narrativen Textsorten, etwa einer Biographie in einem Literaturlexikon, wird es häufig verwendet; so lesen wir in einem italienischen Nachschlagewerk über Dante: „Nel '77 [= 1277] D. fu promesso [...] a Gemma Donati, che sposerà nel 1285, e da cui avrà tre figli".[9]

Die allgemeine Behauptung, dass es keine spezifisch fachsprachlichen grammatischen Paradigmen gibt, ist zu relativieren durch den Konjunktiv Futurum (*futuro de subjuntivo*) im Spanischen, der in der Gemeinsprache ausgestorben ist, aber in der Fachsprache des Rechts nach wie vor vital ist (cf. Kapitel 8).

---

[8] In Instruktionstexten werden Adressaten im Allgemeinen in der Höflichkeitsform angesprochen. Ausnahmen kommen in Anleitungswerken der Art „Kochen für Teenager" vor, die jedoch in der Regel keinen hohen Fachlichkeitsgrad aufweisen.
[9] Maurizio Cuchi (a cura di) (1983): *Dizionario della poesia italiana*. Milano, Mondadori, 124.

5.3 Wortbildungsmorphologie

Die Wortbildungsverfahren, die in den romanischen Sprachen und im Deutschen zur Anwendung kommen, sind im Prinzip die gleichen. Es gibt die Derivation (Präfigierung, Suffigierung), die Konfigurierung (die wir als eigenes Verfahren betrachten), die Komposition, die Konversion sowie eine Reihe weniger häufig eingesetzter, allerdings nicht ganz zu vernachlässigender Techniken, neue Wörter zu schaffen: Rückbildung, Wortmischung (sehr unterschiedlich bezeichnet, engl. *blending*), Akronyme und Siglen (bei dieser Kategorie ist die linguistische Terminologie ebenfalls sehr uneinheitlich). Ein markanter Unterschied zwischen germanischen und romanischen Sprachen besteht allerdings darin, dass erstere sehr kompositionsfreudig sind, während letztere nicht mit der gleichen Leichtigkeit Zusammensetzungen bilden können. Diese strukturelle Beschränkung ist angesichts technolektaler Ausdrucksbedürfnisse jedoch ein gravierender Nachteil, denn in Fachsprachen spielt die Kondensation eine immer wichtigere Rolle. In den romanischen Sprachen haben daher zunehmend wortbildende Verfahren an Bedeutung gewonnen, die diese strukturelle Schwachstelle kompensieren. Die beiden produktivsten Strategien werden in den nächsten Abschnitten kurz vorgeführt.

5.3.1 Suffixe zur Bildung von Relationsadjektiven

Mit Hilfe einer Reihe von Suffixen können die romanischen Sprachen aus Substantiven eine besonders fachsprachenrelevante Klasse von Adjektiven bilden, die in der Grammatik den Namen Relationsadjektive bekommen haben. Es handelt sich dabei um keine „vollwertigen" Adjektive, da ihnen mehrere prototypische Eigenschaften dieser Wortart fehlen (so vor allem die qualifizierende Funktion). Sie kommen jedoch dem Streben nach Ökonomie im Ausdruck sehr entgegen. In den Grammatiken romanischer Sprachen werden sie üblicherweise charakterisiert als Adjektive, die
– den Inhalt des Substantivs, von dem sie abgeleitet sind, in die Wortart Adjektiv verschieben
– nicht prädikativ verwendet werden können
– nicht steigerungsfähig sind
– nicht modifiziert werden können usw.[10]

In der deutschen Sprache hat diese Kategorie von Adjektiven nicht das gleiche Gewicht wie in den romanischen, weshalb sie in der deutschen Grammatikographie erst seit kurzem überhaupt als eigene Klasse registriert wird. Im Deutschen wird

---

[10] In Spezialuntersuchungen wurden eine ganze Reihe weiterer Charakteristika herausgearbeitet. Die umfangreichste Liste mit mehr als einem Dutzend Merkmalen findet sich in Mravlag (2013).

nämlich dort, wo in den romanischen Sprachen Relationsadjektive gebraucht werden, meist ein Kompositum gebildet, cf. etwa:

fr.	*bibliothèque universitaire*	
it.	*biblioteca universitaria*	
sp.	*biblioteca universitaria*	dt. *Universitätsbibliothek*
pt.	*biblioteca universitária*	
rum.	*bibliotecă universitară*	

Eine besondere Eigenschaft von Relationsadjektiven besteht allerdings darin, dass sie oft nicht vom Substantiv, dessen semantischen Gehalt sie transportieren, abgeleitet sind, wodurch sie zur sprachinternen Heterogenität beitragen. Beispiele sind:

fr.	*semaine*	– *hebdomadaire*	(dt. *Woche* – *wöchentlich*)
sp.	*oeste*	– *occidental*	(dt. *Osten* – *östlich*)

Dies kann auch im Deutschen vorkommen, allerdings existiert das Relationsadjektiv meist nur als Alternative zur Kompositionsvariante (etwa bei *Verwaltungseinheit – administrative Einheit*).

5.3.2 Konfigierung

In Anlehnung an die gut eingeführten Bezeichnungen *Präfix/Suffix/Affix* hat der namhafte französische Linguist André Martinet (1979, 20) den Namen *Konfix* für Elemente eingeführt, deren Status zwischen Affix und Wort anzusiedeln ist, weil sie zwar morphologisch unselbständig sind, semantisch aber den Wert von Wörtern haben. Es handelt sich dabei vor allem um aus den antiken Sprachen entlehnte Stämme, die nicht für sich allein stehen können, aber in Kombination mit ihresgleichen, also als Konfixkompositum, sehr wohl ein selbständiges lexikalisches Element ergeben (z.B. fr. *pyro-* + *-mane* = *pyromane*). Im Deutschen gibt es häufig sowohl eine einheimische Zusammensetzung als auch eine gelehrte Konfixbildung, in den romanischen Sprachen oft nur die Konfigierung, die allerdings den Vorteil hat, ein Internationalismus (oder zumindest Europäismus) zu sein:

dt.	*Gewässername*	– *Hydronym*	fr.	*hydronyme*
dt.	*Hautarzt*	– *Dermatologe*	fr.	*dermatologue/dermatologiste*
dt.	*pflanzenfressend*	– *herbivor*	fr.	*herbivore*[11]

---

[11] Die einheimischen Alternativen lassen sich in den Wörterbüchern nachschlagen; es sind die Definitionen der jeweiligen Einträge; cf. fr. *hydronyme*: Nom propre (toponyme) de cours d'eau ou d'étendue d'eau (Grand Robert); *herbivore*: Qui se nourrit de végétaux (Grand Robert).

Historisch betrachtet kann man bezüglich der heute als Konfixkomposita zu analysierenden Wörter drei Etappen unterscheiden. In der ersten Phase wurden nur in den antiken Sprachen belegte Bildungen entlehnt (z.B. gr. *bibliothéke* > lat. *bibliotheca* > it./pt./sp. *biblioteca* etc.), die in den Herkunftssprachen als echte Zusammensetzungen betrachtet werden können; in der zweiten Etappe wurden im Mittel- oder Neulatein neue Komposita gebildet, die sodann in die modernen Sprachen übernommen wurden (z.B. *bibliographia*). In der Neuzeit werden immer häufiger in den modernen Sprachen Wörter aus griechischen und lateinischen Bestandteilen zusammengesetzt, die es in den klassischen Sprachen in keiner Form je gegeben hat (z.B. fr. *bibliométrie*). Erst diese Wörter sind im engeren Sinn Konfixbildungen.

Aufgaben

1. Eruieren Sie, wie in Ihren romanischen Sprachen Wörter, deren etymologische Form mit /ps/ und /pn/ beginnt, a) geschrieben und b) ausgesprochen werden. Gibt es Unterschiede zwischen (theoretischer) Norm und (praktischem) Gebrauch? Welche romanischen Sprachen halten sich in der Schreibung und in der Aussprache mehr, welche weniger an die ausgangssprachliche Form? Welche Gründe liegen dem unterschiedlichen Umgang zugrunde?
2. Gehen Sie die Kleinbuchstaben des griechischen Alphabets durch und notieren Sie jeweils, aus welchem Zusammenhang Sie die betreffenden Buchstaben (meist bereits aus dem Schulunterricht) kennen.
3. Wie heißen die runden, eckigen und geschwungenen Klammern in Ihren romanischen Sprachen? Wozu werden in philologischen Werken eckige Klammern benutzt?
4. Ein deutsches Syntagma kann mehrere Genitive enthalten (wogegen es pro Satz bekanntlich nur *einen* Nominativ geben kann). Überlegen Sie, wie man in Ihre romanische Sprache übersetzen würde: „Der Einfluss der Übersetzungen von Homers *Ilias* auf die syntaktische Entwicklung der deutschen Sprache des 19. Jahrhunderts ..." und kommentieren Sie das Resultat.
5. Mit Hilfe welcher Suffixe bildet man in Ihrer romanischen Sprache Relationsadjektive? Welche Informationen liefern dazu die Standardgrammatiken? Wie heißen in Ihren romanischen Sprachen die Relationsadjektive zu: *Mund, Wind, Kirche, Norden, Jahrhundert, Sonntag, Weinkunde, Kaiser*. Welchen etymologischen Ursprung haben die jeweiligen Adjektive? Eine Besonderheit romanischer Sprachen besteht auch darin, dass man die Relationsadjektive (die gleichzeitig Einwohnernamen sind) zu vielen Ortsnamen lernen muss, während sie im Deutschen sehr einheitlich sind, sofern nicht die fremden Formen übernommen wurden (cf. *Berlin – Berliner, Paris – Pariser, Lissabon – Lissaboner* etc.; aber *Venedig – Venezianer, Madrid – Madrilene*). Wie heißen in der jeweili-

gen Landessprache die Einwohner von: *Bordeaux, Tours, Neapel, Mailand, Alcalá de Henares, San Sebastián* ...

6. Wie könnte man mit Hilfe einer Konfixbildung bezeichnen: a) ein Gerät, mit dem man die Holzmasse von Bäumen misst; b) Tiere, die sich von Steinen ernähren; c) eine krankhafte Angst vor der Farbe Weiß; d) ein Zwölfeck?

7. In den romanischen Sprachen ist das Bewusstsein für die Notwendigkeit der Beherrschung von Konfixen seit längerem geschärft. Vergleichen Sie einsprachige Wörterbücher aus den 1960er/1970er Jahren mit heutigen unter dem Gesichtspunkt der Behandlung von Konfixen. Versuchen Sie herauszufinden, welche Möglichkeiten zum Nachschlagen von Konfixen die Lexikographie Ihrer romanischen Sprache(n) bietet (eigene Wörterbücher, Listen im Anhang von Standardwörterbüchern, ausführliche Einträge an der betreffenden Stelle im Alphabet etc.).

6 Terminus/Terminologie

Ein Fachtext besteht nach herkömmlichen Vorstellungen aus lexikalischen Elementen mit unterschiedlichem Status:
- aus gemeinsprachlichen Wörtern, die in erster Linie die syntaktische Kohäsion sichern
- aus bildungssprachlichen Wörtern, die keinem bestimmten Fach zugehören (z.B. *Struktur, Parameter, methodologisch*)
- aus fachspezifischen Wörtern, die nicht normiert sind
- aus Fachtermini im engeren Sinn, die innerhalb eines Fachs eine verbindlich festgelegte Definition haben.

Das ist allerdings eine idealisierte Darstellung, die der Realität nur beschränkt entspricht. Auf Technolekte der Naturwissenschaften oder der Medizin lässt sie sich besser anwenden als auf die Fachsprachen der Geistes- und Sozialwissenschaften, in denen kaum Termini im Sinne des letzten Spiegelstrichs existieren, weil es keine Instanzen bzw. Autoritäten gibt, die sprachliche Zeichen mit allgemein akzeptierten Definitionen belegen könnten.

6.1 Das Verhältnis zwischen Wort und Terminus

Die Frage des Verhältnisses zwischen gemeinsprachlichem Wort und fachsprachlichem Terminus ist ein sprachphilosophisches Problem, das zwei grundsätzliche Aspekte tangiert: erstens das Verhältnis des Terminus zu dem außersprachlichen Designat, das es bezeichnet, und zweitens die „Konventionalität" des Terminus, d.h. die Tatsache, dass seine Bedeutung nicht erst aus dem natürlichen Sprachgebrauch entstanden ist, sondern explizit festgelegt wurde. Anders als das „Wort", das die außersprachliche Wirklichkeit vermittelnd – und nach allgemeinem Konsens sprachenspezifisch unterschiedlich – deutet, erlaubt der Terminus nach Meinung vieler die „eindeutige und effiziente Abbildung und Behandlung der Sachverhalte einer Fachdisziplin" (Roche ³2013, 162). Allerdings ist die Gemeinsprache der Terminologie logisch vorgeordnet, denn die „mehr oder weniger explizit getroffenen Vereinbarungen über das Verhältnis von Zeichen und Bezeichnetem" (Albrecht 1992, 65) können nur mit Hilfe der schon bestehenden Gemeinsprache erfolgen.

Termini können sich demzufolge auf einer Art „zweiten Ebene" des Sprachlichen konstituieren, was sie in die Lage versetzt, dem Sprachbenutzer ein über „die Unschärfe des Alltagswortschatzes" hinausgehendes Werkzeug an die Hand zu geben, das den „Idealen der Exaktheit, Eindeutigkeit, Kontextunabhängigkeit und evaluativen Neutralität" entspricht (Auer/Bassler 2007, 13). Die weiter oben skizzierten Gedanken der Konventionalität und der Fachbezogenheit sind dabei insofern eng miteinander verwoben, als man davon ausgeht, dass gemeinsprachliche Wörter eine *Interpretation* der Wirklichkeit und damit eine spezifisch einzelsprachlich geprägte Sicht des außersprachlichen Gegenstandsbereichs liefern. Terminologien (hier verstanden als der Gesamtbestand aller definierten lexikalischen Einheiten eines „Fachs") folgen nach dieser Ansicht dagegen auf mechanische Art und Weise denjenigen Strukturierungen, die durch den Referenzbereich vorgegeben sind. Die von den Fachtermini getroffenen Abgrenzungen fallen somit mit den Abgrenzungen „in den Dingen selbst" zusammen. Sehr prägnant bringt Coseriu diesen Sachverhalt auf den Punkt, wenn er schreibt:

> En réalité on connaît les ‚signifiés' des terminologies dans la mesure où l'on connaît les sciences et les techniques auxquelles elles correspondent, et non pas dans la mesure où l'on connaît la langue (Coseriu 1966, 184).[1]

Konsequent zu Ende gedacht bedeutet dies, dass Termini sprachenübergreifend kongruent, d.h. inhaltlich deckungsgleich sein müssten, so dass bei der Übersetzung fachsprachlicher Termini (oder Texte) kein „Denken in fremdkulturellen Strukturen", sondern allein ein „Austausch der Benennungen" erforderlich wäre. Die Idee, dass die Objekte der fachsprachlichen Kommunikation bereits vor jeder sprachlichen Gliederung zweifelsfrei identifiziert sind und dass bei kontrastiver Betrachtung der Fachwortschätze lediglich ein „Umetikettieren" eines sprachenübergreifend identisch erfassten Sachverhalts erfolgt, ist zweifellos faszinierend. Zumindest in den naturwissenschaftlichen Nomenklaturen, von denen im Folgenden noch die Rede sein wird, scheint dieser Idealzustand erreicht. Bei der Verallgemeinerung der These, dass das Netz der Fachbegriffe als Abbild der realen Welt zu sehen ist, regen sich jedoch Zweifel, denn zumindest in der übersetzungswissenschaftlichen Literatur gilt es heute als Konsens, dass 1:1-Äquivalente in den Fachterminologien zweier Sprachen keineswegs die Regel darstellen.

6.2 Qualitätsmerkmale von Termini und allgemeine Benennungsprinzipien

6.2.1 Qualitätsmerkmale

Die Anforderungen, die von VertreterInnen der Terminologiewissenschaft lange Zeit und zum Teil bis heute an den idealen Terminus gestellt werden, sind vielfältig; einige stehen, wie 6.3.2 zeigen wird, in direktem Widerspruch zueinander. Einer der

---

[1] Im Grunde erlernt man die ‚signifiés' der Terminologien in dem Maße, wie man sich die Wissenschaften und Techniken, denen sie entsprechen, aneignet und nicht in dem Maße, wie man die Sprache erlernt (Übersetzung W.P./S.R.).

Pioniere der deutschen Fachsprachenlinguistik formuliert etwa (wobei er mit *Fachwort* primär das meint, was hier als *Terminus* beschrieben ist):

> Gegenüber den gemeinsprachlichen Wörtern zeichnen sich die Fachwörter vor allem durch ihren fachbezogenen Inhalt und ihre Kontextautonomie aus. Als weitere Eigenschaften werden in der Literatur die Tendenz zu Exaktheit, Eindeutigkeit, Begrifflichkeit, Systematik, Neutralität und Ausdrucksökonomie genannt (Fluck 1985, 33).

Nachdem von dem „fachbezogenen Inhalt" bereits in Kapitel 4 (Definitionen) ausführlich die Rede war, können wir an dieser Stelle mit dem Stichwort *Kontextautonomie* beginnen. Darunter ist zu verstehen, dass die Bedeutung eines Fachterminus unabhängig von dem jeweiligen sprachlichen und fachlichen Zusammenhang, in dem er erscheint, stets die gleiche ist. *Exaktheit* meint, dass die Bedeutung eines Fachworts genau festgelegt und von anderen Fachwörtern präzise abgegrenzt ist. *Eindeutigkeit* bedeutet, dass ein Terminus jeweils auf genau eine fachliche Erscheinung bezogen wird. Das Fachwort repräsentiert also nur einen einzigen fachlichen Begriff (es ist monosem). Darüber hinaus wird teilweise sogar die „*Eineindeutigkeit*" von Fachtermini postuliert. Mit diesem etwas sperrig anmutenden Ausdruck, der vom Begründer der Allgemeinen Terminologielehre, Eugen Wüster, geprägt wurde, soll signalisiert werden, dass die Zuordnung zwischen den Termini (den sprachlichen Zeichen) und den Begriffen (den dahinterstehenden gedanklichen Einheiten) sogar *umkehrbar* eindeutig ist. Ein Terminus bezeichnet demnach nur genau einen fachlichen Begriff und ein fachlicher Begriff wird umgekehrt nur durch exakt einen Terminus repräsentiert. Eineindeutigkeit schließt demzufolge neben der Polysemie auch die Synonymie aus. *Begrifflichkeit* signalisiert, dass ein Fachwort in ein Begriffssystem eingebettet ist und als sprachliches Zeichen für eine gedankliche Einheit, eben den „Begriff" steht. Dieses Merkmal ist in engem Zusammenhang mit dem der *Systematik* zu sehen, das die Beziehung des Begriffs zu anderen Begriffen, d.h. seine Einbettung in ein Begriffssystem, verdeutlicht. Der Hinweis auf die Systematik macht deutlich, dass Fachausdrücke im Rahmen der Terminologielehre nicht als isolierte sprachliche Erscheinungen, sondern als Systemeinheiten betrachtet werden. *Neutralität* (teilweise auch als „stilistische Neutralität" bezeichnet) weist auf das Fehlen ästhetischer, expressiver oder modaler Komponenten im Fachwortschatz hin. (Tatsächlich hatten wir in Kapitel 4 bereits gesehen, dass Benennungen wie „Blutlaugensalz", die eine – in diesem Fall alchemistische – Konnotation aufweisen, wenig „fachsprachlich" erscheinen). *Ausdrucksökonomie* leitet sich aus dem Bestreben ab, fachliche Präzision mit formaler Kürze und Knappheit der Termini zu verbinden (Fluck 1985, 33–34). Ergänzt wird dieser recht umfangreiche Merkmalkatalog häufig noch um das Kriterium der *Selbstdeutigkeit* oder *Bildungsdurchsichtigkeit*. Damit ist gemeint, dass sich die Bedeutung morphologisch komplexer Termini (die Kenntnis der entsprechenden Wortbildungsregeln vorausgesetzt) aus der Bedeutung ihrer Einzelbestandteile erschließt oder, wie es Hoffmann formuliert, „dass der Terminus keinen Kontext braucht, um verstanden zu werden" (1985, 163).

6.2.2 Terminologische Benennungsprinzipien

Damit alle diese Prinzipien im Fachterminus tatsächlich verwirklicht sein können, muss in die natürliche Sprachentwicklung eingegriffen werden. Einer der ersten, die dies erkannten, war Eugen Wüster, der in seinem 1931 erstmals veröffentlichten Werk *Die internationale Sprachnormung in der Technik* (Wüster 1931/³1979) die Notwendigkeit der Aufstellung nationaler wie internationaler Terminologienormen am Beispiel der Elektrotechnik verdeutlichte. Damit gab er sowohl den Anstoß zur Erstellung allgemeiner terminologischer Grundsätze als auch zur Gründung des Fachausschusses *ISA 37 Terminologie* im Jahr 1936. Diese Institution erarbeitete Richtlinien für die Ausarbeitung von ISA-Wörterbüchern und setzte es sich zum Ziel, internationale einzelsprachunabhängige Benennungsregeln zu etablieren. Die Nachfolgeorganisation der ISA, die Internationale Normungsorganisation ISO, publiziert bis heute Normen, die eine sowohl übersprachliche als auch überfachliche Geltung beanspruchen. Unter diesen Normen ist insbesondere auf ISO 860 zu verweisen, die den Titel *Terminology work – Harmonisation of concepts and terms* (2007) trägt. Wie der Name schon sagt, besteht ihr Ziel in der Harmonisierung von Begriffen und Benennungen auf internationaler Ebene. Nach Auffassung der Normierer führt der Weg hierzu zunächst über eine Analyse von Begriffssystemen derselben Sprache, verschiedener Sprachen oder verschiedener Fächer/Gegenstandsbereiche (ISO 860: 1996E, 1). Erst wenn die begrifflichen Konzepte harmonisiert sind, kann in einem zweiten Schritt eine Harmonisierung der Termini, also der einzelsprachlichen Benennungen für die Begriffe, erfolgen (ISO 860: 1996E, 5). Letztere kann nach der Norm drei Formen annehmen: erstens die Korrespondenz der sprachlichen Formen/Zeichen, zweitens die Korrespondenz der Bedeutung und drittens eine Mischform aus beiden (ISO 860: 1996E, 5).

Als Beispiel für identische oder ähnliche Formen in zwei Sprachen kann das Wort für „Physik" gelten: fr. *la physique*; sp. *la física*; it. *la fisica*; pt. *física*; rum. *fizică*; lad. *fisika*; [en. *physics*; ru. *физика*]. Dabei ist offenkundig, dass die formale Ähnlichkeit der Benennungen auf den griechisch-lateinischen Ursprung zurückgeht (griechisch *φυσική – physikē* > lateinisch *physica* ‚Naturlehre'). Diese Art der Korrespondenz wird uns unter dem Stichwort „Internationalismus" noch im folgenden Kapitel beschäftigen.

Die parallele Verwendung von Wortbestandteilen mit derselben Bedeutung stellt ebenfalls ein weit verbreitetes Prinzip dar. Es ist im Fall von „Datenverarbeitung" gegeben: fr. *traitement des données*; sp. *tratamiento de datos*; pt. *tratamento de dados*; rum. *procesarea/prelucrarea datelor*; [en. *data processing*]. Die italienische Benennung *elaborazione (dei) dati* schert allerdings aus der Reihe aus.[2] Ange-

---

[2] Die ebenfalls existierende Benennung *trattamento (dei) dati* hat mittlerweile eine Spezialbedeutung angenommen, cf. Pöckl 2014, 16.

sichts der nur teilweisen Übereinstimmung der verbalisierten Inhalte (*elaborazione* statt *trattamento*) fällt sie im Sinne von ISO 860 eher in die Kategorie der Mischformen, für die die Norm das Beispiel „dt. *Magnetband* – en. *magnetic tape* – fr. *bande magnétique* – ru. *магнитная лента*" anführt.

Präziser noch als die allgemeinen Benennungsgrundsätze der ISO sind die nationalen Benennungsregeln, die seitens der Normierungsinstitutionen und Normenausschüsse von Einzelstaaten festlegt werden. In Österreich werden solche Regelungen vom Fachnormenausschuss 033 Terminologie (Grundsätze und Koordination) im Österreichischen Normungsinstitut, in Deutschland vom Normenausschuss Terminologie im DIN und in Frankreich von der AFNOR festgelegt. Über die internationalen Benennungsregeln gehen sie insofern hinaus, als sie nicht nur deren abstrakte Forderungen aufgreifen (die bereits erläuterten Stichworte der Genauigkeit/Eineindeutigkeit oder der Knappheit/Sprachökonomie finden sich praktisch in allen nationalen Normen), sondern auch ganz konkrete Aussagen zu deren einzelsprachlicher Umsetzung treffen. So macht DIN 2330 beispielsweise Vorgaben zum formalen Aufbau der Termini und erläutert die Verfahren, die bei der Benennungsbildung im Deutschen idealerweise zur Anwendung kommen.

6.3 Probleme: Überprüfung der Thesen zum Fachwortschatz auf kontrastiver Ebene

6.3.1 Soll-Norm vs. Ist-Norm

Angesichts des postulierten Sonderstatus der fachsprachlichen Termini im Vergleich zum gemeinsprachlichen Wortschatz sollte man annehmen, dass die fachsprachliche Lexik dem Fachsprachenforscher wie -nutzer kaum Probleme bereitet. Vor allem dürften sich bei kontrastiver Betrachtung der Fachwortschätze zweier Sprachen keine signifikanten Unterschiede ergeben, was den Bedeutungsumfang der Fachtermini anbetrifft. Mit Blick auf den Aspekt der sprachlichen Form mag es allerdings stutzig machen, dass DIN 2330 die „Orientierung am anerkannten Sprachgebrauch" bei der Benennungsgebung fordert (1993, 8), denn bekanntlich berücksichtigt der Sprachgebrauch gerade *nicht* systematisch die von Wissenschaftlern festgelegten normativen Grundsätze. Zu fragen bleibt auch, ob nicht schon die systembedingten Unterschiede, die zwischen den Einzelsprachen bestehen, vollständige Eins-zu-eins-Übereinstimmungen im Fachwortschatz behindern.

Tatsächlich sind die sehr strikten Aussagen zum Charakter von Termini eines bestimmten Fachgebiets am ehesten in der so genannten Nomenklatur verwirklicht. Laut DIN 2342 (Teil 1) handelt es sich dabei um ein „[n]ach vorab festgelegten Regeln erarbeitetes System von Termini in einem Fachgebiet". In einer Anmerkung zur Begriffsdefinition heißt es weiter:

> Die Besonderheit der Nomenklatur ist ihre relative Begrenzbarkeit, Überschaubarkeit und Lückenlosigkeit; der Nomenklatur liegt ein besonders eng strukturiertes Begriffssystem zugrunde (DIN 2342, Teil 1, 1992, 3).

In diesen Angaben findet sich der Schlüssel zum Verständnis dafür, warum sich normative Vorgaben und tatsächlicher Sprachgebrauch im Falle der Nomenklatur weitgehend decken. Sie erklären auch, warum als Paradebeispiele immer wieder die Biologie mit ihrer Nomenklatur der Lebewesen und die Chemie mit der Nomenklatur chemischer Verbindungen genannt werden: Der Gegenstandsbereich, der durch die jeweiligen Benennungssysteme erfasst wird, ist in der Tat relativ gut abgrenzbar, auch wenn die Zahl der Objekte (z.B. chemische Verbindungen) immens groß sein mag. „Überschaubarkeit" ist somit gewährleistet und die für wünschenswert erachtete „Lückenlosigkeit" erheblich erleichtert. Vor allem aber ist das von der Norm geforderte eng strukturierte *Begriffssystem* vorhanden. So beruht die Klassifikation der Lebewesen auf Konventionen, mit deren Hilfe die fachliche Wirklichkeit (am Ende einer wechselvollen Geschichte) mit einem sprachenübergreifend einheitlichen Raster überzogen werden konnte. Wie die weiterhin bestehenden „vorwissenschaftlichen" Taxonomien (Systematisierungen) belegen, stellt dieser Raster allerdings keine „konkurrenzlose" (weil nicht natürlich gewachsene) Kategorisierung dar, sondern er ist das Ergebnis einer expliziten Konvention.

Einen womöglich noch höheren Grad an Konventionalität als die Biologie weist die Chemie mit ihren international einheitlichen Strukturformeln für chemische Verbindungen aus. Angesichts der vollständigen Identität der Begriffssysteme scheint es ein Leichtes, eine weitestgehende zwischensprachliche Korrespondenz der Fachwortschätze zu erreichen. Dies gilt umso mehr, als neben der begrifflichen Abgrenzung auch die *Benennungsgebung* durch Richtlinien reglementiert ist. So wurden von der IUPAC (*International Union of Pure and Applied Chemistry*) Grundsätze für systematische Namen in der Chemie erarbeitet, mit denen der Sprachgebrauch im Englischen geregelt ist. In anderen Sprachräumen werden die Benennungen von den nationalen Chemikerverbänden in Anlehnung an diese Grundsätze übertragen, im deutschsprachigen Raum (D, A, CH) etwa durch die Gesellschaft Deutscher Chemiker (GDCh). Trotz der beherrschenden Stellung der IUPAC und der Orientierung nationaler Normierungsinstitutionen an ihren Leitlinien zeigen sich bei genauer Betrachtung auch im Bereich der Nomenklaturen Risse, denn die Vorgehensweise bei der Benennungsgebung ist nicht an allen Stellen ganz konsequent. Schon die IUPAC selbst verwendet neben systematischen Namen auch semisystematische Namen und so genannte *Trivialnamen*, die keinen Bezug zur systematischen Nomenklatur haben.

Als *systematische Namen* werden dabei diejenigen Termini bezeichnet, die alle Forderungen der IUPAC-Benennungsgrundsätze erfüllen. Sie geben Aufschluss über die Zusammensetzung der bezeichneten Verbindung, also etwa fr. CO : *oxyde de carbone*; CO$_2$: *dioxyde de carbone*; SO$_3$: *trioxyde de soufre* oder

sp. CO : *monóxido de carbono*; CO$_2$: *dióxido de carbono*; SO$_3$: *trióxido de azufre*.

Semisystematische Namen (auch „Semitrivialnamen" genannt) verwenden dagegen nur einen Teil eines systematischen Namens (im Deutschen also z. B. *Kohlendioxid* statt *Kohlenstoffdioxid* oder *Trityl* für die *Triphenylmethyl-Gruppe*; *Glycerin* (nach IUPAC *Glycerol*) für *Propan-1,2,3-triol* etc.).

Trivialnamen schließlich weisen keinen Bezug zur systematischen Nomenklatur auf und geben keinen Aufschluss über Zusammensetzung und Struktur der bezeichneten Verbindung (z.B. Wasser, Glaubersalz oder Harnstoff). Oft stammen die Trivialnamen aus der Zeit vor Einführung der IUPAC-Nomenklatur oder sie werden den systematischen Benennungen aufgrund ihrer geringeren Komplexität und leichteren Sprechbarkeit vorgezogen. Dies gilt beispielsweise für die im Deutschen als Kohlensäure bezeichnete Verbindung H$_2$CO$_3$:

sp. *ácido carbónico*
it. *acido carbonico*
fr. *acide carbonique*
pt. *ácido carbônico*
rum. *acidul carbonic*
en. *carbonic acid*
ru. *угольная кислота*.

6.3.2 Spannungsverhältnis und Interdependenz der Qualitätskriterien

Wie bereits erwähnt, wird der deutsche Terminus für H$_2$CO$_3$ den Benennungsgrundsätzen der IUPAC nur teilweise gerecht, da die Benennung statt *Kohlensäure* eigentlich *Kohlenstoffsäure* lauten sollte. Der Gedanke der *Systematizität* (als deren Korrelat man die *Selbstdeutigkeit* betrachten kann) kollidiert an dieser Stelle offensichtlich mit der Forderung nach sprachlicher Ökonomie/Kürze. Tatsächlich kommt es als Konsequenz aus dem latenten Spannungsverhältnis beider Kriterien oft zu konkurrierenden Benennungen für dieselbe chemische Verbindung. So kann NaHCO$_3$ wahlweise als *Natron* oder gemäß IUPAC-Regeln als *Natriumhydrogencarbonat* bezeichnet werden, *FeIII[FeIIIFeII(CN)6]3* als *Preußisch Blau* oder „korrekt" als *Eisen(III)-hexacyanoferrat(II/III)* und K$_3$[Fe^{III}(CN)$_6$] als *Rotkali* oder als *Kaliumhexacyanoferrat(III)* usw.

Gerade die beiden letzten Beispiele belegen außerdem, wie sehr sich die Forderung nach *Systematizität/Selbstdeutigkeit* der Termini und die Forderung nach *Sprachökonomie* widersprechen. Die Länge und die Sperrigkeit, die systematische Namen beispielsweise bei komplexen organischen Stoffen aufweisen, stehen dem konsequenten Befolgen der Benennungsregeln entgegen. Im Übrigen greift die

IUPAC selbst in ihren Elementlisten vielfach auf englische Trivialnamen zurück, statt die den Elementkürzeln zugrunde liegenden Benennungen zu verwenden (z.B. bei *potassium, sodium, tungsten*). Aufgrund dessen sind Trivialnamen als Bestandteile in die heutige systematische Nomenklatur der chemischen Verbindungen eingegangen. Für viele organische Stoffe sind fast ausschließlich die jeweiligen Trivialnamen gebräuchlich.[3]

Mit Ausdrucksökonomie ist zweierlei gemeint. Der Terminus soll zum einen fachliche Präzision mit Selbstdeutigkeit verbinden; zum anderen soll er nichts Überflüssiges enthalten, also redundanzfrei sein. Der Wunsch nach Kürze führt jedoch häufig zu Abkürzungen komplexer Bildungen. Abkürzungen, besonders wenn sie zu Siglen oder Akronymen verdichtet werden, sind aber wieder wenig selbstdeutig. Daher führt das Bedürfnis nach größerer Transparenz zur Ergänzung von Stützwörtern. Im Deutschen etwa ist *ABS* leicht in *Anti-Blockier-System* aufzulösen; in den romanischen Sprachen verhindert die prädeterminierende Wortfolge die Merkbarkeit, weshalb man das Substantiv „System" vor die Buchstabenfolge setzt und damit das Determinatum verdoppelt (fr. *système ABS*, sp./it. *sistema ABS*, pt. *sistema de ABS*).

Hinsichtlich der Selbstdeutigkeit stellt sich bei terminologischen Bildungen auch die Frage, von welcher sprachlichen Grundlage und welcher fachlichen Kompetenz man ausgeht. In der medizinischen Fachsprache ist es üblich, Termini auf der Basis gräkolateinischer Elemente zu bilden. Wer mit den klassischen Sprachen vertraut ist, kann *Gastrektomie* oder *Nephralgie* problemlos deuten. In den romanischen Sprachen sind fast nur die gelehrten Bildungen üblich, weshalb man bei Übersetzungen ins Deutsche, das in der Regel doppelt (nämlich mit einem gemeinsprachlichen Wort und einem medizinischen Terminus) ausgestattet ist, entscheiden muss, ob man z.B. für fr. *otorhinolaryngologiste* die entsprechende gelehrte Form, die deutsche Vollform *Hals-Nasen-Ohren-Arzt* oder die umgangssprachliche Abkürzung *HNO* einsetzt.

Augenfällig ist außerdem, dass einige Fachwortschätze innerfachlich (also ohne Berücksichtigung der Trivialnamen) mit einer Vielzahl von Synonymen aufwarten. Die Verbindung $NaHCO_3$ beispielsweise kann im Spanischen als *bicarbonato de sodio*, als *bicarbonato sódico, hidrogenocarbonato de sodio, carbonato ácido de sodio* oder als *bicarbonato de soda* bezeichnet werden. Das Französische weist mit den Benennungen *hydrogénocarbonate de sodium; bicarbonate de sodium; carbonate monosodique; carbonate acide de sodium* und *bicarbonate de soude* eine ähnliche Benennungsvielfalt auf. Dass der im Französischen am häufigsten verwendete Ausdruck, nämlich *bicarbonate de soude*, gerade *nicht* den standardisierten Anforderungen an die Benennung chemischer Verbindungen entspricht, stellt dabei nur ein

---

[3] Vgl. http://www.chemie.de/lexikon/Liste_der_chemischen_Trivialnamen.html, Abruf am 26. März 2014.

interessantes Detail dar. Wichtiger noch erscheint es, sich ins Gedächtnis zu rufen, dass das Phänomen der Synonymie ja generell dem Grundsatz der umkehrbar eindeutigen Zuordnung von Fachterminus und fachlichem Denotat (*Eineindeutigkeit*) widerspricht und daher in den Terminologien nicht gern gesehen ist.

Eklatante Unterschiede zwischen den in der Theorie formulierten Qualitätsanforderungen an Fachtermini und dem tatsächlichen Sprachgebrauch bestehen noch an anderer Stelle. So ist neben Synonymie in den Fachterminologien auch Polysemie, d.h. die Verwendung desselben sprachlichen Zeichens für unterschiedliche Bedeutungsinhalte/Begriffe, zu beobachten. Da die Mehrfachbelegung eines Terminus zu Fehlschlüssen und Missverständnissen bei der Interpretation eines fachsprachlichen Textes/Diskurses führen kann, gilt auch sie in den Fachsprachen als unerwünscht. Manch ein Forscher vertritt sogar die Auffassung, dass Polysemie in echten Fachterminologien ausgeschlossen sei (Coseriu ^{2}1975, 28). De facto ist sie jedoch selbst in den Naturwissenschaften, die in terminologischer Hinsicht im Allgemeinen als Vorzeigedisziplinen genannt werden, durchaus keine Seltenheit. So existieren nach Trillhaase (1972, 102) für *Induktion* zwei (Mathematik, Physik); für *Element* drei (Chemie, Physik, Mathematik) und für *Phase* vier unterschiedliche Begriffsbelegungen (allgemein, Astronomie, Thermodynamik, Schwingungslehre). Bei genauerer Betrachtung ist die sprachliche Mehrdeutigkeit sogar noch größer, denn der Terminus *Induktion* beispielsweise ist nicht nur in der Mathematik und Physik geläufig, sondern weist auch in der Biologie, der Philosophie und im Film eine je eigene begriffliche Festlegung auf. Ein besonders hoher Grad an Polysemie scheint bei Termini gegeben, die auf dem metaphorischen Gebrauch eines Grundworts beruhen. Die Benennung *Schnecke* beispielsweise bezeichnet in der Biologie eine Klasse der Weichtiere, in der Medizin einen Teil des Innenohres, in der Musik den verzierten Schlussteil des Halses bei Saiteninstrumenten, in der Heraldik eine Wappenfigur, in der Technik die Sonderform eines schrägverzahnten Zahnrades, in der Architektur einen Teil des ionischen Kapitells, in der Gastronomie ein Lebensmittel usw. Natürlich ist die Mehrdeutigkeit nicht überall so ausgeprägt wie in diesem Beispiel. Entscheidender als der *Grad* an Polysemie ist aber ohnehin die *Häufigkeit* ihres Auftretens. Selbst ein oberflächlicher Blick in fachsprachliche Wörterbücher oder Enzyklopädien lässt erkennen, dass derselbe *signifiant* häufig auf verschiedene fachliche Referenten/Sachverhalte verweist. Dies geht darauf zurück, dass immer neue Entdeckungen und Erfindungen sprachlich handhabbar gemacht werden müssen. Um dabei nicht konsequent auf Neologismen oder Komposita setzen zu müssen (erstere würden zu einer ungeheuren Expansion des Wortschatzes führen, letztere widersprechen dem Prinzip der Sprachökonomie), wird oft auf bereits vorhandenes Wortmaterial zurückgegriffen, d.h. bestehende Wörter werden mit neuen Begriffsinhalten belegt. Wenn Polysemie in den Fachsprachen aber keine Randerscheinung, sondern eher die Regel darstellt, ist damit zugleich ein weiteres Qualitätsmerkmal von Termini in Frage gestellt. Aussagen wie „das Nichtfachwort ist kontextsensitiv, das Fachwort kontextresistent" (Drozd/Seibicke 1973, 53) verlieren vor diesem Hintergrund jedenfalls viel von ihrer Überzeugungskraft.

Nun könnte man einwenden, dass die Mehrdeutigkeit bei den angeführten Beispielen unterschiedliche Disziplinen betrifft und daher nur selten Anlass zu Konfusionen gibt. Tatsächlich liegen die Einzelbedeutungen des Terminus *Schnecke* so weit auseinander, dass mit einer Verwechslung kaum zu rechnen ist. Damit genügt die Benennung Wüsters Forderung nach „relativer Eindeutigkeit", die das Postulat der Ein(ein)deutigkeit von Fachtermini dahingehend relativiert, dass diese nicht auf der Sprachsystemseite (der *langue*), sondern lediglich auf der Ebene der *parole*, also der konkreten Kontexteinbettung, erforderlich ist (vgl. Wüster ³1970, 95). Wenn die „relative" Eindeutigkeit, die hier postuliert wird, allerdings als ausreichend erscheint, stellt sich die Frage, warum dann überhaupt am Grundsatz der Kontextabhängigkeit festgehalten werden soll, der ja vom Sprachsystem her gedacht ist.

Im Übrigen bleibt einzuwenden, dass sich das Postulat der *Kontextunabhängigkeit* von Fachtermini auch dann nicht halten lässt, wenn man sich innerhalb der Grenzen eines einzelnen Fachgebiets bewegt. In der Informatik beispielsweise steht der Terminus *Maske* zum einen für eine *Bildschirm-Maske*, also eine Struktur, die den Bildschirm in Anzeigefelder aufteilt, aber auch für eine *Suchmaske* (die zum Beispiel in einem Assoziativspeicher zum Auffinden bestimmter Bitmuster eingesetzt und bei Web-Oberflächen für Suchanfragen verwendet wird) oder für eine *Foto-Maske*, wie sie als Schablone zur Herstellung integrierter Schaltkreise dient. Auffallend ist, dass die innerfachliche Polysemie in diesem Beispiel nur dann gegeben ist, wenn statt der Langformen die (weitaus gebräuchlichere) Kurzform verwendet wird. Das heißt aber nichts anderes, als dass die Befolgung des Prinzips der Ausdrucksökonomie den Verlust der Eindeutigkeit und damit auch der Kontextunabhängigkeit zur Folge hat. Zugleich werden durch die Verkürzung auch die *Exaktheit* und die bei den Langformen bis zu einem gewissen Grad vorhandene Selbstdeutigkeit aufgehoben. Bereits aus den wenigen bislang diskutierten Beispielen lassen sich zwei Schlussfolgerungen ableiten:
1. Ausdrucksökonomie auf der einen und Kontextautonomie/Ein(ein)deutigkeit/Exaktheit/Selbstdeutigkeit auf der anderen Seite stehen im Spannungsverhältnis zueinander.
2. Umgekehrt sind die als Qualitätsmerkmale von Fachtermini angeführten Kennzeichen *interdependent*: Ein eineindeutiger Terminus erfüllt zwangsläufig auch die Anforderung der Kontextautonomie sowie der Exaktheit. Ein polysemer Terminus dagegen kann definitionsgemäß nicht eineindeutig und demzufolge auch nicht kontextunabhängig sein (vgl. Reinart 1993, 20).

Wenn aber die normativen Anforderungen, die an Termini gestellt werden, im Spannungsverhältnis zueinander stehen und somit nicht alle gleichermaßen erfüllt werden können, lohnt sich ein Blick auf ihre einzelsprachliche Realisierung, denn es steht zu erwarten, dass die verschiedensprachigen Benennungen für fachsprachliche Objekte nicht notwendig *denselben* Anforderungen gerecht werden.

Neuere Ansätze der Terminologiewissenschaft – insbesondere das erfolgreiche soziokognitive Modell von Rita Temmermann (2000) – gehen davon aus, dass ein Großteil des Fachwortschatzes ähnlich funktioniert wie der gemeinsprachliche Wortschatz, mit dem Unterschied, dass der Fachwortschatz dem Laien eben nicht bekannt ist, weil er ihn auch nicht benötigt. Diese Interpretation steht im Zusammenhang mit einer generellen Wende in der Semantik. Während die strukturalistische Semantik die Bedeutung sprachlicher Zeichen mit Hilfe von Semen (bzw. Sememen) zu beschreiben versucht hat (cf. das klassische Beispiel der Sitzgelegenheiten von Pottier), tendiert man heute eher zur Prototypensemantik, die annimmt, dass es „gute" und „weniger gute" (d.h. typische) Vertreter eines Begriffs gibt. Terminologische Setzungen – die gewöhnlich mehr oder weniger willkürliche Grenzen einziehen – werden nur notwendig, wenn wirtschaftliche, wissenschaftliche oder juristische Argumente wirksam werden. Im lebensweltlichen Alltag können wir keine genau bestimmbaren Kriterien angeben, wann und wodurch Jugendliche zu Erwachsenen werden. *Volljährigkeit* dagegen ist ein juristischer Terminus, der für den Bürger eines Staats an einem bestimmten Tag seines Lebens unabhängig von seiner menschlichen Reife wirksam wird. Die Grenze wird aber in verschiedenen Staaten unterschiedlich gezogen und ist auch nicht überzeitlich festgelegt. In mehreren europäischen Staaten wurde das Alter, mit dem die Volljährigkeit erreicht wird, in der jüngeren Vergangenheit herabgesetzt.

Andererseits wurde aber auch schon bisher terminologische Vagheit nicht grundsätzlich als Defekt betrachtet. Gerade in den Sozial- und Geisteswissenschaften ist augenfällig, dass Termini nicht nur einen ungewollten Interpretationsspielraum bieten können, sondern teilweise bewusst interpretatorisch offen gehalten werden (cf. 6.3.4 und Kapitel 10, Fachübersetzung). Neben *intentionaler Vagheit* und/oder Mehrdeutigkeit sind zudem *diachronische Gesichtspunkte* zu beachten, denn im Zeitverlauf sind sowohl Uminterpretationen der Benennungen als auch Determinologisierungsprozesse möglich (Entwicklungen, bei denen die Termini aufgrund der Häufigkeit ihres Gebrauchs in Alltagssituationen den Fachsprachlichkeitsstatus verlieren). Überdies gilt es zu bedenken, dass Begriffe zwar „nicht an einzelne Sprachen gebunden [...], jedoch von dem jeweiligen gesellschaftlichen und kulturellen Hintergrund einer Sprachgemeinschaft beeinflusst" sind (DIN 2342-1 1992, 1). Dort, wo ihr Bedeutungsumfang per Definition festgelegt ist, ermöglichen Fachtermini es zweifelsfrei, über die Unschärfe der Gemeinsprache hinauszugehen. Allerdings lässt sich die Unschärfe nur reduzieren, nicht dagegen vollständig eliminieren, denn es bleibt ein Problem bestehen, auf das bereits Carl Friedrich von Weizsäcker aufmerksam gemacht hat:

> Die Definitionen bedienen sich der natürlichen Sprache; sie benützen also Begriffe, deren Eindeutigkeit nicht selbst schon überprüft ist. Man kann diese Begriffe vielleicht durch weitere De-

finitionen eindeutig machen. Aber werden wir einmal erste Begriffe finden, die von selbst eindeutig sind? (von Weizsäcker 1959, 71)

Die Nichtverfügbarkeit „erster Begriffe" erklärt den Befund, dass wissenschaftliche und fachsprachliche Begriffe – insbesondere in den Geisteswissenschaften – in geringerem Maße sprachenunabhängig sind als erwartet.

6.3.3 Benennungsbildung/Entstehung von Fachtermini

Tatsächlich lässt sich sagen, dass Fachtermini trotz sprachenübergreifend formulierter Qualitätsanforderungen einzelsprachliche Markierungen aufweisen. Die Ursachen hierfür beginnen bei *sprachsystembedingten Unterschieden,* wie im nachfolgenden Beispiel aus der Pumpentechnik:

- dt. *Sauggehäuse* – fr. *corps d'aspiration*
- dt. *Druckgehäuse* – fr. *corps de refoulement*
- dt. *Membranantriebsgehäuse* – fr. *corps à membrane*
- dt. *Spiralgehäuse* – fr. *corps à volute.*

Es ist offenkundig, dass das Französische durch die Verwendung der Präpositionen mehr oder weniger deutlich anzeigt, in welchem Verhältnis die verknüpften Substantive zueinander stehen. So lässt sich *corps d'aspiration* paraphrasieren als „corps qui sert à aspirer", wohingegen *corps à membrane* mit „corps équipé d'une membrane" zu umschreiben ist. Anders als im Französischen bleibt das Determinationsschema in den deutschen Termini – wie bei allen Komposita – weitgehend unbestimmt. Was zunächst als unerhebliches Detail erscheint, hat doch Auswirkungen auf die Selbstdeutigkeit der Termini, die im Französischen stärker ausgeprägt ist. Wenngleich Präpositionen oft weitgehend desemantisiert sind, erscheinen Bildungen mit Präpositionalgruppe doch mindestens genauso explizit, eher jedoch expliziter als Komposita. Je nachdem, welches Wortbildungsverfahren präferiert wird, weisen die nationalen Benennungen und Terminologiebestände somit ein stärkeres oder geringeres Maß an Selbstdeutigkeit und Explizität auf.

Einzelsprachliche Markierungen sowie Verstöße gegen normative Grundsätze der Benennungsbildung finden sich auch an anderen Stellen. So erweist sich beispielsweise der von Roelcke als „Metapherntabu" bezeichnete Leitsatz (Roelcke [3]2010, 74) in der Praxis als Makulatur. Obwohl die Ächtung von Metaphern insbesondere in der deutschen Fachsprachenforschung eine lange Tradition hat, erfreuen sich metaphorische Bildungen in allen Sprachen großer Beliebtheit. Die bereits angesprochene *Schnecke* (im Sinne von *Hörschnecke*) wird beispielsweise im Spanischen *la cóclea/el caracol*, im Italienischen *la coclea/chiocciola* und im Portugiesischen *cóclea/caracol* genannt usw. Neben der (an sich unliebsamen) Dublettenbildung sticht hier die Kongruenz in der Wortbildung bzw. das Herausgreifen desselben Begriffsmerkmals bei der Benennungsbildung ins Auge. Der gegen fachlexikalische Metaphern erhobene Einwand, ihre Bedeutungen seien vom Kontext sowie vom individuellen Assoziationsfeld des Nutzers abhängig, (ein Einwand übrigens, der zumindest bei lexikalisierten Metaphern fragwürdig erscheint), wiegt angesichts der in den Vordergrund drängenden Formeigenschaft offenbar nicht schwer. Immerhin bietet die Verbalisierung dieses Inhaltsmerkmals den Vorteil, auch für Laien leicht identifizierbar zu sein. Allerdings greifen die Einzelsprachen nicht notwendig auf dieselben Metaphern zurück, wie die nachfolgenden Beispiele aus dem Maschinenbau belegen:

    dt. *Stopfbuchsbrille* – fr. *fouloir* – it. *collare del premitreccia* – sp. *casquete del prensaestopas*
    dt. *Lagerstern* – fr. *croisillon de palier* – it. *crociera del sopporto intermedio*
    dt. *Muffe* – fr. *mamelle* oder *manchon* – it. *cavo* – pt. *ponto de conexão*
    dt. *Pumpengehäuse* – fr. *corps de pompe* – sp. *cárter de bomba* – it. *custodia di pompa* – pt. *coração*

Eine spezifische Systematik in Bezug auf die metapherngebenden Bereiche ist nicht immer zu erkennen, wenngleich einige Bezugssysteme wie Körperteile oder ganz allgemein der menschliche Organismus sprachenübergreifend beliebte Metaphernspender sind.

Sehen wir uns abschließend ein weiteres Wortbildungsverfahren an, das bei Sprachpuristen und -normierern als verpönt gilt, nämlich die Prägung von Termini mit Eigennamenkomponenten. Die so genannten onymischen Bestandteile in den Benennungen stehen aufgrund der ihnen fehlenden Selbstdeutigkeit zu Recht in der Kritik. Dass die Benennungsgeber, bei denen es sich nicht selten um Wissenschaftler oder Erfinder handelt, dennoch gerne auf sie zurückgreifen, ist mit Prestigedenken oder Einfallslosigkeit allein sicherlich nicht zu erklären. Vielmehr ist es so, dass die Namensgeber technischer Erfindungen und wissenschaftlicher Entdeckungen nicht unbedingt um die Existenz von Benennungsgrundsätzen wissen. Überdies scheint es eine Art „national bias" zu geben, denn onymische Bestandteile werden in Fachtermini besonders gerne dann verwendet, wenn ein Bezug zur nationalen Kultur erkennbar ist. So konkurriert die Benennung „Glaubersalz" in Deutschland wohl auch deshalb mit „Natriumsulfat", weil sie den Namen des fränkischen Chemikers Johann Rudolph Glauber enthält. In den romanischen Sprachen wird die Eigennamenkomponente jedenfalls nicht aufgegriffen (sp. *sulfato de sodio/sulfato sódico*; fr. *sulfate de sodium*; katalan. *sulfat de sodi* usw.). Ähnlich ist es um die im deutschsprachigen Raum nach ihrem Entdecker Wilhelm Conrad Röntgen benannten *Röntgen-Strahlen* bestellt, die im Französischen *rayons X*, im Spanischen *rayos X*, im Italienischen *raggi X* und im Portugiesischen *raios X* heißen (das Rumänische stellt wahlweise die Benennungen *raze X* oder *raze Röntgen* zur Verfügung.) Als Kuriosum kann das Beispiel der „Litfaßsäule" gelten, eine Plakatanschlagsäule, die in Deutschland nach ihrem Erfinder, dem Berliner Drucker Ernst Litfaß benannt ist. In Frankreich (insbesondere in Paris) wird sie gerne als *colonne Morris* bezeichnet, was darauf zurückgeht, dass der Drucker Gabriel Morris der erste war, der eine Konzession für ihre Aufstellung in Paris erhielt. Damit lässt sich zusammenfassend feststellen, dass Termini mit Eigennamenkomponenten im Sprachvergleich ein widersprüchliches Bild bieten: Einerseits ist der Anteil an sprachübergreifenden Konvergenzen unter ihnen besonders groß (vgl. hierzu das Kapitel „Internationalismen"), was sicherlich als Vorteil für die internationale Fachkommunikation gelten kann, andererseits sind sie aber auch stark kulturell markiert.

6.3.4 Fächergeschichtliche und fächerbezogene Besonderheiten

Unübersehbar ist auch, dass sich die Natur-, Sozial- und Geisteswissenschaften unterscheiden, was die Erfüllung der Qualitätsmerkmale eines Terminus anbetrifft. Spillner (1989, 4) zeigt, dass Kriterien wie Präzision/Exaktheit, Sachlichkeit, Objektivität und Sprachökonomie vor allem von den Naturwissenschaften her gedacht sind. In den Geisteswissenschaften allgemein und speziell in Disziplinen wie der Literaturwissenschaft sind sie seiner Auffassung nach in weit geringerem Maße erfüllt. Nimmt man den Wortschatz der Geisteswissenschaften zum Ausgangspunkt terminologischer Überlegungen, regen sich tatsächlich Zweifel an der fächer- und sprachenübergreifenden Gültigkeit der postulierten Qualitätsmerkmale. Philosophische Termini beispielsweise sind anerkanntermaßen stark in den jeweiligen Gemeinsprachen verwurzelt, die ihrerseits die Welt gerade nicht „abbilden", sondern in einzelsprachenspezifischer Weise deutend vermitteln. Lässt sich vor diesem Hintergrund behaupten, die Begrifflichkeit der Philosophie könne vollkommen unabhängig von einer konkreten Einzelsprache gedacht werden und somit auch unbeschadet die Sprachgrenze überspringen? Wie präzise lassen sich Termini wie „Verstand" oder „Vernunft" überhaupt definieren und wie verträgt sich die Tatsache, dass allein der philosophische Fachwortschatz Kants „bei *Vernunft* dreiundzwanzig oder bei *Verstand* neunzehn verschiedene Bedeutungen" erkennen lässt (Roelcke ^{3}2010, 71) mit den Forderungen nach „Eindeutigkeit" und „Exaktheit"? Wie fügt sich die Existenz geisteswissenschaftlicher „Schulen" mit je unterschiedlicher – und im Zeitverlauf oft wechselnder – Begriffsbelegung derselben Termini in das präskriptive Qualitätsschema der systemorientierten Fachsprachenforschung ein und ist nicht die Tatsache, dass man in den „geistigen Überlieferungshorizont" (Stolze ^{3}2013, 86) dieser Texte eintreten muss, um sie im Sinne der Verfasser zu verstehen, der beste Gegenbeweis für jede vermeintliche „Kontextautonomie"? Wie ist es um die stilistische Neutralität des politischen Wortschatzes oder um die Konnotationsfreiheit der traditionellen Handwerkssprachen bestellt? Darf man Benennungen wie „Schusterbuben" und „Hurenkinder" (vgl. Schopp 2005, 103), die in der deutschen Typographie- und Setzersprache unterschiedliche Arten von Umbruchfehlern bezeichnen, oder „Zwiebelfische", mit denen in falscher Schriftart gesetzte Lettern innerhalb eines Wortes benannt werden, aufgrund ihrer affektiven Bestandteile den Fachlichkeitsstatus absprechen? Wenn ja, brechen jedenfalls nicht nur einzelne Termini aus dem fachsprachlichen Inventar weg, sondern ganze Gruppensprachen wie die weitgehend mündlich konstituierte und teilweise dialektale Einschläge enthaltende Sprache der Binnen- und Küstenfischerei (Fluck ⁵1996, 69), die systematisch mit Konnotationen arbeitende „Weinansprache", d.h. die Fachsprache der Weinbeurteilung (cf. Blumenthal 1979), die regionale Unterschiede aufweisende französische Weinbauterminologie (Pöckl 1990, 268) sowie generell „viele Fachsprachen in handwerklichen Berufen", die durch Umgangssprachlichkeit und Dialektfärbung geprägt sind (Fluck ⁵1996, 69). Konnotationshaltige Ausdrücke und affektive Bedeutungskomponenten – die sich übrigens zwischensprachlich nur selten vollständig entsprechen – können indessen kaum als unliebsames Attribut „althergebrachter" Fachsprachen abgetan werden, denn sie sind auch „modernen" Fachsprachen nicht fremd. Die als *corporate language* bezeichnete Form des Betriebsjargons lässt oft affektive Eintönungen erkennen und auch die Computer- und Internet-Terminologie wartet mit zahlreichen positiv wie negativ wertenden Ausdrücken auf. Im französischen Computerjargon stößt man beispielsweise auf Ausdrücke wie „*adaptateur homosexuel*", „*bigot*" oder den Anglizismus „*bytesexual*", die trotz ihrer politischen Inkorrektheit in EDV-Wörterbüchern namhafter Verlage erfasst sind. Wichtiger noch als die Häufigkeit, mit der sich Verstöße gegen die Qualitätsanforderungen im fachbezogenen Vokabular nachweisen lassen, erscheint die Tatsache, dass Merkmale wie „Exaktheit" und „Präzision" nicht in jedem Einzelfall und nicht in jeder Disziplin als gleichermaßen *erstrebenswert* gelten können. In der Jurisprudenz etwa gibt es zahlreiche „unbestimmte" oder „wertausfüllungsbedürftige" Begriffe, „die die Rechtssprache als Fachsprache unexakt [sic] machen, aber für sie notwendig sind, wie *Treu und Glauben, gute Sitten,* [...] *Schutz der Persönlichkeit,* [...] *freie Meinungsäußerung* [...]*, anerkannte Regeln der Technik*" etc. (Stolze ³2013, 104). Ohne die interpretatorische Offenheit der Rechtsgüter wäre es kaum möglich, Gesetze so zu formulieren, dass sie über individuelle Einzelfälle hinausgehen und im Zeitverlauf Bestand haben. Die Auslegungsbedürftigkeit vieler Rechtstermini stellt insofern keinen Defekt dar, sondern ein Erfordernis des Fachs. Im Übrigen ist darauf hinzuweisen, dass semantische Vagheit und semantische Variabilität ein typisches Phänomen bei der Herausbildung wissenschaftlicher Theorien darstellen, denn Gegenstand des fachlichen Diskurses ist hier oft gerade „die Abstimmung über den Bedeutungsinhalt der Begriffswörter selbst" (Stolze ³2013, 93). Entsprechend kritisch lässt sich anmerken, die Forderung nach Eindeutigkeit sei überall dort ein „wissenschaftsfernes Postulat", wo es um „Prozesse, Entwicklungen und Theoriebildung" ginge (Stolze ³2013, 89). In diesem Sinne sind die eingangs zitierten Ausführungen Spillners nicht als Geringschätzung der Geisteswissenschaften zu interpretieren, sondern als Kritik an der Fachsprachenforschung zu lesen, die der typologischen Vielfalt fachsprachlicher Texte/Diskurse nicht ausreichend Rechnung trägt.

6.3.5 Fazit

Die traditionelle Fachsprachenforschung geht von einer doppelten Sonderstellung des Fachterminus gegenüber dem Wort aus, die sich in der begrifflichen Identität und sprachlichen Realisierung zeigt. Die komparative Analyse lässt aber nicht nur Zweifel daran aufkommen, dass die begriffliche Gliederung in den Fachsprachen durch den Gegenstandsbereich bereits *a priori* festgelegt ist (träfe diese These zu, müsste der fachliche Gegenstandsbereich kulturenübergreifend in exakt übereinstimmende sprachliche und begriffliche Strukturen gefasst sein), sondern auch daran, ob die Beschreibung der Fachtermini als „präzise definierte" sprachliche Einheiten, die „den Idealen der Exaktheit, Eindeutigkeit, Kontextunabhängigkeit und evaluativen Neutralität der Wissenschaftssprache" entsprechen (Auer/Bassler 2007, 13), der Realität gerecht wird oder überhaupt auch nur zweckdienlich ist. Zum einen ist die explizite Bedeutungsfestlegung, die hier als Normalfall dargestellt wird, in historisch gewachsenen Varietäten wie den Handwerkssprachen nicht notwendig gegeben. Zum anderen wird terminologische Vagheit einseitig als Manko gewertet.

Auf sprachlicher Ebene lässt die kontrastive Betrachtung sowohl Divergenzen als auch Konvergenzen im Fachwortschatz der Einzelsprachen erkennen. Die Divergenzen lassen sich teilweise damit erklären, dass die terminologische Ist-Norm den präskriptiven Normen nicht entspricht – etwa, weil die internationalen Grundsätze den Benennungsgebern nicht bekannt sind oder als zu komplex empfunden werden. Teilweise gehen sie auch darauf zurück, dass die Qualitätskriterien für Fachtermini im Spannungsverhältnis zueinander stehen und in unterschiedlichen Einzelsprachen unterschiedliche Kriterien realisiert werden. Andere als „Universalien" präsentierte Eigenschaften wie etwa die der „Eineindeutigkeit" der Fachtermini erweisen sich allerdings schon bei Betrachtung nur einer Einzelsprache als Mythos. Polysemie ist in nahezu allen Fachsprachen zu verzeichnen und die Mehrdeutigkeit der Termini ist natürlich nicht in allen Einzelsprachen dieselbe. Schwer nachzuvollziehen sind auch Dogmen wie das Metaphernverbot, denn letztendlich scheint die im fachsprachlichen Diskurs häufig zu beobachtende Verwendung von Metaphern „nicht nur pragmatisch beherrschbar zu sein, sondern wiederum kognitiv wichtig, um fachlexikalische Bedeutungen an bestehende Wissenssysteme assoziativ anzuschließen" (Roelcke ³2010, 77). So ist vielleicht als einer der wichtigsten Kritikpunkte der Fachsprachenforschung zu nennen, dass diesem Leitsatz – wie vielen anderen Leitsätzen der Fachsprachenforschung – die empirische Grundlage fehlt.

Aufgaben

1. Vergleichen Sie in Grammatiken der deutschen und romanischen Sprachen, wie Komposita beschrieben sind.
2. Im Bereich der Normung unterscheidet man *Sachnormung* (z.B. Papiergrößen, Steckdosen) und *Sprachnormung*. In Bezug auf letztere ist es allerdings zweckmäßig, normierende Aktivitäten auf der Ebene der Gemeinsprache (z.B. Reform der Rechtschreibung, Vorschrift gendergerechter Sprache in Rechtstexten etc.) von *terminologischer Normung* abzuheben. Zählen Sie normierende Eingriffe der drei unterschiedlichen Normierungsformen auf, die Sie selbst schon erlebt haben.
3. Warum sind Fragen der Art „Wieviele Körner bilden einen Haufen" oder „Wieviele Zähne muss ein Kamm haben" nicht beantwortbar? (Lektürehinweis: Hassenstein 1979.)
4. Finden Sie heraus, welche Institution die Grundsätze für systematische Namen in den von Ihnen gesprochenen romanischen Sprachen erstellt. Vergleichen Sie diese mit den hier dargestellten Normen.
5. In der medizinischen Fachsprache hat man traditionelle Termini durch andere ersetzt, z.B. *Mongolismus* durch *Down-Syndrom*. Welche Motivation steht hinter dieser Umbenennung?
6. Diskutieren Sie die Fachausdrücke *Ellipse, Hyperbel, Parabel* unter dem Gesichtspunkt der Kontextfreiheit und der Eindeutigkeit.
7. In der deutschen Lexikographie findet man häufig eine klare Unterscheidung zwischen *Angst* und *Furcht*. Wahrig beschreibt Angst als „*unbestimmtes, oft grundloses Gefühl des Bedrohtseins, im Unterschied zur Furcht*". Kommentieren Sie vor dem Hintergrund dieser Bedeutungserklärung die Komposita *Höhenangst, Prüfungsangst, Kastrationsangst*.
8. Wissenschaftler klassifizieren die Dinge oft anders als die Masse der Sprecher. Diskutieren Sie mit Biologen die Bezeichnungen *Walfisch, Erdbeere, Pferdeschwanz* und die Redewendung *Keine Rose ohne Dornen*. Finden Sie weitere ähnliche Beispiele.
9. Lesen Sie ten Hacken (2015) und skizzieren Sie die Geschichte der Definition von „Komet".

7 Internationalismen; *faux amis*; Inkongruenzen

7.1 Internationalismen

7.1.1 Begriffsbestimmung

In gemeinsprachlichen Wörterbüchern des Deutschen findet man den Eintrag „Internationalismus" in der Regel als politisch-ideologischen und als sprachwissenschaftlichen Terminus verzeichnet. Letzterer wird im Duden recht unscharf definiert als „Wort, das in gleicher Bedeutung und gleicher oder ähnlicher Form in verschiedenen Kultursprachen vorkommt".[1] Als einziges Beispiel wird „Demokratie" angeführt.

Eine ganz andere Sichtweise wurde von dem deutschen Exponenten der Internationalismenforschung Burkhard Schaeder ins Spiel gebracht. Wohl in Anlehnung an das Konzept des Phonems will er Internationalismen als Summe aller konkreten einzelsprachlichen Realisationsformen verstehen. In der 1. und 2. Auflage eines sprachwissenschaftlichen Referenzlexikons findet sich der von Schaeder selbst formulierte Eintrag:

> Internationalismen → Lexeme verschiedener Spr. mit gleicher oder ähnlicher Form und Bedeutung, z.B. dt. Funktion, engl. function, span. función, russ. funkcija. Diese Wörter bilden (auf interlingualer Ebene) zusammen ein (ausdrucksseitig nicht realisierbares) Interlexem [...]. (Glück 1993, s.v.)

Das würde bedeuten: Wenn ein Terminus wie dt. *Atom* als Internationalismus bezeichnet wird, sind die Wörter anderer Sprachen, die die geforderte formale und inhaltliche Übereinstimmung aufweisen (en. *atom*; fr. *atome*, it. *atomo*; sp./pt. *átomo*; ru. *атом*) implizit mitgedacht.

In der 3. Auflage kehrt das Lexikon aber wohl aus pragmatischen Gründen zur gebräuchlichen Verwendung zurück und charakterisiert einen Internationalismus – diesmal im Singular – folgendermaßen:

> Internationalismus → Entlehnung, die in sehr vielen Spr. Usus (und daher für die internationale Verständigung nützl.) ist, z.B. *Taxi, Hotel, Computer, Ticket*. Formale Abweichungen, wenn vorhanden, sind gering und beeinträchtigen nicht die Verständlichkeit, vgl. dt. *Taxi*, ital. *tassì*; dies gilt insbes. für Affigierungen: dt. *sympathisch*, ital. *simpatico*, frz. *sympa(thique)*, schwed. *sympatisk*, bulgar. *simpatičen* (aber nicht engl. *sympathetic* → Falsche Freunde). Neben vielen engl. basierten Ausdrücken sind v.a. Termini wie *Telefon*, die auf dem Latein. oder Griech. basieren, zu I. geworden. Einige Sprachen enthalten kaum I., z.B. Isländ. und Armen. → Europäismus. [...]. (Glück 2012, s.v.; der Eintrag stammt von der Mitarbeiterin am Lexikon Friederike Schmöe.)

---

[1] http://www.duden.de/rechtschreibung/Internationalismus, Abruf am 2. August 2014.

Diese Definition hat allerdings eine markante Schwäche. Natürlich entstehen Internationalismen durch Entlehnung, aber wenn ein Wort von einer Sprache ausstrahlt (z.B. *ticket* aus dem Englischen), ist es auch in der Spendersprache als Internationalismus zu bewerten.

Die Internationalismenforschung, die übrigens in den osteuropäischen (ehemals marxistischen) Ländern Tradition hat, während Beiträge aus anglophonen sowie west- und südromanischen Gebieten bislang äußerst spärlich geblieben sind, gibt sich jedoch mit einer so vagen Beschreibung nicht zufrieden. Sie stellt eine Reihe von zusätzlichen Fragen, die in der Fachliteratur allerdings keineswegs einheitlich beantwortet werden. Daher soll hier nur auf einige mögliche Diskussionspunkte eingegangen werden (vgl. Pöckl 2008).

– *Gibt es Internationalismen nur auf der Ebene der Wörter?*

Meistens bezieht sich der Ausdruck „Internationalismus" nur auf Wörter bzw. Lexeme. Es ist aber durchaus vertretbar, auch Elemente sowohl unter- als auch oberhalb der Wortebene einzubeziehen. Präfixe wie *anti-, endo-, inter-, extra-*, Suffixe wie fr. *-(t)ion/* it. *-zione/*sp. *-ción*; fr. *-able/*it. *-abile/*sp. *-able*, vor allem aber Konfixe wie *therm(o)-/-therm, phag(o)-/-phag* sind international als produktive Wortbildungselemente verbreitet. Oberhalb der Wortebene sind – besonders in Fachsprachen – feste lateinische Wortverbindungen (*conditio sine qua non*) oder satzwertige Floskeln (*quod erat demonstrandum*) zu berücksichtigen. Nicht einheitlich beantwortet wird die Frage, ob Phraseologismen wie *grünes Licht geben* (fr. *donner le feu vert*, sp. *dar luz verde*, it. *semaforo verde* [ohne Verb]) auch als Internationalismen zu werten sind, weil hier zwar Bildungsmuster und Metaphorik identisch sind, die sprachlichen Zeichen selbst aber den jeweiligen Einzelsprachen angehören.

– *Wie eng fasst man das Kriterium „gleiche Bedeutung"?*

Wenn man sich auf die denotative Dimension beschränkt, haben z.B. fr. *gastroscopie* und dt. *Gastroskopie* dieselbe Bedeutung. Der deutsche Terminus ist jedoch stark fachsprachlich konnotiert und hat das gemeinsprachliche Substantiv *Magenspiegelung* neben sich, während es in den romanischen Sprachen (wie auch im Englischen) keine Alternative zur Konfixbildung gibt. Diese Konstellation ist charakteristisch für wissenschaftliche Terminologien; im Deutschen stehen häufig gemeinsprachliche und fachsprachliche Ausdrücke zur Auswahl, die je nach Sprechsituation bzw. Textsorte eingesetzt werden (cf. Aufgaben).

– *Wie ist die Formulierung „gleiche Form" auszulegen?*

Wahrscheinlich wären nicht nur Laien, sondern auch die meisten Linguisten mit der Behauptung einverstanden, dass dt. *Nation*, fr. *nation*, sp. *nación*, it. *nazione*, rum. *naţiune* die gleiche Form haben, was de facto freilich nicht der Fall ist. Hier ist der Bezug nicht die Form an sich, sondern die zu erwartende analoge (oder, wenn man so will, „logische") Entsprechung (cf. den übernächsten Spiegelstrich).

- *Wie fasst man das Konzept „Ähnlichkeit der Form"?*
  Bei dieser Frage stößt man sehr schnell an die Grenze zu den falschen Freunden (cf. 7.2). Sind dt. *asymmetrisch* und fr. *asymétrique* einander ähnlich? Wie sind dt. *Biologe* und fr. *biologiste* einzuschätzen? Handelt es sich hier noch um Ähnlichkeiten oder schon um *faux amis* in Orthographie bzw. Wortbildung?
- *Ist mit „Form" das graphische oder das lautliche Erscheinungsbild gemeint?*
  Im Allgemeinen fungiert die schriftliche Gestalt als Referenz. Engl. *nation* und fr. *nation* gelten als lupenreine Internationalismen, obwohl sich in phonetischer Hinsicht die Ähnlichkeit auf das [n] am Wortanfang beschränkt.
- *Wie „verschieden" müssen die Kultursprachen sein? Oder ist „verschieden" überhaupt nur als unbestimmtes Zahlwort gemeint?*
  Meistens wird gefordert, dass die Sprachen genetisch möglichst unterschiedlich sein sollen. Wenn der Internationalismus lediglich innerhalb der indoeuropäischen Sprachen gebraucht wird, soll er zumindest in drei Sprachgruppen (also z.B. romanisch, germanisch, baltisch) vertreten sein. Manche Forscher wollen Europäismen von „echten" Internationalismen (die z.B. auch im Chinesischen und in semitischen Sprachen vorkommen) abheben. Die Eurolinguistik ihrerseits sucht systematisch Gemeinsamkeiten in möglichst vielen europäischen Sprachen, weil sie Europa als stark ineinander verflochtenen Kulturraum sieht und darstellen will.
- *Was versteht man unter „Kultursprache"?*
  Der Terminus Kultursprache, so wie er im Duden verwendet wird, ist zweifellos im Sinn von Kloss (cf. 1.3) als Ausbausprache zu verstehen. Nicht ausgebauten Sprachen wird in der Frage der Internationalismen offenbar wenig Bedeutung beigemessen.

7.1.2 Internationalismen in den Fachsprachen

Seit geraumer Zeit sind Internationalismen Gegenstand der mehrsprachigen, vorwiegend lexikologischen Forschung (auch Interlexikologie genannt). Dabei herrscht in der heutigen Internationalismenforschung eine weitgehend synchrone Betrachtungsweise vor. Analysiert werden also Lexeme, Syntagmen und Phraseologismen (sowie vereinzelt standardisierte Kurztexte), die in verschiedenen Sprachen zu einem selben Zeitpunkt Verwendung finden. Diachronische und sprachgeschichtliche Aspekte wie die Geber-Nehmer-Prozesse werden zur Erforschung der Entstehung und Verbreitung von Internationalismen, oft in Verbindung mit der jeweiligen Fachgeschichte, analysiert. Die internationale Zusammenarbeit auf wissenschaftlichem und technischem Gebiet begünstigt die Konvergenz und fördert den Trend, zur Bezeichnung neuer wissenschaftlicher Erkenntnisse oder technischer Innovationen von vornherein auf die Prägung einzelsprachenspezifischer Termini zu verzichten. In den etymologischen Wörterbüchern wird diese Tatsache jedoch häufig dadurch verschleiert, dass – namentlich bei Bildungen aus griechischen/lateinischen Elementen – vielfach der Eindruck erweckt wird, die betreffende Benennung sei in der jeweiligen Sprache neu gebildet worden, während es sich oft um eine Entlehnung aus einer modernen Sprache handelt.

Interessant erscheint die Beschäftigung mit Internationalismen in der Fachsprachenforschung vor allem deshalb, weil ihre Frequenz im fachsprachlichen Wortschatz als besonders hoch eingeschätzt wird (vgl. Fluck 1985, 219). Tatsächlich sind Internationalismen in Disziplinen wie der Medizin, Biologie und Chemie, in denen eine griechisch-lateinische Terminologie die Grundlage bildet, aber auch in der Technik (wo die englische Komponente prozentuell sehr viel höher ist) oder im Sport sehr häufig. Insbesondere die normierten Termini für Maßeinheiten wie *Kilo*, *Meter*, *Joule*, *Volt*, *Ampere*, *Ohm* entsprechen einander eins zu eins. Allerdings zeigt die genauere Analyse der Fachwortbestände, dass der Anteil an Internationalismen in verschiedenen Fachgebieten von Sprache zu Sprache stark variiert. Generell etwa ist er in der Internet- und Informationsterminologie sehr hoch, weil viele Sprachen auf angelsächsische Ausdrücke zurückgreifen; das Französische dagegen verzichtet an vielen Stellen auf die Übernahme der Anglizismen und prägt eigene Benennungen, wobei im frankophonen Kanada teilweise andere Termini bevorzugt werden als im französischen Mutterland. Auffallend ist zudem auch in manchen Sprachen die sehr große Anzahl an Doppelformen, die dem Umstand geschuldet sind, dass nationale mit englischsprachigen Benennungen konkurrieren:

    sp. *home page; página de inicio/portada*
    fr. *home page; page d'accueil/page d'entrée*
    it. *home page; pagina d'inizio; pagina iniziale; inizio*
    pt. *home page; página principal, página inicial, página de entrada*
    ru. *(home page); домашняя/стартовая страница*
    dt. *Homepage; Startseite; Leitseite; Einstiegsseite; Hauptseite; Frontpage*

Dies wirft die Frage auf, ob allein die Existenz ähnlicher/gleicher Termini im Wortschatz verschiedener Einzelsprachen schon ausreicht, um das Vorliegen von Internationalismen zu postulieren, oder ob neben dem Sprachsystem (der *langue*) nicht die konkrete Sprachverwendung (die *parole*) stärker berücksichtigt werden sollte.

Häufig anzutreffen sind in jedem Fall Termini mit onymischen Bestandteilen, also Fachwörter, die eine Eigennamenkomponente enthalten. Ein Beispiel hierfür ist das nach dem Physiker Peter Higgs benannte Elementarteilchen, das im Englischen als *Higgs boson* (oder *Higgs particle*), im Deutschen als *Higgs-Boson*, im Französischen als *boson de Higgs*, im Spanischen als *bosón de Higgs*, im Italienischen als *bosone di Higgs*, im Portugiesischen als *bóson/bosão de Higgs*, im Rumänischen als *bosonul Higgs* (und im Russischen als *бозон Хиггса*) bezeichnet wird. Neben *Higgs* ist auch der Wortbestandteil *Boson* onymisch (nach dem indischen Physiker Satyendranath Bose). Wie auch in diesem Beispiel ist auffallend, dass bei der

Herausbildung von Internationalismen oft Angleichungen an die „Nehmersprache" stattfinden, in denen Fremdelemente assimiliert werden. Bei mehrsprachigen Personen kann dies Interferenzen begünstigen. Ansonsten ist jedoch festzustellen, dass „echte" Internationalismen in den Fachsprachen gerade kein Problem darstellen. Schwierig wird es erst, wenn Sprachbenutzer bei sich ähnelnden Wort- oder Lautformen vorschnell auf das Vorliegen von Internationalismen schließen, wo in Wirklichkeit keine (oder zumindest keine vollständige) Übereinstimmung der Inhalte vorliegt. Angesichts der vermeintlichen Internationalität der Fachwortschätze und der Diskussion um fachsprachliche Universalien ist die Gefahr, Pseudo-Internationalismen und so genannte *faux amis* nicht als solche zu erkennen, in den Fachsprachen besonders groß.

7.2 Faux amis

7.2.1 Begriffsherkunft und Definition

Der Begriff des *faux ami* wurde 1928 von Maxime Koessler und Jules Derocquigny eingeführt. In einem kleinen Band mit dem bezeichnenden Titel *Les faux amis ou les trahisons du vocabulaire anglais* stellten sie zahlreiche Wörter/Wortpaare (etwa 1200) zusammen, die sich im Französischen und Englischen in der Form ähneln, in der Bedeutung jedoch voneinander abweichen. Präziser definierten sie den *faux ami* wie folgt:

> Des mots qui se correspondent d'une langue à l'autre par l'étymologie et par la forme, mais qui, ayant évolué au sein de deux langues et partant de deux civilisations différentes, ont pris des sens différents.[2]

Die von ihnen lancierte Benennung war so eingängig, dass sie alsbald in viele andere Sprachen übertragen wurde: en. *false friends*, sp. *falsos amigos* und it. *falsi amici*. Auch der Gallizismus *faux ami* selbst hat weite Verbreitung gefunden. Erfolg war neben der Namensgebung auch der Idee beschert, sprachenpaarbezogene Benennungspaare, die beim Verstehen Schwierigkeiten bereiten, zu sammeln und Fremdsprachennutzer vor möglichen Fallstricken zu warnen. Tatsächlich gelten *faux amis* als „eine der häufigsten Quellen von Interferenzfehlern" (Doval 2006, 1), und so ist es wohl ihre praktische Bedeutung, die die Verlage bis heute dazu bewegt, das Konzept von Koessler und Derocquigny zu kopieren. Mit großem wirtschaftlichen Erfolg

---

[2] Wörter zweier Sprachen, die sich etymologisch und formal entsprechen, die jedoch, bedingt durch die Tatsache, dass sie sich in zwei Sprachen – und folglich in zwei unterschiedlichen Kulturen – (weiter)entwickelt haben, unterschiedliche Bedeutungen angenommen haben (Übersetzung W.P./S.R.).

und mit Schlagworten wie „Sprachfallen", „falsche Freunde" oder „besondere Schwierigkeiten des deutsch-französischen (respektive des deutsch-spanischen, deutsch-italienischen usw.) Wortschatzes", aber auch mit teilweise sehr umfassenden Wörterbüchern versuchen sie, Fremdsprachenkundige für mögliche Interferenzen zwischen den von ihnen beherrschten Sprachen zu sensibilisieren (z.B. Fandrich ²2002; Vanderperren 1994; Stuckenberger 1999; Caiazza ²2002; Hundertmark-Santos Martins 1995). Meist geschieht dies auf der Basis substantivischer und hochfrequenter Benennungen aus dem gemeinsprachlichen Wortschatz. Fachsprachliche *faux amis* fristen dagegen auch in genuin sprachwissenschaftlichen Publikationen ein Nischendasein. Dass sie indessen auch in der Fachsprache eine Rolle spielen, sollen einige Beispiele dieses Abschnitts illustrieren.

Mario Wandruszka war einer der ersten Romanisten, der darauf hinwies, dass der Umgang mit falschen Freunden jenseits der gerade skizzierten rein praktischen Sammeltätigkeit „ein höchst brisantes theoretisches Problem" darstellt (1977, 55). Neu an seinem Ansatz war die (für die damals sehr systemgläubige Linguistik äußerst provokante) These, dass das Entstehen von *faux amis* auf das „Wechselspiel von Zufall und Notwendigkeit" (1977, 56) zurückzuführen sei.[3] Im Unterschied zu Koessler und Derocquigny, die das Vorliegen eines gemeinsamen Etymons zum definitorischen Kriterium eines *faux ami*-Paares erhoben hatten, machte Mario Wandruszka deutlich, dass man so nur einen Teil der *faux ami*-Paare erfasst.

Tatsächlich ist die Betonung des etymologischen Zusammenhangs bei Koessler und Derocquigny vor dem Hintergrund der Auseinandersetzung mit dem Sprachenpaar Französisch-Englisch zu sehen, bei dem gemeinsame lateinische Etyma eine herausragende Rolle spielen. Identische Stammwörter oder die Übernahme von fremdsprachigen Wörtern, die anschließend in den einzelnen Sprachen eine Bedeutungserweiterung oder -verengung erfahren, gehören zwar auch in anderen Sprachenpaaren zu den wichtigsten Gründen für das Entstehen von *faux amis*; die Frage, *warum* die Wörter der involvierten Einzelsprachen im Anschluss einen jeweils spezifischen Bedeutungswandel gegenüber dem Ausgangswort erfahren haben, ist ohne Einbeziehung des „historischen Zufalls" jedoch in der Tat nicht vollständig zu erklären. So können *faux amis* in Einzelfällen sogar durch Missverständnisse bei der Entlehnung entstehen, etwa bei fr. *la chicorée* (dt. ‚die Endivie') und *les endives (belges)* – (dt. ‚der Chicorée') (cf. Albrecht 2005, 136). Aus Zufall können aber auch nicht etymologisch verwandte Wörter wie it. *caldo* (‚warm', ‚heiß') und dt. *kalt* oder sp. *aceite* (‚Öl') und it. *aceto* (‚Essig') falsche Freunde bilden. Hans-Martin Gauger, der bereits Anfang der 1980er Jahre die Einschränkung des Begriffsinhalts von *faux*

---

[3] Seit man sich darauf geeinigt hat, den Begriff *Zufall* (der damals auch in den Naturwissenschaften Konjunktur und Provokationspotential hatte – man denke an den Bestseller *Le hazard et la nécessité*, dt. *Zufall und Notwendigkeit* des französischen Nobelpreisträgers für Biologie Jacques Monod) durch *Kontingenz* zu ersetzen, können sich sehr viel mehr Linguisten mit dem Ansatz Wandruszkas anfreunden.

ami bei Koessler/Derocquigny bemängelte (vgl. Gauger 1982, 79), machte zusammen mit Nelson Cartagena folgenden Alternativvorschlag für eine Definition:

> ‚Falsche Freunde' sind Wörter der fremden Sprache [...], die Wörtern der eigenen Sprache materiell mehr oder weniger ähnlich sind, aber eine mehr oder weniger verschiedene Bedeutung haben (Cartagena/Gauger 1989, 581).

Dieser Ansatz zeichnet sich dadurch aus, dass er – trotz weiterhin sprachenpaarbezogener Herangehensweise – unabhängig von den involvierten Einzelsprachen formuliert ist und auf die diachronische Perspektive verzichtet. Darüber hinaus deutet er graduelle Unterschiede im „Gefahrenpotential" von *faux ami*-Paaren an, was für die Typologien entscheidend ist.

7.2.2 Klassifizierung der *faux amis*

Die theoriebezogene Auseinandersetzung mit den *faux amis* hat unzählige Typologien hervorgebracht, die sich – bei aller Unterschiedlichkeit der Terminologie und der abweichenden Anzahl an Untergruppen, die jeweils genannt werden – doch in wesentlichen Punkten decken. Ohne die Entwicklungsgeschichte der *faux amis*-Forschung im Detail nachzuzeichnen (wie dies Haschka 1989 unter besonderer Berücksichtigung des Französischen tut), sollen hier zusammenfassend die Grundgedanken skizziert werden, die bei der Identifikation von Klassifikationsmerkmalen eine Rolle spielen. Da theoretische Erforschung und praktische Sammeltätigkeit bei den *faux amis* nicht immer Hand in Hand gehen, wird der Blick über die primär wissenschaftsbezogenen Darstellungen hinaus auf die Kategorisierungen geworfen, die sich in verschiedensprachigen *faux amis*-Listen widerspiegeln. Interessanterweise mangelt es in den theoretischen wie praktischen Abhandlungen an fachsprachlichen Beispielen, weshalb hier die einzelnen Kategorien um fachsprachliche *faux amis* ergänzt werden. Damit die Ausführungen auch beim Beherrschen nur einer romanischen Sprache nachvollziehbar bleiben, dient bei der Betrachtung der *faux ami*-Paare das Deutsche als Kontrastsprache.

7.2.2.1 Semantische *faux amis*

Ein Typus, der in allen Klassifizierungen auftaucht, ist der *semantische faux ami*. Bei semantischen *faux amis* handelt es sich um Wortpaare zweier Sprachen, die sich in der „Form" (in der Regel also in der Schreibweise) gleich sind, sich aber im Inhalt unterscheiden. Nach dem Grad der inhaltlichen Divergenzen werden sie in „absolute" (oder „totale") und „partielle" *faux amis* untergliedert.

Absolute faux ami-Paare (meist verkürzend als absolute *faux amis* bezeichnet), zeichnen sich dadurch aus, dass die Bedeutungen der einzelsprachlichen Benennungen keine gemeinsame Schnittmenge aufweisen. Ein Beispiel hierfür ist dt. *Approbation* ‚Zulassung als Arzt oder Apotheker', was im Spanischen mit *licencia (para ejercer como médico o farmacéutico)* wiederzugeben ist, wohingegen sp. *aprobación* ‚Verabschiedung' oder ‚Billigung' bedeutet. Analog ist dt. *das Patent* im Französischen *le brevet,* wähend *la patente* einen (inzwischen veraltenden) Ausdruck für den *Gewerbeschein* darstellt. Charakteristisch für die absoluten *faux ami*-Paare ist, dass sie sich in Vierergruppen darstellen lassen, deren mittlere Glieder eine „Ungleichung" bilden:

> fr. *succursale* (f) – dt. Filiale ≠ fr. *filiale* (f) – *Tochtergesellschaft*
> sp. *presidencia* (f) – dt. Präsidium ≠ sp. *presidio* (m) – dt. *Gefängnis, Strafanstalt*
> dt. *Unterschrift* (f) – it. *firma* (f) ≠ Firma (f) – it. *ditta* (f)
> dt. *Unterrichtsstunde* (f) – pt. *aula* (f) ≠ dt. Aula – pt. *sala* (f) *de actos*; *salão* (m) *nobre*

Im Unterschied dazu weisen *partielle faux amis* teilweise Bedeutungsentsprechungen auf. Fr. *la boussole* bezeichnet den *Kompass,* wohingegen *le compas* in gemeinsprachigen Wörterbüchern als *der Zirkel* verzeichnet ist. Dennoch gibt es eine fachsprachliche Entsprechung, denn der Bordkompass eines Flugzeugs oder Schiffs wird auch im Französischen als *le compas* bezeichnet. Ähnlich kann fr. *opération* für dt. *Operation* stehen (in der Medizin), aber auch für *Transaktion* (in der Wirtschaft, beispielsweise in der Börsensprache). Die Schriftart *Fraktur* wird im Italienischen als *scrittura tedesca* bezeichnet, *Fraktur* und *frattura* in der medizinischen Bedeutung ‚Knochenbruch' entsprechen einander dagegen, *frattura* kann im Italienischen darüber hinaus aber auch noch z.B. ‚Spaltung (einer politischen Gruppierung)' meinen. Im Spanischen bedeutet *cálculo* (m) in manchen Fällen tatsächlich ‚Kalkül', es kann in der Wirtschaft aber auch für ‚Rechnung, Berechnung, Kalkulation' oder in der Medizin für ‚Nieren-, Gallen- oder Blasenstein' stehen. Portugiesisch *(o) aditivo* steht wie das deutsche *Additiv* für einen Zusatzstoff, der die gewünschte Eigenschaft chemischer Stoffe wie Treibstoffe und Öle verbessert; in der Mathematik wird *(sinal) aditivo* jedoch auch für das *Plus(zeichen)* bei der Addition verwendet.

7.2.2.2 Weitere Formen von *faux amis*

Im Fall der Beschränkung auf die klassische Definition müsste die Darstellung der *faux amis* an dieser Stelle enden, denn wenn die unterschiedliche Bedeutung zweier Lexeme ein definitorisches Merkmal eines *faux ami*-Paares darstellt, sind nur semantische falsche Freunde überhaupt als solche zu betrachten. Wenige Publikationen, die den Namen *faux amis* im Titel tragen, begnügen sich indessen mit Beispielen, die in diese Kategorie fallen – und das, obwohl sie mehrheitlich mit der in 8.2.1 getroffenen Begriffsfestlegung arbeiten. Präsentiert werden Gefahrenquellen, die – je nach Autor und untersuchtem Sprachenpaar – unter Benennungen wie *formale faux amis, strukturelle faux amis, morphologische faux amis,* Pseudogallizismen

(Pseudoitalianismen etc.), Scheinentsprechungen usw. firmieren und verschiedene Formen von Interferenzen darstellen.

Die größte Gruppe unter ihnen bildet die der „formalen" (oder „strukturellen") *faux amis*, bei denen das Wortpaar in Inhalt und Wortstamm identisch ist, aber in Wortbildung oder lautlicher Struktur differiert, also beispielsweise dt. *Katalysator* (m.) – fr. *catalyseur* (m.) (neben *pot catalytique*) – it. *catalizzatore* – pt. *catalisador* (m.) – ru. *catalizator* (m.) oder dt. *synchron* – sp. *sincrónico*; dt. *Protozoen* – fr. *protozoaires*; dt. *Zentrifuge* – fr. *centrifugeuse*; dt. *das Vakuum* – pt. *(o) vácua* usw.

Wie die zusammenfassende, zunächst noch ungeordnete, Aufzählung erkennen lässt, zählt zu den strukturellen *faux amis* vor allem die große Gruppe der *morphologischen faux amis*:

dt. *insolvent* – fr. *insolvable*
dt. *Investitionen* – fr. *investissements*
dt. *ostentativ* – fr. *ostentatoire*
dt. *Romantik* – it. *romanticismo*
dt. *Pädagogik* – it. *pedagogia*
dt. *katastrophal* – it. *catastrofico*
dt. *atheistisch* – sp. *ateo*
dt. *Aquaristik* – sp. *acuaricultura*
dt. *hydrieren* – sp. *hidrogenar*
dt. *konservativ* – pt. *conservador*
dt. *Masseur, -eurin* – pt. *masagista* (m/f)
dt. *Ökonom* – pt. *economista*

Sonderformen der strukturellen *faux amis* bilden Fälle, in denen die phonischen hinter den orthographischen Unterschieden so weit zurücktreten, dass die Benennungspaare als orthographische *faux amis* ausgewiesen werden:

dt. *Kerosin* – fr. *kérosène*
dt. *Transfer* – fr. *transfert*
dt. *Amnestie* – sp. *amnistía*
dt. *Havarie* – sp. *avería*
dt. *Psychoanalyse* – pt. *psicanálise*
dt. *Hyazinthe* – pt. *jacinto* (m)[4]

Genus-*faux amis* schließlich sind formal ähnliche Wortpaare, die sich im (erwarteten) grammatischen Geschlecht unterscheiden (dt. *eine Oper* vs. fr. *un opéra*; it. *la pizza* vs. fr. *le pizza*). In den theoretischen Abhandlungen werden sie teils den struk-

---

[4] Dieses letzte Beispiel gehört gleichzeitig auch in die nachfolgende Gruppe der *faux amis*, der Genus-*faux amis*.

turellen *faux amis* subsumiert, teils als gesonderte Gruppe ausgewiesen. Die Behandlung dieser Kategorie ist dann etwas delikat, wenn Sprachen mit unterschiedlicher Genus-Ausstattung einander gegenübergestellt werden (wie etwa Deutsch vs. romanische Sprachen).

> dt. *Dividende* (f) – fr. *dividende* (m)
> dt. *Rezept* (n) – it. *ricetta* (f)
> dt. *Enklave* (f) – sp. *enclave* (m)
> dt. *Vehikel* (n) – pt. *(o) veículo*

Von einigen Autoren werden auch Benennungspaare als *faux amis* ausgewiesen, die sich in der Betonung unterscheiden. Wotjak/Herrmann tun dies und nennen als Beispiele dt. *Infamie* und sp. *infamia* oder dt. *Zentrifuge* und sp. *centrífuga; dt. Epilepsie* – sp. *epilepsia* (Wotjak/Herrmann 1984 respektive [7]1997). In der theoretischen wie praktischen Beschäftigung mit den *faux amis* fristen solche „Betonungs-*faux amis*", die der Hauptgruppe der phonetischen *faux amis* zuzuordnen sind, jedoch ein Nischendasein.

Häufig werden den *faux amis* auch solche Fälle zugerechnet, in denen der Sprachbenutzer meint, einen Ausdruck der eigenen Sprache (bei dem es sich oft um ein Lehnwort handelt) auch in der Fremdsprache verwenden zu können, obwohl er dort gar nicht existiert. De facto gehört dieses Phänomen aber gar nicht zu den falschen Freuden, weil die fremdsprachliche Entsprechung nicht existiert und folglich auch kein Paar vorliegt. Daher bezeichnet man diese Art von Fehlerquelle besser als *Scheinentsprechung*. Für dt. *Adressat* beispielsweise gibt es im Spanischen kein formal ähnliches Wort, sondern es muss je nach Kontext *destinatario* (im Briefverkehr) oder *consignatario* (bei Warenlieferungen) stehen. Dagegen hat es einen französischen *friseur* (der die Haare [der Perücken] kräuselte) im 17. Jahrhundert sehr wohl gegeben, aber das Wort ist im Herkunftsland mit dem Beruf ausgestorben (wie z.B. im Deutschen *Kammmacher*) und lebt nur als Entlehnung im Deutschen weiter. Andere Beispiele für Scheinentsprechungen sind etwa:

> dt. *Natrium* – fr. *sodium* (und nicht *natrium)
> dt. *Kalium* – it. *potassio* (und nicht *calio)
> dt. *Akkreditiv* – sp. *carta de crédito, crédito documentario* (und nicht *acreditivo)
> dt. *Provision* – pt. *comissão* (f) (und nicht *provisão)

Berührungspunkte mit den partiellen *faux amis* weisen Benennungspaare auf, die zwar inhaltlich gleich sind, in den involvierten Einzelsprachen jedoch einer „Gebrauchssphärenbeschränkung" unterliegen (Wotjak/Herrmann 1984, 12). Das spanische *apendicitis* ist (ebenso wie das französische *appendicite*) sowohl in der medizinischen Fachsprache als auch in der Gemeinsprache geläufig. Demgegenüber ist

Verwendung der deutschen Entsprechung *Appendizitis* weitgehend den Medizinern vorbehalten. Kommt der Terminus außerhalb des medizinischen Sprachgebrauchs vor, weist er auf ein hohes Bildungsniveau des Sprechers/Schreibers hin und verliert somit seine neutrale Konnotation, denn in nicht-fachsprachlichen Kontexten wird normalerweise das Wort *Blinddarmentzündung* verwendet. Von Wotjak werden diese spezifischen Benennungspaare mit dem griffigen Ausdruck kommunikative *faux amis* bedacht (1984, 129). Daneben findet man zuweilen den Ausdruck pragmatische *faux amis*.

Wie bei den Internationalismen ist es auch bei den *faux amis* strittig ist, ob es sie oberhalb der Wortebene gibt. Albrecht bejaht dies und argumentiert:

> Wie bei den Wörtern gibt es auch bei den Phraseologismen ‚falsche Freunde', d.h. Wendungen, die sich formal weitgehend entsprechen, inhaltlich jedoch deutliche Unterschiede aufweisen, so daß die betreffenden Wendungen in aller Regel nicht als Übersetzungsäquivalente in Frage kommen (Albrecht 2005, 119).

Dt. *jemandem einen Floh ins Ohr setzen*, ihn also „auf einen Gedanken bringen, der ihn nicht mehr loslässt" und fr. *mettre la puce à l'oreille de qn* (jemanden misstrauisch machen) nennt er als gemeinsprachliches Beispiel für dieses Phänomen, das in den Fachsprachen kaum erforscht scheint. Auffallend ist, dass der Anspruch an die „formale" Korrespondenz der phraseologischen *faux amis* in diesem Begriffsverständnis nicht derselbe ist wie bei den bislang diskutierten Fällen, denn es geht um die Unmöglichkeit der wortwörtlichen Übertragung. Da den Benennungspaaren das Kriterium der Ähnlichkeit von graphischer oder lautlicher Form hier nicht ausschlaggebend ist, könnte man auch von einem Spezialfall semantischer Inkongruenz bei wortwörtlicher Übersetzung sprechen (fachsprachliche Beispiele hierfür cf. Kapitel 8 Phraseologismen) und sie lediglich als „Interferenzen" ausweisen. Idiomatische *faux amis* im engeren Sinne, d.h. Benennungspaare, die neben dem Interferenzkriterium auch das der formalen Ähnlichkeit erfüllen, sind in nahe verwandten Sprachen gleichwohl denkbar. Für das Sprachenpaar Deutsch-Niederländisch hat Piirainen eine ganze Reihe solcher Fälle nachgewiesen (Piirainen 1997 und 1999). In Bezug auf die *Fach*sprachen (nicht nur) der Romania muss bislang allerdings noch von einem Forschungsdesiderat gesprochen werden.

Neue Impulse für die *faux amis*-Forschung gingen zuletzt von Großes „*faux amis culturels*" aus. Mit diesem Ausdruck bezeichnet er Termini zweier Sprachen, deren Bedeutungen aus kulturgeschichtlichen (oder „landeskundlichen") Gründen nicht deckungsgleich sind. Als Beispiel nennt er unter anderem dt. *Universität* vs. fr. *université*, wo sich aufgrund des anderen Stellenwerts der jeweiligen Institution im nationalen Bildungssystem (Prestige der *Grandes Écoles* in Frankreich; Nebeneinander von Hochschulen und Universitäten in Deutschland) eine Art kulturelle Inkongruenz ergibt. Mit dem Begriff der *faux amis culturels*, der eine große Nähe zu den so genannten *mots de civilisation* aufweist, möchte Große nach eigenem Bekunden „eine Brücke schlagen vom linguistischen und übersetzungstechnischen Problemkreis der *faux amis* zur traditionellen Landeskunde bzw. zum interkulturellen Lernen" (1998, 363). Gemäß dem selbst gesteckten Ziel, einen Fixpunkt für die Didaktik zu schaffen, erscheint sein Ansatz besonders fruchtbar, wenn es darum geht, die Gründe für das Entstehen von *faux amis* zu eruieren.

7.2.3 Probleme

7.2.3.1 Unschärfe des *faux ami*-Begriffs

Ein augenfälliges Problem bei der Beschäftigung mit dem Begriff des *faux ami* ist seine Unschärfe. Vor allem in den auflagestarken „sprachpraktischen" *faux ami*-Sammlungen wird er undifferenziert (und vermutlich auch unreflektiert) für jede Art von Interferenzen verwendet, die sich beim Fremdsprachengebrauch ergeben können. Aber auch die wissenschaftlichen Abhandlungen bieten ein uneinheitliches Bild, was die Begriffsauslegung anbetrifft. Schon bei den partiellen *faux amis* lässt sich mit einiger Berechtigung fragen, ob diese nicht auch als Sonderfall zwischensprachlicher Inkongruenzen (cf. das nachfolgende Kapitel) gelten können. Überdeutlich wird die Abgrenzungsproblematik aber spätestens bei den *Betonungs-faux amis* und bei den *kommunikativen faux amis*. Wie wir gesehen haben, besteht deren Besonderheit darin, dass die involvierten Lexeme (zumindest auf Sprachsystemebene) eine vollständige inhaltliche Kongruenz aufweisen. Auf das definitorische Merkmal der Bedeutungsunterschiede wird bei ihnen also verzichtet. Wie groß die formale Ähnlichkeit zwischen zwei Termini sein muss, damit diese als *faux amis*-Paar gelten können, ist aber ebenfalls unklar. Wie Doval lakonisch bemerkt, gibt es keine „wissenschaftlich fundierten Kriterien dafür, wie viele und welche gemeinsamen orthographischen bzw. phonetischen Einheiten zwei Wörter haben müssen, damit sie in Verbindung gesetzt werden" können (Doval 2006, 3). Auch in Bezug auf dieses definitorische Kennzeichen ist der Ermessensspielraum also sehr groß.

Überdies ist die Zuordnung der *faux amis* zu den einzelnen Kategorien (selbst, wenn man sich innerhalb der Typologie eines einzigen Wissenschaftlers bewegt) nicht immer eindeutig: Das Benennungspaar fr. *groupe* und dt. *Gruppe* stellt einen partiellen *faux ami* dar, da *groupe* neben Gruppe auch *Konzern/Firmengruppe* bedeuten kann. Gleichzeitig handelt es sich um einen Genus-*faux ami*, denn *groupe* ist im Französischen männlich, wohingegen *Gruppe* im Deutschen weiblich ist. Im Übrigen stimmen Lautung und Schreibweise beider Termini nicht vollständig überein, weshalb die Einstufung als phonetisches und orthographisches *faux ami*-Paar ebenfalls in Frage kommt.

Einen weiteren Aspekt, den es zu überdenken gilt, stellt zuletzt auch die Frage dar, ob für das Vorliegen von *faux amis* notwendig ein Sprachenpaar involviert sein muss. Laut Allignol (2002, 35) „denkt ein Franzose beim Wort *légiste* an einen Gerichtsmediziner, ganz anders ein Frankokanadier, da in Québec der *légiste* ein Jurist ist, der sich auf das Verfassen von Gesetzestexten spezialisiert hat". Es spricht vieles dafür, derartige Beispiele, die insbesondere in den „plurizentrischen Sprachen" (Kloss ²1978, 67) in und außerhalb der Romania zu finden sind, als intralinguale *faux amis* zu behandeln.[5] Sofern man dies tut, ist allerdings auch das letzte definitorische Merkmal der eingangs vorgestellten Begriffsfestlegung gefallen.

Von der theoretischen Warte zwingt die Beschäftigung mit der *faux ami*-Literatur damit zu einem einigermaßen ernüchternden Ergebnis: Es gibt, um es kurz zu fassen, kein definitorisches Kriterium, das *alle* unter dem Schlagwort *faux amis* präsentierten Beispiele verbindet. Angesichts des hohen sprachpraktischen Nutzens der *faux amis*-Forschung bietet die begriffliche Vagheit aber immerhin auch einen Vorteil: Die Etikettierung möglicher Fallen als „*faux amis*" hat eine große Signalwirkung und ist damit geeignet, das Problembewusstsein der Sprachbenutzer zu schärfen.

7.2.3.2 Gefahrenpotential der *faux amis*

Wie groß aber ist eigentlich die Gefahr, die von falschen Freunden ausgeht? Wenngleich eine pauschale Antwort auf diese Frage nicht möglich ist, lässt sich doch mit Sicherheit sagen, dass nicht alle *faux amis* für jeden Sprecher gleichermaßen ein Problem darstellen und dass die Konsequenzen aus ihrem Nichtentdecken je nach Kommunikationssituation unterschiedlich sind. Aus pragmatischem Blickwinkel bedarf es also der Relativierung. Es bietet sich an, statt von *faux amis* von potentiellen *faux amis* zu sprechen. Ob sich in der Praxis Stolpersteine ergeben – und wenn ja, wie schwerwiegend diese sind –, hängt von vielen Faktoren ab:
- von der Art der *faux amis*, denn das Nichterkennen semantischer falscher Freunde hat gravierendere Folgen als das Nichterkennen struktureller falscher Freunde
- von der Frequenz, mit der sie auftreten. Diese ist bei den miteinander verwandten romanischen Sprachen höher als bei weniger eng miteinander verwandten Sprachen
- von der Frage, in welchen Kontexten sie auftauchen. *Faux ami*-Paare werden erwiesenermaßen vor allem dann zur Gefahrenquelle, wenn die Homonymien (respektive Homographien) in gleichen oder ähnlichen Sinnbereichen auftreten. Die Verwechslungsmöglichkeit von it. *caldo* und dt. *kalt* ist größer als die von ähnlich klingenden Wörtern, die nicht „in demselben Bedeutungsfeld aufeinandertreffen" (Wandruszka 1977, 54). [Durch diese Beobachtung findet sich die in den *faux amis*-Sammlungen vorherrschende Praxis der alphabetischen

---

[5] Das Französische ist lange Zeit explizit nicht als plurizentrische Sprache gesehen worden. In letzter Zeit lässt sich allerdings diesbezüglich eine Perspektivenverschiebung beobachten; cf. vor allem die Habilitationsschrift von Bernhard Pöll (2005).

Präsentation in Frage gestellt. Das Nachdenken einer alternativen Anordnung nach Sachgebieten erscheint daher zweckmäßig (vgl. Große 1998, 364).]
- von der individuellen sprachlichen Kompetenz des Sprechers/Lesers/Übersetzers
- von der Übersetzungs- respektive Sprachrichtung, denn manche *faux amis* (wie das bereits genannte Benennungspaar dt. *Appendizitis* vs. fr. *appendicite*) bereiten nur in einer Richtung Probleme. Schließlich kann der deutsche Terminus *Appendizitis* im Französischen kontextunabhängig mit *appendicite* wiedergegeben werden, während bei der Übersetzung von fr. *appendicite* zu entscheiden ist, ob das fachsprachliche *Appendizitis* oder das gemeinsprachliche *Blinddarmentzündung* zu verwenden ist. [Konsequenterweise findet sich die explizite Trennung nach Übersetzungsrichtungen in vielen *faux ami*-Sammlungen wieder, z.B. bei Kühnel 1979 oder Vanderperren 1994 für das Deutsche und Französische oder bei Wotjak/Herrmann [7]1997 für das Deutsche und Spanische.]

7.3 Interlinguale Inkongruenzen

Die Beschäftigung mit Internationalismen und *faux amis* dient dem gleichen Zweck, nämlich herauszufinden, wie groß der Grad an zwischensprachlichen Übereinstimmungen in den Fachsprachen ist. Während einige Grundthesen der Terminologieforschung (cf. Kapitel 6) suggerieren, dass dieser zumindest in der fachsprachlichen Lexik als sehr hoch anzusetzen ist, zeichnet sich beim Blick auf die Sprachverwendungsebene ein differenziertes Bild. Selbst bei den anerkannten Internationalismen finden häufig Sonderentwicklungen in einer Nehmersprache statt – mit der Folge, dass „Internationalismen den falschen Freunden angehören können" (Kosturek 2013, 94). Überdies stellt sich in vielen Fällen die Frage, wie weit die begriffliche Kongruenz der als Internationalismen ausgewiesenen Lexeme *de facto* reicht. Bei Termini wie *Zivilisation* oder *Demokratie* jedenfalls, die oft als Beispiele für Internationalismen herangezogen werden, ist das Postulat der Begriffsidentität mehr als fraglich. Fr. *civilisation* ist (auf sprachsystematischer Ebene) jedenfalls nicht deckungsgleich mit dt. *Zivilisation*. Die *democracia* in Spanien und die *democracy* im Vereinigten Königreich (beide ohne Weiteres mit der konstitutionellen Monarchie vereinbar) sind nicht dasselbe wie die *Demokratie* der Schweiz, und die russische *демокрáтия* ist wieder etwas anderes als die *democracia* in Portugal. Das hängt damit zusammen, dass die Realia, auf die sich die Termini beziehen, nicht exakt dieselben sind, oder, anders ausgedrückt, dass sich Sprachen und Kulturen nicht vollständig voneinander trennen lassen. Im Wortschatz der Geistes- und Gesellschaftswissenschaften tritt dies am deutlichsten hervor. Die Konsequenzen hieraus sind weitreichender, als man zunächst annehmen möchte, denn sie betreffen nicht nur einzelne Termini, sondern ganze Fachgebiete. Mit Blick auf die Jurisprudenz bemerkt Sandrini (cf. 1999, 30) hierzu, dass es keine „deutsche" Rechtsterminologie gibt – ebenso wenig wie eine „französische", „englische" oder „spanische" rechtssprachliche Lexik.[6]

Deutlich anders sieht es in den technisch-naturwissenschaftlichen Fachgebieten aus, die mittels internationaler Zusammenarbeit und regulierender Eingriffe in die Fachsprache (cf. Kapitel 6, Stichwort „Nomenklaturen") weitgehende begriffliche Übereinstimmungen erreicht haben. Dennoch sind gerade in den traditionellen Handwerkssprachen Inkongruenzen gang und gäbe: Wenn der Franzose „Schraube" sagen möchte, zwingt ihn seine Sprache, zwischen *vis*, der Schraube ohne Mutter, und *boulon*, der Schraube mit Mutter, zu differenzieren. Dass derselbe Ausschnitt der Wirklichkeit einmal in zwei und einmal in nur eine Kategorie(n) gefasst wird, hindert Deutsche und Franzosen mutmaßlich nicht daran, sich denselben „Begriff" von der jeweils bezeichneten Sache zu machen – zumal die Differenzierungslücke im Deutschen sprachlich leicht kompensiert werden kann, indem *Schraube mit/ohne Mutter* gesagt wird. (Das Füllen der „Generalisierungslücke" im Französischen erweist sich allerdings schon als schwieriger, weil *vis ou boulon* zur Bezeichnung einer einzelnen Schraube wenig überzeugend wäre.)

Etwas komplizierter sieht es aus, wenn man die Metallverbindungsverfahren betrachtet. Wie Albrecht (1992, 75) ausführt, gilt *brasare* („Löten") im Italienischen als Unterbegriff von *saldare* („Schweißen"). Demgegenüber sind „Schweißen" und „Löten" im Deutschen auf demselben klassifikatorischen Niveau angesiedelt. Kann man vor diesem Hintergrund noch von einer Identität der gedanklichen Einheiten, der Begriffe, sprechen?

Vollends unübersichtlich wird der Zusammenhang zwischen Begrifflichkeiten und Termini im Fall der „Ventile". Zu deren Bezeichnung stehen im Französischen eine ganze Reihe von Benennungen zur Verfügung: *clapets* wird gerne für Ventile verwendet, die sich im laufenden Betrieb von selbst öffnen und schließen; *robinets* für Ventile, die von außen betätigt werden. Daneben gibt es die *soupapes*, die sich wiederum automatisch öffnen und schließen; idealtypisch aber nicht im laufenden Betrieb zum Einsatz kommen, sondern (zum Beispiel als *soupapes de sûreté*) Funktionen für den Ausnahmefall übernehmen, etwa als Sicherheits- und Überdruckventile. Daneben können auch die Termini *vanne* (= Schieber), *valve* (vornehmlich bei Luftschläuchen) und *piston* (bei Blasinstrumenten) für „Ventil" stehen. Als wäre das noch nicht kompliziert genug, hat sich der Terminus *soupape* zu einer Art Archilexem entwickelt, das auch anstelle von *clapet* verwendet werden kann und (in Einzelfällen) an die Stelle von *robinet* tritt. *Clapet* seinerseits kann nicht nur für „Ventil", sondern auch für „Klappe" stehen, weshalb der Terminus zum einen für ein ganzes Ventil, zum anderen aber auch für ein Element, das Bestandteil eines Ventils sein kann, steht (vgl. Reinart 1993, 69–73). Ist das Beispiel ein Einzelfall? In seiner

---

[6] D.h. es gibt keine Rechtsterminologie, die den gesamten deutschen, französischen, spanischen etc. Sprachraum abdeckt.

Komplexität möglicherweise, von der Grundtendenz aber sicher nicht. Tatsächlich sind Polysemien, d.h. Mehrdeutigkeiten im Wortschatz einer Einzelsprache auch in den Fachsprachen die Regel. Da die Polysemien bei Betrachtung zweier Einzelsprachen aber fast nie exakt dieselben sind, ist eine absolute Bedeutungsübereinstimmung von Termini zweier Sprachen auf Sprachsystemebene nahezu ausgeschlossen. Die fachsprachliche Kommunikation, auch über die Sprachgrenzen hinweg, behindert dies nicht, denn bei der Übersetzung von Termini muss nur jeweils diejenige Bedeutungskomponente übertragen werden, die im jeweiligen Kontext aktualisiert wird. Eine unkritische Anwendung von Vokabelgleichungen ist aber ganz offensichtlich auch in den Fachsprachen nicht möglich.

Aufgaben

1. Erheben Sie, welche deutsch- und romanischsprachigen linguistischen Nachschlagewerke einen Eintrag *Internationalismus* haben. Vergleichen Sie die gefundenen Definitionen.
2. Eine Schwierigkeit bei *faux ami*-Sammlungen stellt die Auswahl der Wortpaare dar. Sehen Sie sich hierzu die Vorworte der Autoren an: Erfolgt eine Erklärung, wie die Termini ausgewählt wurden (Gebrauchshäufigkeit, Korpus) oder wie groß die formale Übereinstimmung sein muss, damit zwei Termini in die Kategorie der *faux amis* eingeordnet wird? Wenn nicht, lassen sich im Innern der Sammlung Kriterien für die Bestimmung von *faux amis* erkennen?
3. Intralinguale *faux amis*: Suchen Sie Termini mit räumlich beschränkter Verwendung (Portugal vs. Brasilien; iberische Halbinsel vs. Lateinamerika; französisches Mutterland vs. Québec, afrikanische oder andere frankophone Länder/Regionen usw.).
4. Suchen Sie deutsch-romanische und innerromanische Wortpaare, die sich nur durch das Genus unterscheiden (z.B. fr. *miel* (m) vs. sp. *miel* (f); dt. *Boa* (f) – fr. *boa* (m)).
5. Lesen Sie den Artikel von Große zu den *faux amis culturels*. In welche der unter 7.2 genannten Kategorien von *faux amis* lassen sich die von ihm genannten Beispiele jeweils einordnen?
6. Für die strukturellen und phonologischen *faux amis* sind vor allem Fremdsprachenlerner mit noch geringer Sprachkompetenz anfällig. Überlegen Sie, welche morphologischen, intonatorischen oder orthographischen Regularitäten zwischen den von Ihnen beherrschten Sprachen bekannt sein müssen, um potentielle Gefahrenquellen zu umgehen. (Anregungen finden Sie bei Wotjak [7]1997, 9.)

8 Fachliche Phraseologie und Syntax

8.1 Grundlagen

8.1.1 Anfänge der Phraseologismen-Forschung

Zur Konstituierung einer Fachsprache ist weit mehr erforderlich als ein Katalog substantivischer Benennungen. Wie groß gerade auch die Bedeutung fachsprachlicher Wendungen ist, zeigte der Pionier der Phraseologismen-Forschung, Alfred Warner, in seiner 1966 erschienenen Dissertation. In diesem Werk, in dem er sich mit fachsprachlichen Wendungen in der Elektrotechnik befasste, machte er darauf aufmerksam, dass selbst die technisch-wissenschaftliche Fachsprachenforschung es sich nicht leisten kann, den Blick vollständig von den Verben und fachsprachlichen Wendungen abzuwenden (Warner 1966, 9). Er nahm damit die in der Folge häufig wiederholte Erkenntnis vorweg, dass das Formulieren von „fachlich gültigen und sprachlich korrekten Aussage[n]" in einer Fachdisziplin ohne feste Wortverbindungen nicht möglich ist (Picht 1990, 212). Die Gedanken, die er in seiner Arbeit entwickelte, erwiesen sich für die Forschungsrichtung gleich in zweifacher Hinsicht als einflussreich: Zum einen war es ihm gelungen, die Relevanz von Phraseologismen auf einzelsprachlicher Ebene aufzuzeigen, zum anderen hatte er den Blick von Anfang an in Richtung einer internationalen Sprachbetrachtung gelenkt, denn er warb in seiner Dissertation für die internationale Angleichung fachsprachlicher Wendungen der Elektrotechnik und zeigte, dass hierfür die Aufstellung phraseologischer Grundsätze unentbehrlich ist. Seine Grundannahmen, mit denen er in den sechziger Jahren des zwanzigsten Jahrhunderts noch weitgehend forschungstechnisches Neuland betrat, sind in der Fachsprachenforschung heute vollständig etabliert.

8.1.2 Terminologische Überlegungen zur Phraseologismen-Debatte

Die Definition von „Phraseologie" und Phraseologismus scheint je nach Sprachraum unterschiedlich. Warner hatte den Ausdruck noch synonym zu „fachsprachliche Wendung" gebraucht. Ganz in seinem Sinne definiert DIN 2342 Teil 1 die Fachwendung als „[e]in Verb enthaltende festgefügte Gruppe von Wörtern zur Bezeichnung eines Sachverhalts in einer Fachsprache" (1992, 3).[1] Zu den Phraseologismen in diesem Sinne zählen also Fügungen wie dt. *einen Wechsel ziehen/ausstellen*, it. *emettere una cambiale*, sp. *emitir/girar una letra de cambio*, pt. *sacar uma letra de*

---

[1] Vgl. aber die Neuauflage der Norm von 2011 und die dazugehörige Aufgabenstellung am Ende dieses Kapitels.

câmbio. Demgegenüber gibt der französische Larousse unter dem Stichwort *phraséologie* lediglich an, es handle sich um die «construction de phrase ou procédé d'expression propre à une langue, à une discipline, à un milieu, à un auteur »[2] respektive um die Zusammenstellung solcher Phraseologismen zwecks Sprachvermittlung. Das ist zugleich enger und weiter als die deutsche Begriffsfestlegung, denn einerseits ist der Wortgehalt auf die Satzebene ausgeweitet, andererseits ist er aber nicht auf fachsprachliche Kontexte oder gar verbhaltige Fügungen beschränkt. Etwas weniger allgemein fällt die Begriffsfestlegung im Online-Portal des *Centre National de Ressources Textuelles et Lexicales* aus, wo es heißt: «Un dictionnaire phraséologique s'assigne pour objet le recensement et la présentation des expressions figées spécifiques à une langue.»[3] Wenngleich auch bei dieser Begriffsbestimmung keine fachsprachliche Ausrichtung erkennbar ist, ist sie in zweifacher Hinsicht aufschlussreich. Erstens wird die Festigkeit der Phraseologismen als definitorisches Merkmal hervorgehoben und zweitens erfolgt zugleich der Hinweis darauf, dass die vorgefertigten „Ausdrücke" einzelsprachenspezifische Besonderheiten erwarten lassen. Tatsächlich ist die Festigkeit (oder Stabilität) der Fügungen ein in der Fachliteratur häufig zitiertes Merkmal. Es steht auch in der Definition im Vordergrund, die Zuluaga für das Spanische trifft: „empleamos el término *unidad fraseológica* para designar toda combinación fija de palabras"[4] (Zuluaga 1980, 16). Das sehr weite Begriffsverständnis, das in dieser Formulierung zum Ausdruck kommt, setzt sich in dem spanischsprachigen Wikipedia-Eintrag fort:

> En fraseología se consideran, en términos amplios y no estrictamente hablando, unidades fraseológicas la locución, el enunciado fraseológico y *la colocación* (Hervorhebung W.P./S.R.).[5]

Neu an diesem Ansatz ist vor allem die Aufteilung des phraseologischen Segments in drei Untergruppen, wobei der separate Ausweis der *Kollokation* ins Auge sticht. „Kollokation" besagt, dass die Verknüpfung von Einzelwörtern nicht beliebig ist, sondern spezifischen (historisch oder anderweitig begründeten) Regeln folgt. Es sind diese Verknüpfungsbedingungen, die die Phraseologismen von freien Syntagmen unterscheiden, d.h. von Wortgruppen, bei denen die Kombination der Einzel-

---

[2] http://www.larousse.fr/dictionnaires/francais, Abruf am 2. September 2014). Satzkonstruktion oder Ausdrucksmittel, das einer Sprache, einer Disziplin, einem gesellschaftlichen Umfeld oder einem Autor eigen ist (Übersetzung W.P./S.R.).
[3] http://www.cnrtl.fr/lexicographie/phras%C3%A9ologie, Abruf am 2. September 2014. Ein phraseologisches Wörterbuch verfolgt das Ziel, die für eine Sprache typischen festen Fügungen zu ermitteln und darzustellen (Übersetzung W.P./S.R.).
[4] Wir verwenden den Terminus *phraseologische Einheit* zur Bezeichnung jeder festen Verbindung von Wörtern (Übersetzung W.P./S.R.).
[5] Abruf am 4. September 2014. In der Phraseologie versteht man unter phraseologischen Einheiten im weiteren Sinn die Redewendung, die phraseologische Fügung und *die Kollokation* (Übersetzung W.P./S.R.)

komponenten allein durch die Aussageintention (und eben nicht durch sprachenspezifische Vorgaben) gesteuert ist. Insofern sind die Kollokationsregeln für die formale (oder „strukturelle") Festigkeit der Phraseologismen verantwortlich. „Festigkeit" ist darüber hinaus auch in einem pragmatischen Sinne zu verstehen, und zwar in der Weise, dass die Phraseologismen den Sprachbenutzern in wiederkehrenden Kommunikationssituationen dienen, wo sie ihm „als abrufbare Einheiten [...] zur Verfügung stehen" (Burger 2010, 28).

8.2 Spezifische Eigenschaften von Phraseologismen

Es lässt sich feststellen, dass beim Vergleich deutschsprachiger Literatur zu Phraseologismusfragen mit Sammlungen in romanischen Sprachen terminologische Unklarheiten zutage treten, die eine Präzisierung des hier zugrunde gelegten Begriffsverständnisses erforderlich machen. Als verhältnismäßig unproblematisch erweist sich dabei der Ausdruck „Phraseologie", der als wissenschaftliche Auseinandersetzung mit den Phraseologismen, aber auch als die Gesamtheit der Phraseologismen eines Fachgebiets verstanden werden kann. Weitaus heikler erscheint die Charakterisierung des „Phraseologismus" selbst, bei dem die Auffassungen in Abhängigkeit von den einzelnen Autoren und Kulturen sehr stark auseinandergehen. Trotz aller Divergenzen ist aber zumindest eine Gemeinsamkeit aller definitorischen Ansätze erkennbar: Phraseologismen werden einvernehmlich als sprachliche Formen beschrieben, in denen verschiedene lexikalische Einheiten zu einer Art „sprachlichem Fertigbaustein" miteinander verwachsen sind. Gemäß diesem gemeinsamen Nenner wird der Ausdruck „Phraseologismus" im weiteren Verlauf nicht allein für verbhaltige Verbindungen reserviert, sondern als Oberbegriff für alle (fach)sprachlichen Erscheinungen verwendet, die mindestens die folgenden Eigenschaften aufweisen:

- Es handelt sich um Mehrwort-Kombinationen, d.h. um sprachliche Formen, zu deren Bildung mindestens zwei lexikalische Einheiten zusammenkommen. (Unterhalb dieser Grenze hat man es mit Termini respektive mit Wörtern zu tun.) Aufgrund ihrer Mehrgliedrigkeit werden Phraseologismen in der Fachliteratur auch als „polylexikalische Einheiten" bezeichnet (Burger ^{4}2010, 31).
- Nach oben ist die Länge der Phraseologismen theoretisch unbegrenzt. Obwohl also keine allgemein konsensfähige Regel für eine Obergrenze aufgestellt werden kann, scheint es aus pragmatischem Blickwinkel sinnvoll, satzwertige Verbindungen oder Verbindungen, die über die Satzlänge hinausgehen (feste Textbausteine beispielsweise oder kurze Standardtexte) aus der Phraseologismen-Debatte auszuklammern und der Syntax- respektive der Textebene zu subsumieren (cf. Punkt 8.3 und Kapitel 9).
- Im Unterschied zu freien Wortkombinationen (Syntagmen) werden Phraseologismen nicht in Abhängigkeit vom Mitteilungsziel nach den grammatikalischen,

syntaktischen etc. Regeln der verwendeten Einzelsprache jeweils neu zusammengesetzt, sondern vom Sprachbenutzer in wiederkehrenden Kommunikationssituationen als vorgefertigte Bausteine abgerufen.
- Dies bedingt unter anderem, dass nicht „jedes Verb [...] mit jedem Terminus phraseologisch verknüpft werden" kann (Picht 1987, 71), aber auch, dass die Kombination der Einzelkomponenten, aus denen die Phraseologismen bestehen, eine gewisse Festigkeit/Stabilität aufweist.

Sind die oben genannten Bedingungen erfüllt, kann demnach von Phraseologismen im weiteren Sinne gesprochen werden. Über diese grundlegenden Merkmale hinaus sind bei einigen Phraseologismen die folgenden Charakteristika zu beobachten:
- Die Bedeutung des phraseologischen Gesamtausdrucks ist nicht aus der Summe der Einzelbedeutungen ableitbar (vgl. Albrecht 2005, 118). Um korrekt interpretierbar zu sein, müssen die Phraseologismen daher zwingend als solche erkannt werden.
- Die Eigenständigkeit des Gesamtausdrucks gegenüber seinen Einzelkomponenten tritt besonders deutlich hervor, wenn der Phraseologismus eine bildliche Komponente aufweist, was gerade bei verbhaltigen Verbindungen häufiger zu beobachten ist. Die in diesem Fall gerne als Idiomatizität bezeichnete Eigenschaft der Phraseologismen verweist im Grunde aber wieder auf den bereits bekannten Merksatz, „dass die Komponenten eine durch die syntaktischen und semantischen Regularitäten der Verknüpfung nicht voll erklärbare Einheit bilden" (Burger [4]2010, 14) und geht insofern nicht wesentlich über den vorgenannten Unterpunkt hinaus.

Aufgrund der spezifischen Kombinationsregeln respektive Restriktionen, denen Phraseologismen unterliegen, erweisen sie sich gerade für Fremdsprachennutzer als Problem. Im Glauben an die Internationalität der fachsprachlichen Ausdrucksmittel werden die aus der Muttersprache bekannten Strukturen nämlich gerne eins zu eins auf die Fremdsprache zu übertragen. „Wortwörtliche" Übersetzungen der einzelnen Bestandteile eines Phraseologismus führen aber oft zu unidiomatischen oder unverständlichen Formulierungen in der Zielsprache. Aus diesem Grund werden die so entstehenden Interferenzen von einigen Fachsprachenforschern als „phraseologische *faux amis*" ausgewiesen (cf. Kapitel 7). Zwei Beispiele aus dem relativ engen Bereich der idiomatischen Phraseologismen, d.h. derjenigen Phraseologismen, bei denen sich die Gesamtbedeutung aus den freien Bedeutungen der Komponenten nicht oder nur partiell ableiten lässt, illustrieren dieses Problem:

Das Verb *accuser* hat im Französischen die Grundbedeutung ‚anklagen'. Ist in einem französischen Wirtschaftsfachtext jedoch der Phraseologismus *accuser un déficit* zu finden, kann diese Bedeutungsmöglichkeit des Verbs von vornherein verworfen werden, denn es wäre unsinnig anzunehmen, dass ein *‚Defizit angeklagt' werden soll. Je nach Kontext ist vielmehr anzunehmen, dass von einer Bilanz, einem

Haushalt o.Ä. die Rede ist, die/der ein „Defizit aufweist". Demgegenüber bedeutet *accuser une différence en moins* in der Bank- und Börsensprache ‚ein Disagio erleiden' und *accuser réception (d'une marchandise/d'une lettre)* in der Handelssprache ‚den Eingang (einer Ware/eines Briefes) bestätigen'. Das Verb *grignoter* bedeutet in der französischen Gemeinsprache ‚knabbern' oder im figürlichen Sinne ‚aufzehren'. Das informelle *grignoter des parts de marché* dagegen, das im Marketingsegment verwendet wird, ist als Gesamtausdruck im Sinne von ‚Marktanteile erobern/hinzugewinnen' zu verstehen. Kennzeichnend für alle diese Beispiele ist, dass Synonyme innerhalb der Wortverbindungen nicht beliebig austauschbar sind. Die Restriktionen bewirken, dass die Verben *incriminer, charger* oder *dénoncer*, die in einsprachigen französischen Wörterbüchern als Synonyme zu *accuser* angegeben werden, innerhalb der Phraseologismen nicht an die Stelle dieses Verbs treten können. Im Fall von *grignoter des parts de marché* verhält es sich genauso.

accuser – anklagen
accuser un déficit – ein Defizit aufweisen
*incriminer / *charger / **dénoncer un déficit*
accuser une différence en moins – ein Disagio erleiden
*incriminer / *charger / **dénoncer une différence en moins* etc.

grignoter – knabbern; fig.: aufzehren
grignoter des parts de marché – Marktanteile erobern/hinzugewinnen
**manger des parts de marché* (vgl. Reinart 2009, 245)

Aber auch bei den nicht verbhaltigen Phraseologismen geht es darum, dass sie in einem Schriftstück/Diskurs als „einzeltextunabhängige Verwendungsformen" (Stolze 1999, 104) erkannt und verstanden oder – sofern sie in eine andere Sprache übertragen werden müssen – gemäß den zielsprachlichen Konventionen übersetzt werden müssen. Dies gilt für situationsgebundene Routineformeln wie die Grußformel bei der Geschäftskorrespondenz ebenso wie für die so genannten Funktionsverbgefüge, d.h. Verbindungen, die aus einem (semantisch meist sehr blassen) Verb mit einer Substantivgruppe bestehen:

Grußformel am Briefende:
dt. *mit freundlichen Grüßen*
fr. *Veuillez agréer, Madame, Monsieur, mes/nos salutations distinguées,*
fr. *Veuillez agréer, Madame, Monsieur, mes/nos meilleures salutations etc.*[6]
it. *distinti* [informeller auch *cordiali*] *saluti*

---

[6] Das Französische kennt zahlreiche Grußformeln, deren Förmlichkeitsgrad in Abhängigkeit vom Bekanntheitsgrad der jeweiligen Partner und neuerdings auch in Abhängigkeit vom Kommunikationsmedium stark variiert. Die Grußformel unter einer E-Mail kann auch in Frankreich etwas weniger förmlich ausfallen als im klassischen Geschäftsbrief, z.B. *Recevez mes/nos sincères salutations*.

pt. *com os melhores cumprimentos*
sp. *(muy) atentamente*

Funktionsverbgefüge:
dt. *in Kraft treten*
fr. *entrer en vigueur*
sp. *entrar en vigencia*
it. *entrare in vigore*
pt. *entrar em vigor*

dt. *zur Anzeige bringen*
fr. *engager des poursuites contre qn/qc*
sp. *formular una denuncia*
pt. *fazer uma denúncia (contra alguém)*

Wie das letzte Beispiel erkennen lässt, sind im Sprachvergleich durchaus Unterschiede zu verzeichnen, denn obwohl in allen Fällen ein „gemeinsprachliches" Verb mit einer Substantivgruppe verbunden ist, die die „eigentliche" fachliche Information trägt, stellt dt. *zur Anzeige bringen* ein stärker prototypisches Beispiel für ein Funktionsverbgefüge dar als die Phraseologismen in den anderen Sprachen. Das deutsche Verb „bringen" ist nämlich ein echtes „Funktions"-Verb mit einem recht unspezifischen Inhalt, dessen „Funktion" im Textzusammenhang sich weitgehend darauf beschränkt, die verbalen Kategorien Person, Numerus, Tempus und Modus zu tragen. Das gilt für das portugiesische *fazer* zwar auch, allerdings wirkt der Ausdruck bei Verwendung des Zusatzes *contra alguém* bereits weniger entpersönlicht als der deutsche Phraseologismus. Das französische *engager des poursuites (contre qn/qc)* und das spanische *formular (una denuncia)* schließlich können nicht als Beispiele für „desemantisierte" Verben gelten.

Der quantitative Schwerpunkt der fachsprachlichen Phraseologismen liegt eindeutig bei den Kollokationen, deren Bedeutung aus den Bestandteilen zwar abgeleitet werden kann, deren konventionalisierte Form aber nicht vorhersehbar ist (z.B. dt. *gegen die Vorschrift/en verstoßen* – fr. *manquer au règlement*). Dagegen enthalten Redewendungen bzw. phraseologische Einheiten, deren Bedeutung nicht aus der Summe ihrer Teile erschlossen werden kann, oft texttypinadäquate wertende Konnotation und kommen daher im technolektalen Register seltener vor. In einem Fachtext wird man zum Beispiel über einen Wissenschaftler, der wegen eines Einwandes gegen einen marginalen Aspekt einer Theorie diese als Ganzes verwirft, nicht schreiben, dass er *das Kind mit dem Bade ausschüttet*. In mündlicher Fachkommunikation, etwa im Rahmen einer Vorlesung, sind solche Formulierungen hingegen durchaus vorstellbar.[7]

Eine Kollokation besteht aus Basis und Kollokator. Die Basis bezeichnet den Gegenstand, um den es geht und der den Ausgangspunkt der Formulierung bildet. Der Kollokator ist das Element, das man für eine idiomatisch korrekte Aussage benötigt. Im Deutschen sind verbale Kollokatoren des Substantivs *Theorie* zum Beispiel *aufstellen*, (*in die Praxis*) *umsetzen*, *verwerfen*. Adjektivische Kollokatoren sind etwa *bewährt* oder *unhaltbar*. Ins Französische ist letztere Kollokation aber nicht mit *intenable* zu übersetzen (das dem Deutschen *un-halt-bar* genau entsprechen würde), sondern mit *insoutenable*. Da Kollokationen bisher vor allem in der Didaktik des Fachübersetzens und in der maschinellen Übersetzung behandelt worden sind, haben die (nicht sehr zahlreichen) Publikationen aus diesem thematischen Bereich meist einen translationswissenschaftlichen Hintergrund (Caro Cedillo 2004; Tabares Plasencia 2014).

8.3 Die fachsprachliche Syntax

8.3.1 Syntaktische Reduktion und syntaktische Universalien

„Nur der Wortschatz ist den Terminologen wichtig. Flexionslehre und Syntax können aus der Gemeinsprache übernommen werden" (Wüster 1974, 640). Mit diesen programmatischen Worten hatte Eugen Wüster seinerzeit das Verhältnis der fachsprachlichen Lexik zu anderen Ebenen der Fachsprache charakterisiert. Aus dieser verschiedentlich bis heute vertretenen Auffassung entwickelten sich in der Folge zwei Grundannahmen, die sich folgendermaßen zusammenfassen lassen:

Die fachsprachliche Lexik sei gegenüber der gemeinsprachlichen Lexik durch Expansion gekennzeichnet, d.h. die Fachsprachen würden sich gegenüber der Gemeinsprache durch einen erweiterten und spezialisierten Wortschatz auszeichnen. Die fachsprachliche Syntax sei demgegenüber im Verhältnis zur gemeinsprachlichen Syntax durch Reduktion markiert, d.h. fachsprachliche Texte würden keine anderen Satzbaupläne verwenden als gemeinsprachliche, sich jedoch auf die Auswahl einiger weniger Muster beschränken.

Diese beiden Kernaussagen sind in der Fachsprachenforschung unter den Schlagwörtern „Expansionsthese" respektive „Reduktionsthese" bekannt. Von Ulijn wurden sie sehr prägnant formuliert:

> ... au niveau *lexical* le registre ST [scientifique et technique] est une particularisation de la LC [langue commune] dans le sens de *l'expansion*. [...] La syntaxe du registre ST n'est pas diffé-

---

[7] Leider ist die mündliche Fachkommunikation bisher ein Stiefkind der Forschung, so dass man nur auf wenige verlässliche Aussagen und Daten zurückgreifen kann.

rente de celle de la LC par nature, elle est seulement plus restreinte, elle est une particularisation de la LC dans le sens d'une *réduction* (Ulijn 1979, 141).[8]

Im Einklang mit dieser Annahme wurden im Sprachvergleich vor allem die syntaktischen Gemeinsamkeiten der Fachsprachen herausgestellt. Viele Forscher meinten, einzelsprachenunabhängige Charakteristika entdeckt zu haben. Diese als „Universalienhypothese" bekannte Annahme besagt, dass die „Sprachen der einzelnen Wissenschafts- und Fachzweige [...] vor allem syntaktische Universalien" aufweisen (Schwanzer 1981, 214). Sprachenübergreifende Gemeinsamkeiten wurden von vielen Autoren explizit postuliert (Phal 1968; Schwanzer 1981); andere gingen implizit von ihnen aus, indem sie Forschungsergebnisse, die anhand einer Einzelsprache ermittelt wurden, generalisierend auf andere Sprachen übertrugen (z.B. Beier 1979, 277 oder Kocourek 1982).

8.3.2 Überprüfung von Reduktions- und Universalienthese

Die Kopplung der Thesen, die „fachsprachliche Syntax sei intralingual gegenüber gemeinsprachlicher Syntax reduziert und interlingual für alle Einzelsprachen universal", die unter anderem in Spillner (1981, 43) einen entschiedenen Gegner fand,[9] führte dazu, dass die Bedeutung syntaktischer Merkmale in der Fachsprachenforschung zunächst unterschätzt wurde. Den Kritikern von Reduktions- und Universalienhypothese gelang allerdings früh der Nachweis, dass die fachsprachliche Syntax mit dem Schlagwort „Reduktion" nur sehr unzureichend beschrieben war. Anhand von naturwissenschaftlichen und mathematischen Texten zeigte Spillner exemplarisch, dass Fachsprachen durchaus auch Satzstrukturen konservieren können, die in der Gemeinsprache nicht geläufig sind. Überdies konnte er in der französischen Rechtssprache Satzkonstruktionen aufzeigen, die in der Alltagssprache nicht bzw. nicht mehr vorkommen (Spillner 1981, 44–45). Die Reduktionsthese war damit in ihrer strikten Form widerlegt. In der spanischen Rechts- und Verwaltungssprache findet sich mit dem *futuro de subjuntivo* sogar ein eigenständiger Modus, der im modernen Spanisch in anderen Domänen nicht mehr als lebendige Kategorie vorkommt (vgl. de Bruyne ²2002, 444). In Artikel 59 Absatz 2 der Spanischen Verfassung findet er gleich mehrfach Anwendung:

> Si el Rey se *inhabilitare* para el ejercicio de su autoridad y la imposibilidad *fuere* reconocida por las Cortes Generales, entrará a ejercer inmediatamente la Regencia el Príncipe heredero de la

---

8 Auf lexikalischer Ebene stellt das wissenschaftlich-technische Register eine Spezifizierung der Gemeinsprache im Sinne einer Expansion dar. [...] Die Syntax des wissenschaftlich-technischen Registers ist von der der Gemeinsprache nicht dem Wesen nach verschieden, sie stellt eine Spezifizierung der Gemeinsprache im Sinne einer Reduktion dar (Übersetzung W.P./S.R.).
9 Zur Kritik vgl. auch Binon/Verlinde (2002, 40).

Corona, si *fuere* mayor de edad. Si no lo *fuere*, se procederá de la manera prevista en el apartado anterior, hasta que el Príncipe heredero alcance la mayoría de edad (Hervorhebungen W.P/S.R).[10]

In mehreren romanischen Sprachen hat sich für Definitionen eine besondere syntaktische Struktur herausgebildet, bei der die Kopula am Satzanfang steht. Diese Konstruktion hebt sich besonders im Französischen von der in Deklarativsätzen üblichen Wortfolge (S–V–O) ab. Der französische Pionier der Literatursoziologie Robert Escarpit etwa erläutert:

> Il est bien entendu que nous ne définissons la littérature par aucun critère qualitatif. [...] *Est* littérature toute œuvre qui n'est pas un outil mais une fin en soi. *Est* littéraire toute lecture non fonctionnelle, c'est-à-dire satisfaisant un besoin culturel non utilitaire (Hervorhebungen W.P./S.R.).[11]

Bei spanischen Erklärungen von Fachwörtern finden wir z.B. in Nachschlagewerken häufig eine analoge Struktur (hier anhand des grammatisch-stilistischen Terminus *epíteto*, das im Deutschen dem *schmückenden Beiwort* bzw. *epitheton ornans* entspricht):

> *Es epíteto todo adjetivo* que, referido a un sustantivo en función atributiva [...] expresa una calificación sin necesidad lógica de expresarla.[12]

> *Es epíteto todo adjetivo* o frase adjetivada que, sin ser necesaria para determinar el sentido de un sustantivo, se añade a él a fin de expresar una cualidad relevante del mismo[13]

> *Es epíteto todo adjetivo* morfológicamente tal que acompaña inmediata o mediatamente a un sustantivo sin intermedio de cópula, para expresar una cualidad propia o accidental del mismo sin necesidad lógica de expresarla[14]

---

10 Offizielle Übersetzung: Ist der König unfähig zur Ausübung seines Amtes und wird das Unvermögen durch die Cortes Generales anerkannt, so übernimmt der Kronprinz, sofern er volljährig ist, unverzüglich die Regentschaft. Ist er noch minderjährig, so wird nach der im vorangehenden Absatz vorgesehenen Art und Weise verfahren, bis der Kronprinz die Volljährigkeit erreicht hat (http://www.verfassungen.eu/es/verf78-index.htm).
11 Es versteht sich von selbst, dass wir Literatur über keinerlei qualitatives Kriterium definieren. Literatur ist jedes Werk, das nicht ein Werkzeug ist, sondern Selbstzweck. Literarisch ist jede nicht zweckhafte Lektüre, also eine, die ein kulturelles, nicht utilitaristisches Bedürfnis erfüllt (Übersetzung W.P./S.R.).
12 Übersetzung: Ein Epitheton ist ein Adjektiv, das sich in attributiver Funktion auf ein Substantiv bezieht und eine Eigenschaft ausdrückt, die unter logischem Gesichtspunkt nicht ausgedrückt werden müsste. Das Original ist zitiert nach der Online-Quelle http://digitum.um.es/xmlui/bitstream/10201/21997/1/04%20Del%20epitheton%20ornans%20al%20epiteto%20expresivo.pdf, Abruf am 5. Januar 2015.
13 Übersetzung: Ein Epitheton ist ein Adjektiv oder ein adjektivisches Element, das zwar nicht notwendig ist, um den Sinn des Substantivs zu bestimmen, aber diesem hinzugefügt wird, um eine wichtige Eigenschaft von ihm auszudrücken. Das Original ist zitiert nach der Online-Quelle http://de.slideshare.net/Rikardohdezz/figuras-de-diccin-12567868, Abruf am 5. Januar 2015.

Aus mathematischen und naturwissenschaftlichen Lehrbüchern kennt man Formulierungen von Aufgaben, bei denen das Verb nicht nur am Anfang eines Hauptsatzes, sondern auch in einem synchron nur für Nebensätze vorgesehenen Modus, dem Konjunktiv (fr. *subjonctif*!) steht:

> fr. *Soient* A et B deux ensembles ...
> it. *Siano* a e b due insiemi ...[15]

In der Mediensprache hat sich der Gebrauch des Konditional für die Mitteilung nicht bestätigter Informationen eingebürgert:

> fr. Le directeur aurait décliné toute responsabilité.[16]

Auf kontrastiver Ebene ist die These der syntaktisch-stilistischen Gemeinsamkeiten fachsprachlicher Ausdrucksmittel anfechtbar. Ganz abgesehen davon, dass eine Reihe grammatischer Kategorien zwischensprachlich nur schwer vergleichbar (oder auch in einer Sprache gar nicht existent) sind, erwiesen sich viele der als „übereinzelsprachlich" titulierten Charakteristika, insbesondere „die Frequenz konkreter sprachlicher Formen für grammatische Kategorien (Person, Tempus, Modus, Genus verbi etc.)" (Spillner 1981, 46) bei näherer Betrachtung als weit weniger „universal" als zunächst angenommen. So ließen sich bei den Personalformen (und Modi) ganz erhebliche (Frequenz-)Unterschiede in den Einzelsprachen und in den einzelnen Fachdisziplinen nachweisen (Spillner 1981, 46–47). Auch in Bezug auf die Tempusverwendung stellte sich heraus, dass bei verallgemeinernden Aussagen Vorsicht geboten ist. Die häufig als Universale genannte Reduktion der Tempusformen auf das Präsens beispielsweise ist in deutschen Fachtexten ausgeprägter als in französischen, wo das synthetische Futurum, dem manche Linguisten schon das baldige Verschwinden prophezeit haben, eine ganz wesentliche Rolle spielt.

Zugunsten der Universalismus-Hypothese kann man auf einer sehr allgemeinen Ebene ins Treffen führen, dass die abendländische Tendenz, Begriffe substantivisch zu kodieren,[17] zu einer gegenüber der Gemeinsprache höheren Dichte von Substantiven führt. Dieses Phänomen ist unter der Bezeichnung *Nominalstil* geläufig. Für mehrere Sprachen ist auch der Nachweis geführt worden, dass die Frequenz der

---

14 Übersetzung: Ein Epitheton ist ein Adjektiv, das in morphologischer Hinsicht mittel- oder unmittelbar und ohne Einsatz einer Kopula ein Substantiv begleitet, um eine inhärente oder akzidentelle Eigenschaft desselben auszudrücken, ohne dass dies logisch erforderlich wäre. Das Original ist zitiert nach der Online-Quelle https://prezi.com/bdi1tvncnywh/figuras-literarias/, Abruf am 5. Januar 2015.
15 Die Konstruktion ist ein Latinismus, der auch in der Kirchensprache konserviert ist (z.B. it. *sia lodato il Signore*).
16 Der Direktor soll jede Verantwortung von sich gewiesen haben (Übersetzung W.P./S.R.).
17 In den antiken Sprachen nimmt das Verb auch in Fachtexten einen weit wichtigeren Rang ein.

Nebensätze in modernen Fachtexten im Vergleich zu älteren abnimmt (z.B. Kaehlbrandt 1989 für die französische Wirtschaftsfachsprache), wogegen die Informationsdichte der Nominalsyntagmen erheblich anwächst; als Instrumente der Kondensation dienen insbesondere Relationsadjektive, substantivische und adjektivische Konfixbildungen und Appositionen. Nebensätze werden oft durch (in die Hauptsätze integrierte) Umstandsbestimmungen ersetzt, so dass die Häufigkeit von Konjunktionen zurückgeht und jene von Präpositionen[18] ansteigt (vgl. z.B.: *weil es regnet* → *wegen des Regens*; *wenn es regnet* → *bei Regen*; *obwohl es regnet* → *trotz Regens* etc.).

Diese Erscheinungen sind jedoch bisher nur an ausgewählten Textsorten und in einzelnen Sprachen untersucht worden, so dass man mit Verallgemeinerungen vorsichtig sein muss, auch wenn manche Entwicklungen übereinstimmend in eine bestimmte Richtung zu zeigen scheinen.

8.3.3 Einzelsprachliche Charakteristika fachsprachlicher Syntax

Zusammenfassend lässt sich feststellen, dass sowohl die Universalienhypothese als auch die Reduktionsthese in der apodiktischen Form, in der sie meist vorgetragen wurden, falsifiziert werden konnten. Dabei sind die Grundaussagen, die in ihnen getroffen werden, im Kern durchaus korrekt: Tatsächlich weist die fachsprachliche Syntax vor allem „quantitative Besonderheiten" (Roelcke ³2010, 86) im Sinne fachsprachenspezifischer syntaktischer Frequenzen auf. In fachsprachlichen Texten wird eine Vielzahl von Satzbauplänen verwendet, die der jeweiligen Gemeinsprache entstammen, in der Fachsprache aber mit einer besonderen Häufigkeit zum Einsatz kommen. Als Schwächen der Thesen und ihres übereinzelsprachlichen Geltungsanspruchs erweisen sich jedoch die folgenden beiden Punkte:
- Erstens verdeckt die Formulierung in Form von Allaussagen die durchaus existierenden (wenngleich kleinen) Nischen „rein" fachsprachlicher Syntax.
- Zweitens und vor allem wird bei der Postulierung von Universalien unzureichend bedacht, dass sowohl die spezifischen Frequenzen als auch die eigenständigen fachsprachlichen Muster im Kontrast zu den jeweiligen Gemeinsprachen gesehen werden müssen, mit denen sie verglichen werden, also der französischen, spanischen, italienischen usw. Gemeinsprache.

Dies ist der Grund dafür, dass sich syntaktische (wie andere) Universalien nur auf einer relativ abstrakten Ebene feststellen lassen. Selbst wenn in der Fachsprache

---

[18] Neben einfachen Präpositionen kommen oft komplexe Präpositionen (*aufgrund, anhand* ...) oder präpositionsartige Wortverbindungen (*in Bezug auf, in Anbetracht* ...) zum Einsatz (Bezeichnungen nach der Duden-Grammatik 2009, 600). Im Französischen spricht man von *locutions prépositives* (*au lieu de, face à, faute de* ...).

eine „syntaktisch-morphologische Selektion" aus dem Repertoire der Gemeinsprache erfolgt (Hoffmann 1998, 416) – und sogar dann, wenn sich die Spezifik der Fachsprache *allein* auf die Selektion beschränkt und keinerlei eigenständige Muster gebildet werden –, fällt die Wahl schließlich nicht in allen Einzelsprachen automatisch auf dieselben Satzbaupläne. Die „spezifischen Frequenzen" sind also nicht notwendig über die Sprachgrenzen hinweg dieselben. Gleiches lässt sich in Bezug auf die häufig zitierte Tendenz zur Anonymisierung, d.h. zur Eliminierung des Handlungsträgers, sagen. Auch sie ist zweifelsfrei in vielen Fachsprachen zu beobachten. Wie die Anonymisierung jedoch jeweils realisiert wird, ob sie also beispielsweise durch die Verwendung von Passivkonstruktionen, durch die Benutzung eines verallgemeinernden Präsens oder durch die Ersetzung der Personalform durch „Man"- oder „Es"-Konstruktionen erfolgt, hängt von den Einzelsprachen und der jeweiligen Textsorte ab. Jeder Fachübersetzer wird bestätigen, dass es eher die Ausnahme darstellt als die Regel, wenn Versprachlichungsmuster und Satzbaupläne einander einzelsprachenübergreifend entsprechen. Zurückhaltendere Formulierungen zur fachsprachlichen Syntax sind deshalb von Nutzen, weil sie den Blick auf die konvergierenden wie divergierenden Muster gleichermaßen schärfen.

Aufgaben

1. Vergleichen Sie die Einträge zu den Stichwörtern *Phraseologie/Phraseologismus* in gemeinsprachlichen einsprachigen Wörterbüchern und in Fachwörterbüchern romanischer Sprachen mit den Definitionen in deutschen Pendants.
2. Der Begriff der „Festigkeit", der oft als definitorisches Kriterium von Phraseologismen genannt wird, erscheint seinerseits definitionsbedürftig. Lesen Sie zu Definition und Problematik des Begriffs die Seiten 15–29 bei Burger (⁶2010) und finden Sie jeweils (fremdsprachige) fachsprachliche Beispiele für die von ihm genannten Unterkategorien wie strukturelle und pragmatische Festigkeit.
3. In Anlehnung an Wotjak (1987, 128–129) schreibt Albrecht, dass im Bereich der Phraseologismen „die Pragmatik längst zu Semantik ‚eingefroren'" sei (Albrecht 2004, 6). Lesen Sie den vollständigen Artikel von Albrecht und kommentieren Sie dieses Urteil.
4. Notieren Sie sich alle Funktionsverbgefüge, die Ihnen bei der Lektüre von Fachliteratur begegnet. Eruieren Sie die Entsprechungen in anderen Sprachen.
5. Lesen Sie Kapitel 4.1 bis 4.3 in Caro Cedillo (2004, 60–88) und beantworten Sie folgende Fragen: a) Von wem wurde die Kollokation als sprachwissenschaftliches Konzept zum ersten Mal vorgeschlagen und verwendet? b) In welcher Weise hat sich die Bedeutung des Konzepts im deutschsprachigen Raum verengt? c) Wie kann man begründen, dass Kollokationen als Übersetzungseinheiten zu betrachten sind? d) Welche sprachwissenschaftlichen Beschreibungsebenen unterscheidet Caro Cedillo bei der Charakterisierung fachsprachlicher Kollokatio-

nen? e) Fassen Sie Caro Cedillos wichtigste Erkenntnisse bezüglich der Merkmale fachsprachlicher Kollokationen zusammen.
6. Binon/Verlinde (2002) setzen sich kritisch mit Reduktions- und Expansionsthese auseinander. Wie muss eine sachgerechte Lexikographie ihrer Meinung nach aussehen?
7. Welche komplexen Präpositionen/präpositionsartigen Wortverbindungen stehen in Ihrer romanischen Sprache zur Verfügung und wie werden diese Elemente in den Grammatiken bezeichnet?
8. 2011 wurde die Norm DIN 2342 durch eine neue Fassung ersetzt. Dort wird die „Fachwendung" definiert als „Gruppe von syntaktisch zusammenhängenden Wörtern, die eine nicht aus der Summe der Einzelbedeutungen der Wörter bestehende fachliche Gesamtbedeutung hat oder die als formelhaft oder stereotyp angesehen wird." Vergleichen Sie die definitorischen Ansätze von 1992 und 2011 und überlegen Sie, welchem Umstand die Neuerungen geschuldet sein könnten.

9 Text

9.1 Was ist ein Text?

Das bereits mehrfach besprochene Problem der Unterscheidung zwischen Gemeinsprache und Fachsprache stellt sich erwartungsgemäß auch auf Ebene der Texte. Es erweist sich nicht als sinnvoll, eine klare Grenze zwischen gemeinsprachlichen und fachsprachlichen Texten einziehen zu wollen. Das unter 4.2.2.3 dargestellte bipolare Modell eines skalaren Kontinuums mit wenig bis stark fach(sprach-)lich geprägten Texten empfiehlt sich auch hier.

Überhaupt hat die Frage, was einen Text ausmacht, in der Sprachwissenschaft noch keine lange Tradition. Die ersten Gehversuche der Textlinguistik setzten sich verständlicherweise mit den Möglichkeiten auseinander, wie Sätze – die bis dahin größte linguistische Analyse-Einheit – miteinander zu Texten verknüpft werden. In dieser Phase der Forschung wurden Begriffe wie *transphrastisch*, *Thema-Rhema*, *anaphorisch/kataphorisch* in das Vokabular der Grammatik integriert.

Ein früher Versuch zu bestimmen, durch welche Merkmale sich ein Text auszeichnet, stammt von Robert-Alain de Beaugrande und Wolfgang U. Dressler (1981). In ihrer *Einführung in die Textlinguistik*, die zum Standardwerk geworden ist, listeten sie sieben Kriterien auf, die für sie erfüllt sein mussten, damit man von einem Text sprechen kann. Heute wird die Verbindlichkeit dieser Faktoren etwas relativiert. Im Einzelnen handelt es sich um folgende Charakteristika:

- Textkohärenz: Texte sind generell durch einen inhaltlichen Zusammenhang gekennzeichnet. Ob ein Text als kohärent empfunden wird, hängt freilich unter Umständen vom allgemeinen Weltwissen oder auch vom speziellen Vorwissen der Kommunikationspartner ab. Bei Fachtexten werden vielfach spezifische Kenntnisse der Rezipienten vorausgesetzt, über die ein Laie nicht notwendig verfügt, so dass Texte unter Umständen nur in den Augen eines „eingeweihten" Publikums kohärent sind. Erscheint das Kohärenzprinzip auch in der innerfachlichen Kommunikation nicht gegeben, so wird dies als Defekt gewertet. In einem literarischen Text dagegen kann ein Autor bewusst gegen das Kohärenzprinzip verstoßen – zum Beispiel, um die chaotischen Bewusstseinsinhalte einer Figur darzustellen.
- Textkohäsion: Sachverhalte verlangen nach einer grammatisch mehr oder weniger korrekten Darstellung. Für einen in einer wissenschaftlichen Zeitschrift veröffentlichten Artikel gilt diese Forderung ohne Abstriche, in mündlicher Fachkommunikation kann gegen dieses Prinzip eher verstoßen werden, ohne dass die Kohärenz darunter leidet. Wenn die Arbeitsabläufe eingespielt sind, müssen keine vollständigen Sätze formuliert und miteinander verbunden werden. Die Zahnärztin nennt ihrer Assistentin nur die Namen der Geräte und Substanzen, die sie während der Arbeit am Patienten benötigt.

- Intentionalität: Sowohl mündliche als auch schriftliche Texte werden mit einer bestimmten Absicht produziert. Von dieser Regel gibt es wahrscheinlich kaum Ausnahmen.
- Akzeptabilität: Der Rezipient muss eine sprachliche Äußerung in der betreffenden Situation dekodieren können, gegebenenfalls unter Rückgriff auf eigene Inferenzstrategien. Während die Intentionalität die Seite des Textproduzenten betrifft, bezieht sich die Akzeptabilität also auf den Adressaten.
- Informativität: Die Forderung, dass ein Text „informativ" sein soll, ist nur beschränkt belastbar, wenn sie stricto sensu verstanden wird. Viele Kommunikationsakte des Alltags vermitteln keine Information, sondern dienen z.B. sozialen Konventionen (Gruß- und Verabschiedungsformeln, phatische Kommunikation). Fachtexte hingegen transportieren grundsätzlich Information.
- Situationalität: Viele Äußerungen sind nur in einer bestimmten Situation sinnvoll interpretierbar. Ein Schild mit der Aufschrift „Betreten verboten – Eltern haften für ihre Kinder" ist ein Hinweis, der in Bezug zu einer Baustelle gedeutet werden kann, in einem Hotelzimmer jedoch keinen Sinn ergeben würde. Von Fachtexten wird oft verlangt, dass sie kontextfrei verständlich sein müssen.
- Intertextualität: Texte haben Vorbilder. Wer ein Gerichtsurteil formuliert, ein Kochrezept weitergibt, ein Abstract verfasst, kennt Muster und orientiert sich an diesen. Bei vielen Fachtexten sind die Vorgaben in Bezug auf die Struktur und bestimmte Formulierungen oft besonders verbindlich.

9.2 Funktionen von Texten

Das sehr allgemeine und intuitiv wohl immer schon supponierte Kriterium der Intentionalität von Texten wurde in der Forschung auf verschiedene Weise ausdifferenziert. Es ist einleuchtend, dass Texte mit sehr unterschiedlichen Absichten produziert werden. In diesem Abschnitt werden exemplarisch drei Ansätze vorgestellt.

Der berühmte Sprachpsychologe Karl Bühler (1879–1963) setzte sich in den dreißiger Jahren des letzten Jahrhunderts mit den Funktionen von sprachlichen Äußerungen (er spricht noch nicht explizit von Texten) auseinander. In einem überaus wirkungsmächtigen Werk mit dem programmatischen Titel *Sprachtheorie* (1934) entwickelte er das so genannte Organon-Modell, dem die Vorstellung von der Sprache als Werkzeug zugrunde liegt und das die zentralen Leistungen der menschlichen Sprache deutlich macht. Entsprechend den Komponenten des Sprechakts *Sender – Empfänger – Mitteilung* unterscheidet er die Funktionen *Ausdruck – Appell – Darstellung*. In konkreten Texten sind diese drei Funktionen unterschiedlich gewichtet. Ein stark senderzentrierter Text ist etwa ein romantisches Naturgedicht, in dem ein *Ich*, also der Sender, die Auswirkungen eines Naturerlebnisses auf seine Gefühlslage zum Ausdruck bringt. Ein typischer Werbetext (womit auch ein Fernsehspot gemeint sein kann) sendet vor allem einen Appell an ein *Du*, d.h. an einen

Hörer oder Leser. Im Großteil der Texte geht es jedoch hauptsächlich um die Vermittlung von Sachverhalten (über die in der *3. Person* gesprochen wird). In Fachtexten dominiert meist die Darstellungsfunktion, während die anderen beiden Funktionen im Allgemeinen vergleichsweise schwach ausgeprägt sind. Da Texte jedoch als kommunikative Akte zu interpretieren sind, ist im Regelfall keine der drei Hauptfunktionen vollkommen ausgeblendet.

Das Organon-Modell bildet die Grundlage für eine Einteilung der Texte, die aus übersetzungsdidaktischer Perspektive konzipiert wurde und bis heute zum festen Bestand translationswissenschaftlichen Basiswissens gehört. Ausgehend von den drei Grundfunktionen Bühlers entwickelte Katharina Reiß (1971) ihre so genannte translationsrelevante Texttypologie.

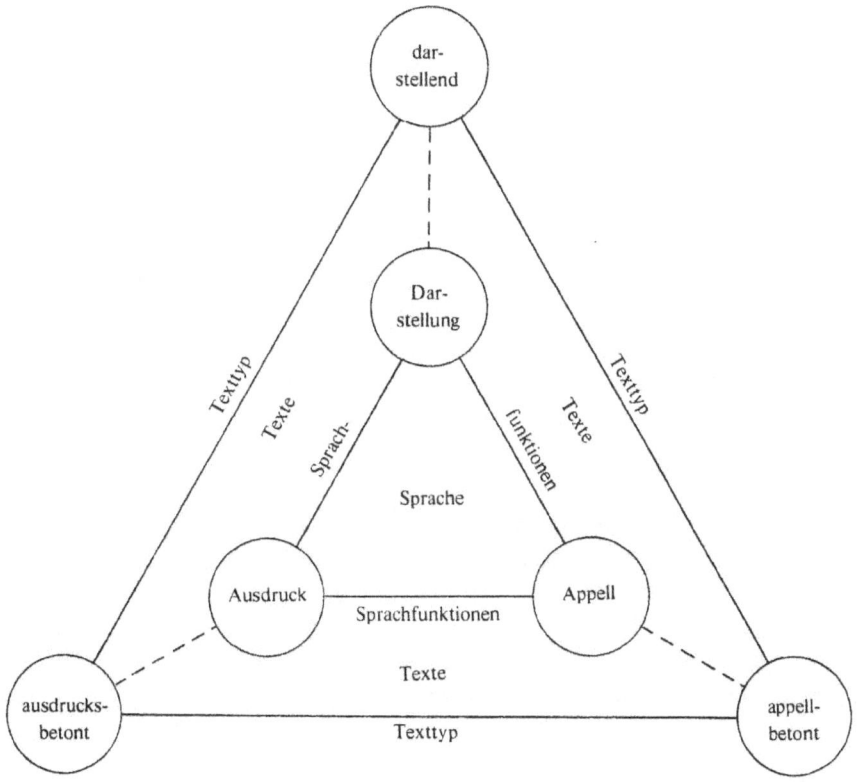

Abb. 1: Texttyp und Sprachfunktionen (Reiß 1976, 11)

Sie unterscheidet drei Kategorien, nämlich a) den ausdrucks- bzw. formorientierten oder expressiven, b) den appellorientierten oder operativen sowie c) den darstellungs- bzw. inhaltsbetonten Texttyp.[1] An der in einem konkreten Text vorherrschenden Funktion habe sich die Übersetzungsstrategie auszurichten, was bedeutet, dass bei formbetonten Texten den ästhetischen Qualitäten der Vorlage Rechnung zu tragen sei (cf. Reiß 1971, 38), dass es bei operativen Texten vor allem auf die Reproduktion des Appells (gegebenenfalls mit ganz anderen sprachlichen oder bildlichen Mitteln) ankomme (cf. Reiß 1971, 47) und bei inhaltsbetonten Texten primär auf die Erhaltung des Informationsgehalts zu achten sei. Dieses Modell lässt sich sehr einfach anhand eines Dreiecks darstellen und, unabhängig von seinem translationswissenschaftlichen Entstehungskontext, auf die Gewichtung von Funktionen in Texten generell anwenden. Es ist allerdings, namentlich von sprachwissenschaftlicher Seite, insofern missverstanden worden, als ob jeder Text eindeutig und ausschließlich einem der drei Texttypen zuzuordnen sein müsse und folglich seinen Platz an einem der drei Eckpunkte des Dreiecks habe. Viel plausibler und erklärungsmächtiger ist das Modell jedoch, wenn die Fläche des Dreiecks als Feld betrachtet wird, auf dem jeder Text entsprechend dem Mischungsverhältnis der in ihm enthaltenen Funktionen an der ihm zukommenden Stelle positioniert werden kann. Werbungen für technische Produkte (etwa Autos) beispielsweise können selten auf die rein appellative Funktion reduziert werden, weil sie viel technische Information und oft auch formbetonte/ästhetische Elemente wie Wortspiele enthalten.

Eine andere Typologie schlägt Klaus Brinker (^{6}2005, 113ff.) in seinem Buch *Linguistische Textanalyse* vor, wobei er konsequent die kommunikative Funktion der Texte zugrunde legt und als Grundmuster jedes Typs einen abstrahierten Sprechakt angibt. Er unterscheidet fünf verschiedene Funktionen: Informationsfunktion, Appellfunktion, Obligationsfunktion, Kontaktfunktion und Deklarationsfunktion. Der Informationsfunktion entspricht der Sprechakt: *Ich informiere dich über den Sachverhalt X*. Texte mit Obligationsfunktion funktionieren nach dem Muster: *Ich verpflichte mich, die Handlung X zu tun*. Brinker gibt auch für jede der von ihm aufgezählten Funktionen bestimmte Arten von Texten an, räumt aber ein, dass die meisten Texte nicht auf eine einzige Funktion reduziert werden können. Eine Rezension ist demnach zwar ein Beispiel für einen Text mit Informationsfunktion, aber der Appell des Senders (in der Terminologie Brinkers: des Emittenten) ist implizit verbunden mit der Aufforderung, die Wertung zu übernehmen.

---

[1] In Bezug auf die erste Kategorie (ausdrucksorientierte Texte) ist mehrfach gesagt worden, dass sie auf einem Missverständnis beruhe, weil Reiß die „Kundgabe" Bühlers fehlinterpretiert habe (etwa Coseriu 1981, 54). Ihr Modell ist jedoch in sich konsistent, so dass man von einem produktiven Missverständnis sprechen könnte.

9.3 Textsorten

Die Textualitätskriterien in de Beaugrande/Dressler sowie die Texttypen bei Katharina Reiß und die Brinkerschen Textfunktionen sind als universell zu verstehen. Wie sich diese Faktoren jeweils in konkreten Texten manifestieren, ist aber zunächst im einzelsprachlichen Rahmen zu untersuchen. Denn sowohl aus methodischen Gründen als auch aus praktischer Erfahrung ist zu bedenken, dass jede Sprach- bzw. Kulturgemeinschaft eigene Diskurstraditionen für bestimmte Kommunikationsabsichten herausbildet. Dass sich diese Traditionen im Lauf der Geschichte aus funktionellen Gründen oder aufgrund von Kulturkontakt ändern können, steht außer Frage. Bei einer Textsorte wie dem Lebenslauf hat sich die Form medial bedingt gewandelt (vom handgeschriebenen und ausformulierten Text zur digitalen und tabellarischen Version). In vielen Bereichen ist seit einigen Jahrzehnten auf europäischer Ebene ein starker Konvergenzdruck durch verordnete Normierung zu beobachten (z.B. bei Medikamenten-Packungsbeilagen). Im medizinisch-naturwissenschaftlichen Publikationswesen ist die Globalisierung nach anglophonen Mustern unübersehbar.

Statt von Diskurstraditionen spricht man nicht nur im Alltag, sondern auch in der Linguistik meist von *Textsorten* bzw. *Textsortenkonventionen*. Bezüglich der Terminologie ist übrigens darauf hinzuweisen, dass sich die Unterscheidung zwischen *Texttyp* und *Textsorte* außerhalb des Deutschen nicht eingebürgert hat. Im Englischen wird generell von *text type* gesprochen, im Französischen von *type de texte* oder, seltener, von *classe de texte*. In beiden Fällen wird im Allgemeinen darunter das verstanden, was wir als Textsorte bezeichnen. In einem sprachwissenschaftlichen Sachwörterbuch wird *Textsorte* definiert als

> Gruppe von Texten mit gleichen situativen und meist auch sprachlich-strukturellen Merkmalen [...]. Soweit der Terminus T[extsorte] nicht undifferenziert für verschiedene Arten von Textklassen verwendet wird, bezieht man ihn [...] auf die detaillierteren Handlungsmuster der Alltagssprache und der Fachsprachen, wie sie sich sprach- und kulturspezifisch für wiederkehrende kommunikative Zwecke [...] herausgebildet haben (Bußmann ⁴2008, s.v.).

Jedes Mitglied einer Sprachgemeinschaft lernt im Zug der Sozialisation eine Reihe von Textsorten zu identifizieren und auch selber Texte gemäß den textsortenüblichen Mustern zu produzieren. Laut Dimter (1981) sind im Duden Hunderte von Bezeichnungen für geläufige Textsorten enthalten, bei Berücksichtigung der fachsprachlichen Textsorten kommt man auf eine vierstellige Zahl.

Die Muster, nach denen Texte einer bestimmten Textsorte formuliert werden, heißen Textsortenkonventionen. Wetterberichte im Rundfunk, Mietverträge für Wohnungen, Artikel in einer Enzyklopädie etc. unterliegen ganz bestimmten in der jeweiligen Kommunikationsgemeinschaft gültigen Formulierungstraditionen bzw. -normen. Die Formulierungskonventionen sind keine arbiträren Schikanen, sondern höchst funktionelle Mittel zur Erleichterung und Beschleunigung der Kommunikation, weil sie „das Textverstehen in feste, vorgeformte Bahnen lenken, den erfolgreichen Verlauf der Kommunikation fördern, sie rationalisieren und erleichtern" (Göpferich 1998b, 62). Wird bewusst oder auch irrtümlich gegen sie verstoßen, so verschiebt sich beim Leser oder Hörer unwillkürlich die Aufmerksamkeit von der Inhalts- auf die Ausdrucksebene. Die verfremdende Verwendung von textsortentypischen Formulierungen ist ein beliebtes und oft angewendetes Stilmittel.

Die Steuerung der Rezeption erfolgt bei manchen Textsorten auch dadurch, dass konstitutive Textteile in einer festgelegten Reihenfolge angeordnet werden. In medizinischen und naturwissenschaftlichen Fachzeitschriften wird häufig für die Artikel eine ganz bestimmte Abfolge der Textbausteine vorgeschrieben (z.B. Abstract, Einleitung, Ergebnisse, Diskussion, Schlussfolgerungen, Literatur). Die an internationaler Wahrnehmung interessierten Mitglieder der *scientific community* halten sich an die Vorgaben, auch wenn sie selbst in der Ausbildung noch andere Regeln gelernt haben. Bei weniger auf weltweite Kommunikation und Rezeption angelegten Textsorten sind einzelsprachliche Konventionen gewöhnlich widerständiger. Daher ist jedes Studium einer Fremdsprache und der mit ihr verknüpften Kultur(en) auch mit dem Lernen anderer Textsortenkonventionen verbunden.

Analysen von Textsorten erleben seit den neunziger Jahren des letzten Jahrhunderts einen regelrechten Boom.[2] Es werden einzelsprachliche und sprachvergleichende, synchrone und diachrone Studien zu den unterschiedlichsten Textsorten angestellt. Im Zuge solcher Untersuchungen hat sich allerdings bald herausgestellt, dass methodische Vorsicht geboten ist. Die diachrone Stabilität des Namens einer Textsorte ist keine Garantie, dass auch die Funktion über lange Zeit hinweg die gleiche bleibt. Neu hinzukommende oder absterbende Textsorten können das Textsortengefüge in einem Diskursfeld nachhaltig verändern. Bei sprachvergleichenden Ansätzen wird oft über der Tatsache, dass eine eindeutige und unproblematische Entsprechung für den Namen einer Textsorte in einer anderen Sprache zu existieren scheint, übersehen, dass das Textsortenpaar in den miteinander verglichenen Kulturen unter Umständen nicht genau dieselben Aufgaben erfüllt. Daher hat Kerstin Adamzik (2001) für die Erstellung von Textsortennetzen plädiert, an denen die Stellung einer bestimmten Textsorte im Kontext eines Diskurssystems ablesbar ist. Adamzik selbst hat für das Feld, in dem sie beruflich tätig ist, ein solches Netz entworfen (cf. Abb. 2) und in dem Band, in dem dieses auf das Deutsche bezogene Schema enthalten ist, deutsche und französische Textsorten, die im Rahmen der Hochschulausbildung eine Rolle spielen (Einführungswerke, Studienbibliographien, Fachwörterbücher der Linguistik) miteinander verglichen.

---

[2] Seit 2000 gibt es im Stauffenburg-Verlag eine eigene Publikationsreihe mit dem Titel *Textsorten*.

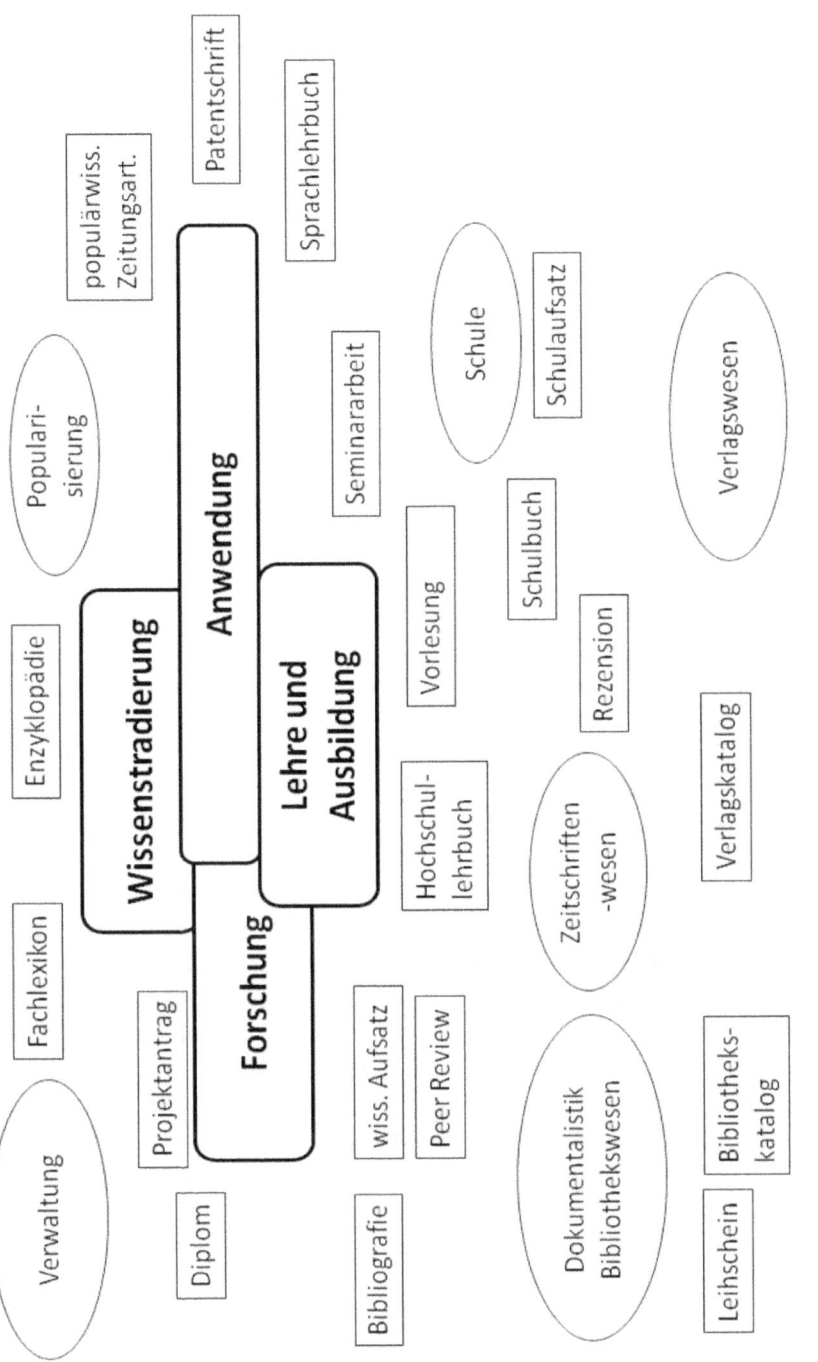

Abb. 2: Diskurssystem Wissenschaft und inferierende Diskurssysteme (Adamzik 2001, 45)

9.4 Kontrastive Textologie

Vergleichen ist nicht nur ein zutiefst menschliches Bedürfnis, es ist zudem eine äußerst erkenntnisfördernde Tätigkeit. Diese Beobachtung trifft auch auf die Beschäftigung mit Textsorten zu.

Im deutschen Sprachraum sind um 1980 erste Aufsätze zu Unterschieden in der sprachlichen und strukturellen Gestaltung im Deutschen und in romanischen Sprachen erschienen. Als Wegbereiter ist hier vor allem Bernd Spillner (z.B. 1983) zu nennen. Zeitgleich bzw. bald danach kamen auch Anstöße von außen. Der in Großbritannien wirkende Sprachwissenschaftler österreichischer Herkunft Reinhard R.K. Hartmann veröffentlichte 1980 ein Werk mit dem Titel *Contrastive Textology*, in dem zwar nur Formulierungsmuster und Textsortenstile, nicht Textsorten als solche einander gegenübergestellt wurden, das jedoch solche Initiativen anregte. Der australische Germanist Michael Clyne (1987; 1991) legte mit seiner linguistischen Analyse deutscher und englischer Fachaufsätze eine Musterpublikation vor, auf die sich viele spätere Studien explizit bezogen. Aus kulturkontrastiver Sicht geschrieben ist der zwar etwas impressionistisch anmutende, aber auf vielen persönlichen Erfahrungen beruhende Essay über die Geographie der intellektuellen Stile des Friedensforschers und Soziologen Johan Galtung (1981; dt. 1983).

Um die Jahrtausendwende erschienen mehrere Sammelbände mit kontrastiven Untersuchungen zu Fachtextsorten, zumeist mit starker romanistischer Beteiligung: Eckkrammer/Hödl/Pöckl (1999), Adamzik (2001), Fix/Habscheid/Klein (2001), Drescher (2002), Aschenberg/Wilhelm (2003). Die Translationswissenschaft steuerte textsortenübergreifende Arbeiten bei, zunächst aus didaktischer Perspektive (Stolze 1999, Horn-Helf 2007), bald aber auch in Form wissenschaftlicher Monographien (Reinart ²2014). Die Eignung und Attraktivität textsortenbezogener kontrastiver Analysen für Qualifikationsschriften (Diplom- oder Masterarbeiten sowie Dissertationen) wird durch einschlägige Bibliographien eindrücklich dokumentiert.

Untersuchungen dieser Art sind nicht ausschließlich der Grundlagenforschung zuzurechnen; sie haben oft auch einen recht praktischen Erkenntniswert. Das Studium von Textsorten, die durch die Öffnung des Arbeitsmarkts der Europäischen Union häufiger als früher nachgefragt wurden, brachte zutage, dass nicht alle ausländischen Arbeitsuchenden Dokumente vorweisen können, die in deutschen und österreichischen Personalbüros für eine Einstellung gefordert werden, weil es sie schlicht nicht gibt. Konkret gilt das für den Staatsbürgerschaftsnachweis, der in Frankreich unbekannt ist (Eckkrammer 2002, 18f.). Hier liegt also ein eindeutiger Fall von Eins-zu-Null-Entsprechung vor.

Auch das Arbeitszeugnis ist eine interkulturell kommentarbedürftige Textsorte. Was in Deutschland und in Österreich darunter verstanden wird (cf. Stolze 1999, 138f.), können französische Aspiranten nicht in ihre Bewerbungsmappe legen, da ein *certificat de travail* nur die Beschäftigungsdauer im Betrieb bestätigt und keinerlei wertende Passagen enthält (diese Problematik wird aus der Sicht der Translationspraxis ausführlich erörtert in Reinart ²2014, 337–347).

Erwartungsgemäß lassen sich Unterschiede in Fachtexten in den verschiedensten Bereichen beobachten. Eine umfangreiche Liste von Phänomenen „visueller Kulturspezifik" findet sich bei Reinart (²2014, 79–118). Im Fall von Angleichung nationaler Traditionen, wie sie in Texten der EU angestrebt werden, können unterschiedliche Konventionen nicht nur eine Quelle von Missverständnissen, sondern auch von Konflikten werden. Die Vereinheitlichung der Schreibung von Zahlen mit Leerzeichen nach der Tausenderstelle und Komma vor den Dezimalen (also beispielsweise 23 095,43) löste Proteste bei den anglophonen Übersetzern aus.

Fachtexte enthalten oft feste Formeln, die gewissermaßen als Fertigteile fungieren. Wenn es sich um „internationale" Textteile handelt, sind sie trotzdem nicht immer formal analog konstruiert, auch wenn die Sprachstruktur dies zuließe. Das Inkrafttreten von EU-Rechtsvorschriften wird durch einen Satz angekündigt, der im Deutschen und in allen romanischen Sprachen im Präsens steht, lediglich das Spanische macht hier eine Ausnahme und setzt das Futurum:

dt. Diese Verordnung tritt am Tag ihrer Veröffentlichung im Amtsblatt der Europäischen Union in Kraft.
fr. Le présent règlement entre en vigueur le jour de sa publication au Journal officiel de l'Union européenne.
sp. El presente Reglamento entrará en vigor el día de su publicación en el Diario Oficial de la Unión Europea.
it. Il presente regolamento entra in vigore il giorno della pubblicazione nella Gazzetta ufficiale dell'Unione europea.
pt. O presente regulamento entra em vigor na data da sua publicação no Jornal Oficial da União Europeia.

In manchen mehrsprachigen Regionen und Ländern werden Gesetze, Dekrete, Verordnungen etc. synoptisch zwei- oder dreisprachig veröffentlicht. Diese Praxis kann Schwierigkeiten verursachen, wenn die syntaktischen Strukturen der beteiligten Sprachen größere Unterschiede aufweisen. In den katalanophonen Regionen Spaniens gibt es diesbezüglich keine Probleme, da Spanisch (Kastilisch) und Katalanisch bzw. Valencianisch einander strukturell sehr ähnlich sind. Anders in der Provinz Südtirol (Alto Adige), wo solche Texte parallel auf Italienisch und Deutsch publik gemacht werden müssen. Man stand dort lange vor der Wahl, entweder der Parallelität der zentralen Satzglieder oder den Regeln der deutschen Syntax den Vorzug zu geben. Nach Jahren schwankenden Gebrauchs fiel die Entscheidung zugunsten der zweiten Lösung. Bei der Verlautbarung von Dekreten wird im Italienischen nämlich das aus der französischen Rechtsprechung übernommene Ein-Satz-Prinzip (cf. Krefeld 1985)³ angewendet, wonach die verfügende Instanz – hier das Staatsoberhaupt – im Nominativ und am Satzanfang steht, gefolgt von einer Anzahl stereotyp mit *visto/considerato/sentito* eingeleiteter Umstandsbestimmungen, die die Verweise auf die rechtlichen Grundlagen enthalten; das Verbum drückt die Art der Verfügung aus, das direkte Objekt benennt die Textsorte (hier: *decreto*). Im Deutschen können die Umstandsbestimmungen nicht zwischen Subjekt und Prädikat geschoben werden; an der Satzspitze aber lösen sie durch die Regel, dass das Verb im Hauptsatz an der zweiten Stelle steht, eine Inversion aus, wodurch das Agens an die dritte Stelle rückt und der synoptische Text⁴ recht asymmetrisch wird.

IL PRESIDENTE DELLA REPUBBLICA	
Visto l'articolo 87, quinto comma, della Costituzione;	Aufgrund des Art. 87 Abs. 5 der Verfassung;
Visto il decreto del Presidente della Repubblica 31 agosto 1972, n. 670, che [...];	Aufgrund des Dekretes des Präsidenten der Republik vom 31. August 1972, Nr. 670, mit dem [...];
Sentita la Commissione paritetica per le norme di attuazione dello Statuto [...];	Nach Anhören der paritätischen Kommission für die Durchführungsbestimmungen zum Statut [...];
Vista la deliberazione del Consiglio dei Ministri [...];	Aufgrund des [...] gefassten Beschlusses des Ministerrates [...];
Sulla proposta del Presidente del Consiglio dei Ministri e del Ministro per gli affari regionali e le autonomie locali [...];	Auf Vorschlag des Präsidenten des Ministerrates und des Ministers für regionale Angelegenheiten und Lokalautonomien [...];
emana	**erlässt**
	DER PRÄSIDENT DER REPUBLIK
il seguente decreto legislativo:	nachstehendes gesetzesvertretende Dekret:

Die Konstellationen, an denen sich interessante kontrastive Beobachtungen machen lassen, sind beliebig vermehrbar. Hier wurden nur einige Fälle exemplarisch vorgeführt. Durch die zahlreichen Studien zu den unterschiedlichsten Textsorten hat die Sensibilität für zwischensprachliche und interkulturelle Differenzen in letzter Zeit sowohl in der Praxis (z.B. der Arbeitswelt) als auch im Bereich der Forschung erheblich zugenommen. Andererseits steht jedoch außer Zweifel, dass gerade im Bereich der Fachkommunikation auf viele Textsorten zumindest innerhalb Europas ein starker Konvergenzdruck wirkt und sich in den einzelnen Kulturen fest verankerte Diskurstraditionen auf ein gemeinsames Modell hin bewegen.

---

3 Dieses Prinzip ist historisch zurückzuführen auf die Spruchpraxis der Revolutionszeit, in der knapp formulierte Urteile das Ideal waren. Mit der Zeit sind aber die Urteile immer länger geworden, so dass man sie streng formalisieren musste, wenn man nicht von der Formulierungstradition abgehen wollte.
4 Aus: Bollettino Ufficiale n.36/I-II del 5.9.2006 – Amtsblatt Nr. 36/I-II vom 5.9.2006.

Aufgaben

1. Vergleichen Sie die Definition von *Text* in gemeinsprachlichen Wörterbüchern und in linguistischen Sachlexika. Welche Unterschiede fallen Ihnen auf?
2. Zahlreiche Textsorten der wissenschaftlichen Kommunikation haben im Deutschen englische Namen. Wie sagt man in Ihren romanischen Sprachen für: *Call for Papers, Abstract, Reader, Peer Review, Handout, Science Slam*?
3. Diskutieren Sie, in welchem Verhältnis Texttyp (im Sinn von Katharina Reiß) und Textsorte stehen.
4. Viele Kochrezepte sind in Gedichtform gebracht worden. Suchen Sie einschlägige Beispiele (man findet sie in Anthologien, aber auch auf Souvenirs, Küchenschürzen etc.) und diskutieren Sie den Anteil der Sprachfunktionen in solchen Texten.
5. Vergleichen Sie deutsche Muster-Geschäftsbriefe mit solchen aus Ihrer romanischen Sprache und machen Sie eine Aufstellung der jeweiligen Textsortenkonventionen.
6. Lesen Sie Galtung (1981 bzw. die deutsche Übersetzung, cf. Bibliografie) und a) stellen Sie die vom Autor behaupteten Unterschiede und Ähnlichkeiten zwischen gallischem und teutonischem Wissenschaftsstil zusammen; b) formulieren Sie eine Hypothese, warum der deutsche/teutonische Wissenschaftsstil in der anglophonen Welt wenig Ansehen genießt.

10 Fachübersetzung

10.1 Bedeutung der Fachübersetzung

Wie die vorangegangenen Ausführungen gezeigt haben, kann fachsprachliche Kommunikation *mündlich* oder *schriftlich* konstituiert sein. Gleichzeitig kann sie innerhalb einer Sprache oder über die Sprach- und Kulturgrenzen hinweg erfolgen. Sind Akteure mit verschiedenen Muttersprachen an der Fachkommunikation beteiligt, stellt sich automatisch die Frage, ob sie den erforderlichen Transfer selbst leisten können oder ob sie dafür die Hilfe von Dolmetschern und Übersetzern in Anspruch nehmen. Häufig ist letzteres der Fall, denn obwohl viele Wissenschaftler und sonstige Fachsprachennutzer eine Fremdsprache (meist Englisch) beherrschen, können sie sich selten ebenso gewandt in ihr ausdrücken wie in ihrer Muttersprache.[1] Zwar sieht die Situation deutlich besser aus, wenn nur passive Kenntnisse gefordert sind, etwa bei der Rezeption eines fremdsprachigen Wissenschaftstextes oder beim Hören eines fremdsprachigen Fachvortrags, dennoch ist die Mehrsprachigkeit in Europa – trotz entsprechender Bemühungen der Politik – bei den meisten Sprechern nicht so ausgeprägt, dass sie über die Kompetenz zur Bewältigung von Alltagssituationen deutlich hinausginge. Auf professionelle Übersetzungen oder Verdolmetschungen im fachsprachlichen Bereich kann demnach nicht verzichtet werden. Tatsächlich meldet die Übersetzungsbranche seit Jahren trotz andauernder Wirtschaftskrise zweistellige Wachstumszahlen (BDÜ 2012), wobei nach Eigenangaben der Übersetzer ein großer Anteil auf Fachtexte entfällt. Auftraggeber für diese Translationsleistungen sind private Wirtschaftsunternehmen ebenso wie Wissenschaftler, Gerichte und Behörden, internationale Organisationen etc. Interessanterweise sind es aber nicht in jedem Fall die Akteure und Rezipienten selbst, die über das Vorliegen oder Nicht-Vorliegen eines Translationsbedarfs entscheiden. So legt die so genannte Maschinenrichtlinie der EU fest, dass jeder Maschine eine „Betriebsanleitung in der oder den Amtssprachen der Gemeinschaft des Mitgliedstaats beiliegen [muss], in dem die Maschine in Verkehr gebracht und/oder in Betrieb genommen wird" (Richtlinie 2006/42/EG, 47). Diese Regelung, die für den gesamten Europäischen Wirtschaftsraum verbindlich ist, schreibt die Notwendigkeit zur Übersetzung bestimmter Gebrauchstexte im Exportgeschäft damit – unabhängig vom konkreten Übersetzungsbedarf der zielsprachlichen Adressaten – zwingend vor.[2]

---

[1] Sehr kritisch werden die „Eigenübersetzungen/-verdolmetschungen" von Stoll bewertet, der selbst in Bezug auf das Englische feststellt, dass „Selbsteinschätzung und Können in Bezug auf Kompetenz im Englischen [...] oft weit auseinander [klaffen]" (Stoll 2004, 451).
[2] Zusätzlich ist festgelegt, dass alle „schriftlichen oder verbalen Informationen und Warnhinweise [...] in der bzw. den Amtssprachen der Gemeinschaft abgefasst sein [müssen], die gemäß dem Ver-

Eine solche „Translationsauflage" gilt auch in zahlreichen anderen Fällen. Sind es im Falle der Maschinen-Richtlinie *sicherheitsrelevante* Fragestellungen, die das Festschreiben von Übersetzungsleistungen notwendig erscheinen lassen, kann beispielsweise auch der Gedanke des *Zugänglichmachens von Rechtstexten* für alle Bevölkerungsschichten eine Rolle spielen. Daneben können *sprachpolitische Gründe* vorliegen wie etwa der Wunsch nach Förderung von Minderheitensprachen oder aber die Autonomiebestrebungen einer Region. Prominente Beispiele für die oben genannten Anliegen sind die Verordnungen in der Region Trentino-Südtirol, gemäß denen seit 1988 neben dem Italienischen auch das Ladinische sowie das Deutsche im Rechtsverkehr und in der Verwaltung zugelassen sind (Pöckl 1995a),[3] oder die Verankerung des (Räto-)Romanischen in den Verfassungen des Bundes, des Kantons Graubünden und der bündnerischen Gemeinden in der Schweiz. Gleichfalls zu nennen ist der Status des Katalanischen, das in Katalonien und auf den Balearen (neben dem Spanischen) als regionale Amtssprache fungiert. Darüber hinaus hat die Erkenntnis, dass die Wahrnehmung von Verteidigungsrechten in Strafverfahren ein Translationsgebot erforderlich machen kann, die Europäische Union im Jahr 2010 dazu bewogen, das Recht auf Dolmetsch- und Übersetzungsleistungen in Strafverfahren im Rahmen einer Richtlinie zu verbriefen.[4] Wie der Wortlaut der Richtlinie erkennen lässt, werden die in Frage stehenden Translationsleistungen als Beitrag dazu gesehen, dem Grundsatz der Gleichstellung aller vor dem Gesetz gerecht zu werden.

Insgesamt lässt sich demnach sagen, dass ein hoher Bedarf an Übersetzungsdienstleistungen gerade im fachsprachlichen Segment besteht. Dass das Berufsbild des Übersetzers in der Öffentlichkeit dennoch weit stärker mit dem des Literatur- als mit dem des Fachübersetzers assoziiert wird (Ahmann 2012),[5] hängt vor allem mit zwei Faktoren zusammen: dem hohen Prestige, mit dem die Literaturübersetzung verbunden ist, und der Deutlichkeit, mit der die Übersetzung von Literatur als solche ausgewiesen ist. Genau dieses *Sichtbarwerden* der Translationsinstanz lassen Fachübersetzungsleistungen oft schmerzlich missen, denn während sich bei Literaturübersetzungen die Nennung von Originaltitel, Ausgangssprache und Übersetzernamen inzwischen vollständig etabliert hat, wird der Übersetzungscharakter bei Gebrauchstexten häufig in keiner Weise thematisiert. Selbst im Falle mehrsprachig

---

trag von dem Mitgliedstaat, in dem die Maschinen in den Verkehr gebracht und/oder in Betrieb genommen wird, bestimmt werden kann bzw. können" (ibid, 47).

3 Dabei konnte das Ladinische nicht auf eine gefestigte Tradition als Verwaltungs- und Rechtssprache zurückblicken.

4 Richtlinie 2010/64/EU des Europäischen Parlaments und des Rates vom 20. Oktober 2010 über das Recht auf Dolmetschleistungen und Übersetzungen in Strafverfahren. Die Richtlinie folgt damit dem in Artikel 6 der Europäischen Konvention zum Schutze der Menschenrechte und Grundfreiheiten verankerten Recht auf ein faires Verfahren.

5 Ahmann gibt an, dass die literarische Übersetzung nur einen Bruchteil des tatsächlichen Translationsmarkts darstellt (Ahmann 2012, 165). Allerdings sind die Angaben schwer zu quantifizieren.

abgedruckter Gebrauchsanweisungen, bei denen das Vorliegen von Übersetzungen eigentlich ins Auge sticht, sucht man einen expliziten Hinweis auf die Originalsprache in der Regel vergeblich.[6] Als symptomatisch für die Unsichtbarkeit bzw. das Unsichtbarmachen von Translationsleistungen kann das Vorgehen innerhalb der Europäischen Union gesehen werden, wo wichtige Rechtstexte in allen Sprachen gleichermaßen als Urfassungen gelten. In der 28 Mitglieder umfassenden EU gibt es somit nicht eine Urfassung und 23 Übersetzungen, sondern 24 „Originale". Die Übersetzungsinstanz, die trotz der gleichberechtigten Gültigkeit aller Textfassungen *de facto* natürlich dennoch involviert ist, wird auf diese Weise regelrecht „wegdefiniert".[7]

10.2 Unterschiedliche Akzentsetzung in Fachsprachenforschung und Übersetzungswissenschaft

Es versteht sich von selbst, dass sich das Anliegen und das Erkenntnisinteresse von Fach*sprachen*- und Fach*übersetzungs*forschung in weiten Teilen überschneiden und gegenseitig ergänzen. Dennoch sind in den beiden Forschungsrichtungen unterschiedliche Akzentsetzungen auszumachen, die sich plakativ wie folgt darstellen lassen:
- Während die Fachsprachenforschung sich durch die gleichberechtigte Betrachtung von Sprachsystem (*langue*) und konkreter Sprachverwendung (*parole*) auszeichnet, findet in der Fachübersetzungsforschung eine stärkere Fokussierung der *parole*-Ebene statt. Das ist damit zu erklären, dass sich jedes Übersetzen auf der *Textebene* abspielt. Entsprechend rücken bei der Fachübersetzung – und der anwendungsorientierten wissenschaftlichen Auseinandersetzung mit ihr – die Ebene des konkreten Sprachvorkommens sowie die pragmatischen Umstände der Sprachverwendung in den Vordergrund.
- Zudem weist zumindest die didaktische Aufarbeitung der Fachübersetzungsspezifika eine sehr deutliche Konzentration auf synchronische Aspekte auf. Die stark gegenwartsbezogene Betrachtung, die in der Fachübersetzungswissenschaft vorherrscht, hängt wiederum mit der angestrebten Praxisnähe der Disziplin zusammen. Ein wichtiges Anliegen der Fachübersetzungsdidaktik besteht schließlich darin, angehende Translatoren mit dem Anforderungsprofil des Berufs vertraut zu machen. In der Berufspraxis wird aber in der Regel die zeitnahe Übersetzung von Fachtexten eingefordert, wobei sich die Über-

---

6 So liefert oft erst ein Blick auf den Herstellernamen ein Indiz für die Sprache der Originalfassung.
7 Demgegenüber ist die Sichtbarkeit der Übersetzungsleistung bei Urkundenübersetzungen, die zusammen mit dem Original vorgelegt werden, immer gegeben. Der Übersetzer selbst erscheint namentlich, da er die Vollständigkeit und Richtigkeit der Übersetzung attestiert.

– setzungsmaximen entweder nach den Vorgaben des Auftraggebers oder den augenblicklich gültigen „Default-Werten" für die Fachtext-Übertragung richten. Allerdings finden sich gerade auch in jüngster Zeit Ansätze, die auf die historische Aufarbeitung und das Sichtbarmachen diachronischer Aspekte abzielen.
– Da bei einer Übersetzung stets mindestens ein Sprachenpaar involviert ist,[8] zeichnet sich die Fachübersetzungstheorie durch eine konsequent *kontrastive* Herangehensweise aus. Der vergleichende Ansatz beschränkt sich hierbei nicht auf die sprachlichen, Aspekte, sondern nimmt auch die außersprachlichen und kulturspezifischen Gegebenheiten des jeweiligen Sachgebiets in den Blick. Bei der Übertragung juristischer Texte geht es also zum Beispiel nicht allein um die kontrastive Betrachtung der sprachlichen Mittel, die in den jeweiligen Fachtextsorten zum Einsatz kommen, sondern in gewissem Umfang auch um Rechtsvergleichung. Sprach- und Kulturgrenzen fallen dabei nicht notwendig zusammen, denn es ist natürlich ein Unterschied, ob man das Arbeitsrecht in Frankreich mit dem in Brasilien oder mit dem in Portugal vergleicht. Umgekehrt können sich verschiedensprachige Rechtstexte auch auf dieselbe Rechtsordnung beziehen, etwa in der Schweiz oder in Südtirol. Auch in diesen Fällen zeigt sich, dass Sprach- und Rechts-„Grenzen" nicht unbedingt deckungsgleich sind.

10.3 Fachübersetzungsprofile: Gibt es Spezifika der Fachtextübersetzung?

Worin aber unterscheidet sich eine Fachtextübersetzung überhaupt von anderen Formen der Übersetzung? Eine pauschale Antwort auf diese Frage lässt sich kaum finden, denn sie hängt zum einen davon ab, wogegen man abgrenzen möchte (Fachübersetzung vs. Literaturübersetzung oder Fachübersetzung vs. „gemeinsprachliche" Übersetzung etc.?) und zum anderen davon, wie eng man den „Fachlichkeitsbegriff" definiert, d.h. ab wann man einen Text als „fachsprachlich" ansieht (vgl. Reinart 2012). Zudem sind die Probleme, die sich in Fachgebieten wie Physik, Recht, Technik, Wirtschaft oder Informationstechnologie stellen, nicht unbedingt dieselben (cf. die *horizontale Gliederung* der Fachsprachen, Kapitel 4.1). So finden sich in Teilbereichen der Naturwissenschaften, aber auch in „modernen" Fachsprachen wie der IT-Branche Fachgebiete mit einem sprachenübergreifend einheitlich gegliederten außersprachlichen Gegenstandsbereich und einer international anerkannten Nomenklatur. In vielen Geisteswissenschaften ist das anders. Im Sachgebiet Recht ist die Übersetzung nicht nur dadurch erschwert, dass unter-

---

[8] Sehr häufig wird ein Ausgangstext auch in mehrere Sprachen zugleich übersetzt, z.B. im Falle von Gebrauchstextsorten wie Bedienungsanleitungen oder von Fachbuchübersetzungen.

schiedliche Rechtskreise involviert sein können, sondern es ist auch festzustellen, dass manche Rechtsinstitute erst mittels Sprache etabliert werden. Die Rechtssprache konstituiert ihren Gegenstandsbereich damit in Teilen selbst, so dass die Rechtstextübersetzung gegenüber anderen Fachübersetzungen das Spezifikum aufweist,

> dass die zu übersetzenden Rechtstexte, sofern es sich nicht um supranationales Recht handelt, fest in der Rechtskultur ihres jeweiligen Landes verwurzelt sind und sich diese Rechtskulturen, die mit ihnen verbundenen Denkhorizonte, Wertvorstellungen und -urteile von Land zu Land und somit von (Rechts-)Sprache zu (Rechts-)Sprache mehr oder weniger stark unterscheiden (Griebel 2013, 22).

Ein solches Verwurzeltsein in unterschiedlichen „Denkhorizonten, Wertvorstellungen und -urteilen" lässt sich auch für eine ganze Reihe anderer Fachsprachen nachweisen (Philosophie, Politikwissenschaften). *Die* Fachübersetzung gibt es demnach ebenso wenig wie *die* Fachsprache. Unzweifelhaft gibt es jedoch Texte, die jeder Sprachennutzer intuitiv als „fachsprachlich" einstufen würde und andere, bei denen das nicht der Fall ist. Zwischen diesen beiden Polen ist ein Kontinuum von Texten unterschiedlicher *Textsortenzugehörigkeit* und *Informationsdichte* angesiedelt, dessen Palette von extrem verdichteten Texten, wie sie etwa bei Börsennachrichten üblich sind, bis hin zu Werbeannoncen von Industrie- oder Pharmaunternehmen, die nur vereinzelt fachsprachliche Elemente enthalten, reicht. Es gibt aber nicht nur zahlreiche „Mischtexte", die nur ausgewählte Kriterien der Fachsprachlichkeit erfüllen, sondern vor allem auch literarische Werke, die sich fachsprachlicher wie poetischer Mittel gleichermaßen bedienen (Kalverkämper 1998, 721).[9] Auch hier sind die Erscheinungsformen fachsprachlicher Phänomene sehr unterschiedlich. Ihre *Funktion* reicht von der Popularisierung von Fachwissen (z.B. Gipper 2003, Wienen 2011) über das Plausibelmachen fiktionaler wissenschaftlicher Errungenschaften in *Science fiction*-Literatur bis hin zur charakterisierenden Figurensprache in fiktionalen Texten. Hinsichtlich der Frequenz reicht die Palette von Werken, in denen fachliche Einsprengsel lediglich der Vermittlung von historischer Authentizität oder von Lokalkolorit dienen (vgl. Schmitzberger 2012, 142), bis zu solchen, in denen den fachsprachlichen Termini eine tragende Rolle zukommt. Die Verwendung nautischer und walkundlicher Fachbegriffe in Melvilles *The Whale/dt. Moby Dick* führte laut Zschirnt (2004, 43) sogar dazu, dass das Werk in der British Library in London bis Mitte des 20. Jahrhunderts nicht unter der Kategorie „Romane", sondern unter „Cetologie" (Walkunde) geführt wurde.[10]

Neben fachsprachlichen Fließtexten gibt es überdies „Texte", die sich beinahe nur aus substantivischen Benennungen zusammensetzen – Ersatzteillisten etwa

---

9 Natürlich ist auch die umgekehrte Kombination möglich: „Sowohl Fachsprachliches im literarischen Text als auch Literarisches im fachsprachlichen Text ist denkbar" (Schmitzberger 2012, 139).
10 Zur „Poetik des Wissenschaftsdiskurses" und Literarisierung cf. Gipper (2003, 126–132).

oder Register/Stichwortverzeichnisse in Fachbüchern, Online-Hilfen etc.[11] Derartige Fälle „*kontextfreier Sprachverwendung*" machen es dem Fachübersetzer oft besonders schwer, adäquate Übertragungsmöglichkeiten in die Zielsprache zu finden, denn während bei „echten" Texten[12] Ko- und Kontext Verständnishilfe leisten, wenn beispielsweise Termini mehrere Bedeutungskomponenten aufweisen, fehlen bei dieser Form der Sprachverwendung die textinternen Disambiguierungshinweise.

Dass auch die in Kapitel 4 erläuterte *vertikale Schichtung* von Fachsprachen Schwierigkeiten bei der Fachübersetzung nach sich ziehen kann, zeigt Albrecht am Beispiel volkstümlicher Bestimmungsbücher. Unter Hinweis auf Dietmar Aicheles Werk *Was blüht denn da?*, das unter dem Titel *Quelle est donc cette fleur?* ins Französische übertragen wurde (Albrecht 2013, 6), macht er deutlich, dass die Gliederung von Flora (und Fauna) im Deutschen und in den romanischen Sprachen „auf der untersten alltagssprachlichen Ebene nicht gleichförmig" ist (ibid, 4). So stellt sich in dem oben genannten Beispiel die Frage, welcher Grad an Präzision bei der Übertragung der Benennungen gefordert ist: Reichen unscharfe Sammelbegriffe (volkstümliche Namen/Vernakulärnamen) aus oder soll die wissenschaftliche Nomenklatur verwendet werden? Der Fachübersetzer wird von Fall zu Fall unterschiedliche Antworten auf diese Frage finden müssen, denn „die Konventionen, denen bei der Umsetzung der wissenschaftlichen Nomenklatur für die Bedürfnisse der interessierten Laien in Bestimmungsbüchern und ähnlichen Werken gefolgt wird, [sind] von Sprachraum zu Sprachraum verschieden" (Albrecht 2013, 9).

Hinzuweisen ist nicht zuletzt auf die Tatsache, dass als Informationsträger der fachlichen Kommunikation längst nicht mehr nur das Printmedium fungiert: Es gibt Instruktionsvideos für Mitarbeiter in Unternehmen; untertitelte Fassungen von Reden, die auf internationalen Fachkongressen gehalten wurden;[13] Ansprachen von Vorstandsvorsitzenden, die ins Internet gestellt und verschiedensprachigen Adressaten (beispielsweise im Voice over-Verfahren) zugänglich gemacht werden, vielfältige Arten von Netzpublikationen, die unter anderem für den Wissenschaftsdiskurs genutzt werden etc. Überdies sind auch die Funktionen der zu übersetzenden Texte äußerst facettenreich: Fachtexte können der Information oder der Instruktion dienen, einen Gebots- oder Verbotscharakter aufweisen (beispielsweise bei Gesetzestexten), eine Schutzfunktion ausüben (wie im Falle von Warnhinweisen). Darüber hinaus können sie für die Kommunikation unter Fachkollegen bestimmt sein oder aber die Information von Laien zum Ziel haben, beispielsweise im medizinischen Aufklärungsgespräch (fachinterne vs. fachexterne Kommunikation, cf. Punkt 11.2 und 11.3). Dies alles macht deutlich, dass das Anforderungsprofil an Fachüberset-

---

[11] Wobei sich über deren Textualitätsstatus natürlich streiten lässt, denn die von de Beaugrande und Dressler aufgestellten Textualitätskriterien (cf. Kapitel 9) sind in den genannten Fällen nicht oder nur teilweise erfüllt.
[12] Gemeint sind Ausführungen, die die Textualitätskriterien erfüllen.
[13] Diese werden häufig an nicht anwesende Kollegen per CD-ROM verschickt.

zungen von Einzeltext zu Einzeltext und in Abhängigkeit vom jeweils involvierten Sprachenpaar (sowie von der Übersetzungsrichtung) stark schwanken kann. Es nimmt daher nicht wunder, dass zwar eine nahezu unüberschaubare Zahl von Artikeln existiert, die sich mit spezifischen Einzelproblemen bei der Übersetzung fachsprachlicher Texte beschäftigen, dafür aber nur sehr wenige Monographien, die um ein umfassendes Gesamtbild bemüht sind.

Eine Gemeinsamkeit weisen Fachtexte bei allem Facettenreichtum in aller Regel aber eben doch auf, nämlich die, sich an eine relativ klar bestimmbare Zielgruppe zu richten. Der präzise identifizierbare Adressatenkreis, der die Fachübersetzung insbesondere von Werken der schöngeistigen Literatur unterscheidet, stellt einen nicht unerheblichen Vorteil für den Fachübersetzer dar, der sich – wie jeder andere Übersetzer auch – vor die Aufgabe gestellt sieht, aus der Vielzahl potentieller Versprachlichungsvarianten in der Zielsprache diejenige auszuwählen, die dem Ausgangstext und/oder dem intendierten Adressatenkreis am besten gerecht wird. Diese Auswahl fällt selbstredend leichter, wenn über die Zusammensetzung des Zielpublikums nicht spekuliert werden muss. Entgegen landläufiger Meinung reicht es für das Anfertigen professioneller Fachübersetzungen dagegen *nicht* aus, wenn ein Übersetzer solide Fremdsprachenkenntnisse mit einer gezielten Wörterbuchrecherche (zwecks Auffinden von Fachterminologie) verbindet:

> In Fachtexten, in denen die logische Progression unterschiedlich ist, müssen Sätze häufig umgestellt, Argumente und ihre Abfolge neugeordnet, Teilinformationen anders angeordnet/verknüpft bzw. gestrichen werden (Kupsch-Losereit 1998a, 168).

Kupsch-Losereit umreißt damit einige typische Transformationen, die ein Fachtext im Zuge des Übersetzungsprozesses erfahren kann – unter der Voraussetzung allerdings, dass die Übersetzung in der Zielkultur direkt eine kommunikative Funktion erfüllen soll und nicht – wie das bei einer so genannten dokumentarischen Übersetzung der Fall ist, lediglich die Form tradiert, die eine Kommunikationshandlung *in der Ausgangskultur* angenommen hatte (vgl. Nord 1989, 102). Vor jeder anderen übersetzerischen Entscheidung steht also immer die makrostrategische Frage nach der (dokumentarischen oder kommunikativen) Funktion des Textes in der Zielkultur. Von ihrer Beantwortung hängen letztendlich alle mikrostrategischen Entscheidungen im Übersetzungsprozess ab, denn diese sind der übergeordneten Makrostrategie natürlich unterzuordnen. Während der Fachübersetzer beim „kommunikativen", d.h. der unmittelbaren Kommunikation dienenden Übersetzen versuchen wird, die fremdsprachige Herkunft des Textes verblassen und den Übersetzungstext somit wie ein Original erscheinen zu lassen,[14] wird er beim dokumentarischen Übersetzen bemüht sein, die „Fremdheit" des ausgangssprachlichen Textes, die sich

---

[14] Es handelt sich damit um eine so genannte *covert translation* im Sinne von House 1977 und 1997 im Gegensatz zur *overt translation*, bei der der Übersetzungscharakter des Zieltexts erkennbar ist.

sowohl auf inhaltliche als auch auf sprachliche Aspekte beziehen kann, zu bewahren. Er wird, um es mit den Worten Nords zu formulieren, versuchen,

> eine Kommunikationshandlung, die in der Kultur A unter bestimmten situationellen Bedingungen stattgefunden hat, zu dokumentieren und dem Zielempfänger bestimmte Aspekte dieser *vergangenen Kommunikationshandlung* nahezubringen (Nord 1989, 102, Hervorhebung W.P./S.R.).

Was bedeutet das konkret? Ist eine kommunikative Übersetzung gefordert, wird der Fachübersetzer beispielsweise die ausgangssprachlichen Vertextungsmuster so weit wie möglich durch die in der Zielsprache üblichen Muster ersetzen. Ist dagegen eine dokumentarische Übersetzung anzufertigen, wird er genau das umgekehrte Vorgehen privilegieren. Es kann sich dabei als sinnvoll erweisen, den zielsprachlichen Leser nicht nur über den *Inhalt* des ausgangssprachlichen Textes zu informieren, sondern darüber hinaus zu dokumentieren, mit welchen *sprachlichen Mitteln* eine bestimmte Information im Ausgangstext vermittelt oder eine bestimmte Texthandlung vollzogen wurde. Expressive oder durch weltanschauliche Traditionen geprägte Elemente des Ausgangstextes wie die „Invokation Allahs als Redeeröffnung vieler muslimischer Sprecher" (Göhring ²2007, 171) respektive die „in arabischen Gebrauchstexten übliche Texteinleitung mit einer religiösen Anrufung" (Kupsch-Losereit 1998a, 168) werden dann gegebenenfalls beibehalten, obwohl sie nach den zielkulturellen (beispielsweise französischen oder portugiesischen) Konventionen vollkommen untypisch sind. „Dokumentiert" wird häufig auch der konventionelle Aufbau eines Textes, das heißt seine Makrostruktur. Bekanntermaßen sieht diese beispielsweise bei Gerichtsurteilen in verschiedenen Ländern recht unterschiedlich aus. Während im deutschen Urteil zunächst der Teiltext *Urteilseingang* platziert ist, auf den nacheinander *Urteilsformel*, *Tatbestand* und *Entscheidungsgründe* folgen, sieht das französische Urteil die Reihenfolge *Urteilseingang, Tatbestand, Entscheidungsgründe* und *Urteilsformel* vor. Das italienische Urteil wiederum folgt im Textaufbau der Reihenfolge *Urteilseingang, Schlussanträge, Verfahrensablauf (Instruktionsverfahren), Entscheidungsgründe* und *Urteilsformel* (Kupsch-Losereit 1998b, 228; Stolze ³2013, 224). Soll nun beispielsweise ein französisches Urteil ins Deutsche übersetzt werden, wird der „französische" Aufbau (Urteilseingang, Tatbestand, Entscheidungsgründe, Urteilsformel) beibehalten und nicht etwa durch den deutschen ersetzt:

> Es handelt sich nicht darum, beim Übersetzen eines fremden Urteils einen Text zu schaffen, der in der Zielsprache als Urteil funktionieren kann. Stattdessen gilt es, einen zielsprachlichen Text zu formulieren, der es dem zielsprachlichen Empfänger ermöglicht, den für ihn unlesbaren ausgangssprachlichen Text zu verstehen (Engberg 1999, 88).

Es lässt sich unschwer erahnen, dass die Urkundenübersetzung, die im Berufsalltag vieler Translatoren eine wichtige Rolle spielt, ein Fachübersetzungstyp ist, in dem sich die Dokumentation solcher „verfremdenden" Elemente[15] besonders häufig wiederfindet. Die in der Zielkultur sprachlich (und/oder inhaltlich) ungewohnten Textpassagen dienen denjenigen Personen, für die das Translat angefertigt wird, als *Indikator für die Authentizität des Ausgangstextes*.[16] Dies ist aber nicht der einzige Aspekt, der die Urkundenübersetzung von anderen Formen der Fachübersetzung unterscheidet. Ein weiteres Spezifikum verdeutlichen Kadrić/Kaindl/Kaiser-Cooke, wenn sie im Zusammenhang mit der Vorlage eines ausländischen Scheidungsurteils bei einer österreichischen Behörde schreiben:

> Die Urkunde, die bei Vorlage in Österreich aus dem Original und der angehefteten Übersetzung besteht, dient als Information über eine Rechtshandlung im Ausland, die in Österreich Gültigkeit besitzt. D.h., mit dieser Urkunde kann ein Recht in Österreich begründet werden, z.B. kann die Urkunde zur Vorlage beim Standesamt in Österreich zwecks neuerlicher Verehelichung verwendet werden (Kadrić/Kaindl/Kaiser-Cooke 2005, 98).

Als entscheidend kann hierbei angesehen werden, dass die Übersetzung das Original, mit dem zusammen sie vorgelegt wird, nicht ersetzt, sondern es lediglich *ergänzt*. Das Translat, das den zielsprachlichen Adressaten den Zugang zum Original erst ermöglicht, tritt dabei in jedem Falle offen als solches zutage (so genannte *overt translation* im Sinne von House 1997).

Grundlegend anders stellt sich die Situation bei der Gebrauchstextübersetzung dar. Trotz der häufig zu beobachtenden Kopräsenz verschiedener Sprachfassungen, wie sie etwa bei Bedienungsanleitungen gang und gäbe sind, wird die übersetzte Textfassung vom Adressaten nicht in ihrer Eigenschaft als Übersetzung wahrgenommen, sondern als Original. Wie ein Original soll sie sich auch lesen, da sie die ausgangssprachliche Fassung in den Augen der zielsprachlichen Leser eben nicht ergänzt, sondern *ersetzt*. So wird der portugiesische Käufer eines Geräts die Bedienungsanweisung mutmaßlich nur in seiner Muttersprache konsultieren, selbst wenn sie gleichzeitig auf Französisch, Spanisch und Italienisch abgedruckt ist. Entsprechend verfolgt der Übersetzer eine Translationsstrategie, die der der *covert translation* entspricht, d.h. es geht ihm nicht darum, „die Diskurswelt des Originals mit zu aktivieren", sondern „die Funktion des Originals neu zu schaffen" (Vaerenbergh 2006, 113). Genau das Bemühen, den zielsprachlichen Text gleichsam zu einem „zweiten Original" werden zu lassen, hat aber zur Folge, dass sich die Übersetzungsentscheidungen nicht notwendig an der „Nähe" oder „Ferne" zum Ausgangs-

---

15 Für das Stehenlassen des Fremden hat sich in der Übersetzungswissenschaft die etwas irreführende Bezeichnung „*Ver*fremdung" eingebürgert.

16 Dennoch ist es unmöglich, *sämtliche* verfremdenden Merkmale einer Ausgangstextsorte zu erhalten. So wird von der Präsentation eines französischen Urteils in einer *phrase unique* (wie sie sich in der Textvorlage findet), häufig verzichtet.

text orientieren. Wie bereits im Zitat von Kupsch-Losereit angeklungen ist, kann das Bemühen um Funktionalität und Adressatengerechtheit vielmehr eine Reihe von Adaptationen erforderlich machen. Kommuniziert etwa ein multinationaler Konzern seine Unternehmensergebnisse, werden in der französischen Fassung die Zahlen für Frankreich, in der italienischen die für Italien und in der spanischen die für Spanien in den Vordergrund gerückt. Und wenn ein Hersteller beim Export etwa nach Rumänien oder Kolumbien angibt, ein defektes Gerät sei gemäß den gesetzlichen Bestimmungen „nicht in den Hausmüll zu geben", sondern „auf Wertstoffhöfen zu entsorgen", muss geklärt werden, ob die in Frage stehenden rechtlichen Regelungen im Zielland greifen und ob die zitierte Infrastruktur zur Müllentsorgung überhaupt vorhanden ist.[17] Die Nicht-Übereinstimmung solcher Gegebenheiten tritt häufiger auf, als man zunächst denken sollte. So weisen selbst die der Romania angehörenden europäischen Länder trotz EU-weiter Vereinheitlichungstendenzen bislang noch enorme Unterschiede auf, was das Recycling von Wertstoffen und die Trennung von Haushaltsmüll angeht.[18]

Bereits die beiden letzten, im Grunde recht banalen Beispiele machen deutlich, dass Entscheidungen im Fachübersetzungsprozess nicht nur von sprachlichen, sondern auch von außersprachlichen Faktoren geleitet sind. Schließlich sind nicht sämtliche Informationen für alle Sprach- und Kulturräume von gleicher Relevanz oder Gültigkeit. Damit ist allerdings auch die bis dato häufig kolportierte Auffassung, dass Fachtextübersetzung stets „primär oder ausschließlich auf die Inhaltswiedergabe abziel[e]" (Wilss 1977, 282), widerlegt. Weder sind die *Inhalte*, die in Fachtexten vermittelt werden, über die Sprach- und Kulturgrenzen hinweg notwendig dieselben, noch ist die *sprachliche Form*, in der fachbezogene Inhalte vermittelt werden, sekundär oder gar unerheblich. Gerade hinsichtlich der Verbalisierungsregeln scheint sogar eher das Gegenteil der Fall zu sein. Während nämlich der Leser eines literarischen Werkes jederzeit damit rechnen muss, dass die gängigen sprachlichen Konventionen aufgebrochen und innovative Ausdrucksformen verwendet werden, kann sich der Leser eines fachsprachlichen Gebrauchstextes normalerweise darauf verlassen, dass seine *Erwartungshaltung* in puncto Versprachlichungsstrategien *bestätigt* wird.[19] Wohl aus diesem Grund treffen nicht normkonforme Formulierungen auf wenig Akzeptanz. Der Wunsch nach Einhaltung der etablierten

---

[17] Die Klärung dieser Frage fällt nicht notwendig in den Aufgabenbereich des Übersetzers.
[18] Seit 2005 ist Rumänien durch eine entsprechende EU-Richtlinie zur Mülltrennung verpflichtet und muss 2015 die Quote von 35% für das Recycling erreicht haben. Nach Angaben des Statistik-Portals Statista (2015) wird der Hausmüll dort bislang jedoch nur von 18% der Befragten getrennt. In Luxemburg sind es 83%, in Frankreich 82%, in Belgien 78%, in Portugal 54%, in Italien 47% (http://de.statista.com/statistik/daten/studie/1225/umfrage/praktizierte-muelltrennung-in-den-eu-laendern/, Abruf am 28. Juli 2015).
[19] Es ist demzufolge nicht allein der „sprachliche Gehalt", der die Invariante der Fachübersetzung bildet, also das, was beim Übersetzen gleichzubleiben hat.

Regeln besteht interessanterweise selbst dann, wenn die Abkehr von der konventionellen Ausdrucksweise den Zugang zum Fachtext erleichtern würde. Jedenfalls berichtet Larsen von angelsächsischen Experimenten mit „verständlicher" formulierten Rechtstexten, die aber „weder bei Anwälten und Richtern noch bei Laien" als glaubwürdig und authentisch akzeptiert wurden (Larsen 1998, 89).[20]

Kein Wunder also, dass dem Bemühen um Textsortenkonformität und sprachliche „Unauffälligkeit" des Zieltextes eine wichtige Leitfunktion beim Fachübersetzen zukommt. Tatsächlich kann die „Rolle des ‚Textmusterwissens' beim Formulieren" (Antos 1989, 31) kaum überschätzt werden, denn der Fachübersetzer sieht sich permanent vor die Aufgabe gestellt, die in der Ausgangs- und Zielkultur üblichen Muster miteinander zu vergleichen, zu korrelieren und gegebenenfalls gegeneinander auszutauschen. Der Anteil *konventionalisierter Versprachlichungsmuster* ist allerdings je nach Fachtext und Fachtextsorte verschieden. Während beispielsweise Patente einen sehr starken Standardisierungsgrad aufweisen, was die präsentierten Inhalte und Formulierungen anbetrifft, unterscheiden sich Online-Unternehmenspräsentationen sowohl in der thematischen Schwerpunktsetzung als auch in der sprachlich-stilistischen Entfaltung (zum deutsch-italienischen Vergleich cf. Rocco 2013).[21] Unabhängig davon, ob er es mit einem hochgradig konventionsgebundenen oder aber mit einem stärker individualstilistisch-kreativ markierten Textindividuum zu tun hat, ist das Wissen um etablierte Schemata für den Übersetzer in jedem Fall unerlässlich. Er benötigt sie als „Hintergrundfolie", um zu *erkennen*, ob die Formulierungen des Originals überkommenen Mustern folgen oder nicht.

Eine Frage, die sich beim Fachübersetzen ebenso stellt wie bei anderen Formen der Übersetzung, ist die nach der „Übersetzungseinheit". Die Diskussion darüber, ob nun Wort, Syntagma, Satz oder Text die geeigneten Anwärter auf diesen Status darstellen, wird zuweilen etwas dogmatisch geführt, denn wenngleich niemand die Bedeutung etwa von terminologischer oder phraseologischer Korrektheit eines fachlichen Translats bestreiten wird, sind es auf einer abstrakten Ebene immer der (Gesamt-)Text und dessen pragmatische Einbindung, die die Grundlage für einzelne Übersetzungsentscheidungen bilden. Der Primat der Textebene ergibt sich zum einen daraus, dass makrostrategische Entscheidungen wie die Wahl der geeigneten Übersetzungsstrategie *per definitionem* nur auf Textebene getroffen werden können, und zum anderen daraus, dass selbst die Auswahl einzelner Termini in Textzusammenhängen nach dem Kriterium erfolgt, dass sie die charakteristischen Muster der jeweiligen Kommunikationssituation widerspiegeln. Hat der Übersetzer beispielsweise einen Text vorliegen, in dem das französische *zone euro* (oder sp. *zona del*

---

[20] Zu den Ursachen für diesen zunächst befremdlich anmutenden Befund cf. Reinart (^{2}2014, 192).
[21] Die von Rocco vorgelegte Untersuchung der Aktionärsbriefe und Einstiegsseiten italienischer und deutscher Banken zeigt beispielsweise, dass der Stil von sachlich-neutral bis hin zu emotional reichen und die Darbietung stärker deskriptiv, narrativ, explikativ, argumentativ oder instruktiv erfolgen kann.

euro; it. *zona euro;* pt. *área do euro/eurozona;* ro: *zona euro*) vorkommt, muss er kontextbezogen entscheiden, ob es im Deutschen mit *Euro-Währungsgebiet/-raum* wiedergegeben werden soll (dies empfiehlt sich in offiziellen Schriftstücken und theoriesprachlichen Abhandlungen), ob alternativ die Kurzformen *Euroraum/Eurogebiet* zulässig sind (in informellen Texten) oder ob er sich für die Ausdrücke „*Euro-Zone*" oder „*Euroland*" entscheidet, die – obwohl aus dem offiziellen Sprachgebrauch der EU verbannt – in journalistischen Texten Verwendung finden.[22] Es muss ihm also bewusst sein, dass der französische Ausdruck *zone euro* – ebenso wie der spanische Terminus *zona del euro* sowie das rumänische *zona euro* – stilistisch neutral ist, wohingegen das vermeintlich „direkte" Äquivalent *Euro-Zone* im Deutschen genau dies nicht ist. (Im Portugiesischen dagegen gilt *eurozona* als zulässig, in offiziellen Texten wird aber dennoch *área do euro* vorgezogen.) Bereits dieses einfache Beispiel belegt, dass inhaltliche Deckungsgleichheit mit der ausgangssprachlichen Benennung nicht das einzige Kriterium ist, das über die Angemessenheit eines Terminus als Textäquivalent entscheidet, denn die inhaltliche Übereinstimmung ist ja in allen Fällen gegeben.[23] Da der Übersetzer mit Texten arbeitet, also auf der Ebene der *parole* und nicht auf Ebene der *langue*, muss er vielmehr überprüfen, ob der Terminus *kontextbezogen adäquat* erscheint. Ob dies der Fall ist, hängt von vielen Faktoren ab: Erfordert der Text das Setzen eines normierten Terminus oder vielmehr einer werkstattsprachlichen Benennung? Gibt es diatopische Varianten und Präferenzen, die zu berücksichtigen sind? Entspricht der Ausdruck der *corporate language* des Unternehmens, für den der Text übersetzt wird? Sind Umgangssprachlichkeit und Dialektfärbung, wie sie etwa in der regional unterschiedlichen französischen Weinbauterminologie nachzuweisen sind (Pöckl 1990, 268), in Rechnung gestellt, etc.?[24] Lässt der übersetzte Text über die genannten Kriterien hinaus *terminologische Konsistenz* erkennen?

Schon dieser kurze Fragenkatalog belegt, dass der Fachübersetzer eine Reihe recht komplexer Entscheidungen zu fällen hat, für die er eine spezielle Expertise benötigt. Vor allem aber lässt er erkennen, dass die Entscheidungsprozesse selbst dort, wo vordergründig nur *terminologische* Fragen zu klären sind, bereits deutlich

---

[22] In der Terminologie-Datenbank der Europäischen Union, *iate*, sind die deutschen Ausdrücke *Eurozone* und *Euroland* mit „deprecated" markiert, im Französischen wird *zone euro* (gegenüber dem ebenfalls zugelassenen Ausdruck *eurozone*) als „preferred" gekennzeichnet. Im Italienischen wird *zona euro* dem ebenfalls zugelassenen Ausdruck *area dell'euro* vorgezogen. Im Portugiesischen ist *área do euro* als „preferred" ausgewiesen, *eurozona* aber „admitted" (http://iate.europa.eu, Abruf am 6. August 2015).

[23] Wenn aber der Terminus selbst keine ausreichende Auskunft darüber gibt, wie er übersetzt werden muss, kann auch die Annahme, dass sich die Fachausdrücke in allen Sprachen jeweils eins zu eins entsprechen, ins Reich der Anekdoten verbannt werden (vgl. auch die Ausführungen in Kapitel 6 Terminologie).

[24] Ausführlicher hierzu siehe die Ausführungen zur Binnendifferenzierung und zur vertikalen Schichtung der Fachsprachen (cf. 4.2.2.).

über die lexikalische Ebene hinaus zeigen. So präsentiert sich etwa die Situation bei den *Phraseologismen* ganz ähnlich. Da die Bedeutung des phraseologischen Gesamtausdrucks nicht notwendig aus der Summe der Einzelbedeutungen seiner Komponenten ableitbar ist (vgl. Albrecht 2005, 118), würden „wortwörtliche" Übersetzungen zu falschen oder unverständlichen Formulierungen führen. Der Fachübersetzer muss demzufolge Phraseologismen in einem Text als „einzeltextunabhängige Verwendungsformen" (Stolze 1999, 104) *erkennen* und sie entsprechend übertragen. Es würde zu weit führen, die Entscheidungsprofile auch auf anderen Sprachverwendungsebenen detailliert ausführen zu wollen, zumal sich die besonderen Schwierigkeiten sprachenpaar- und übersetzungsrichtungsbezogen unterscheiden. Es ist aber unmittelbar einsichtig, dass die Herausforderungen, die sich ihm auf anderen Ebenen der Sprachverwendung stellen, eine ähnliche Komplexität aufweisen. Die Gliederungspunkte, die sich mit der fachsprachlichen Syntax, Metaphern und Wortbildung befassen, bieten eine Reihe von Anhaltspunkten, um das Anforderungsprofil an das Fachübersetzen entsprechend zu ergänzen.

Abschließend sei angemerkt, dass neben Sprachwissen vor allem auch die Sachkompetenz eine herausragende Stellung im Übersetzungsprozess einnimmt. Tatsächlich nimmt der Fachübersetzer im fachsprachlichen Kommunikationsprozess eine Doppelrolle ein, indem er zum einen als *Rezipient* des Ausgangstexts und zum anderen als *Produzent* des Zieltexts auftritt. Während von seiner „Textproduzentenrolle" bereits ausführlich die Rede war, trat seine Rezipientenrolle in den bisherigen Ausführungen in den Hintergrund, da sie ja gleichsam nur die Vorbedingung für sein eigentliches Schaffen darstellt. Der Blick auf seine Funktion als „Erstleser" des ausgangssprachlichen Textes lohnt sich jedoch insofern, als sich der Übersetzer von anderen Fachtextlesern unterscheidet. Er zählt nämlich selbst meist nicht zur eigentlichen Adressatengruppe des Textes. Die Quartalszahlen eines italienischen Herstellers oder die Forschungsergebnisse eines spanischen Wissenschaftlers würde er möglicherweise gar nicht lesen, wenn er nicht den entsprechenden Geschäftsbericht oder Forschungsbeitrag in eine andere Sprache übertragen müsste. Der Übersetzer ist also im Regelfall nicht selbst Bedarfsträger, sondern er *übersetzt für fremden Bedarf*. Aus der Nicht-Zugehörigkeit zum „natürlichen" Empfängerkreis des Textes ergibt sich für den Übersetzer die spezielle Verantwortung, sich mit dem außersprachlichen Hintergrundwissen vertraut zu machen. Dieses benötigt er in erster Linie, um den Fachtext überhaupt erst verstehen zu können.[25] In zweiter Linie benötigt er Sachwissen, weil der Text mit seiner Übersetzung nicht nur die Sprache ändert, sondern auch seine kulturelle Einbettung. Dies ist insofern relevant, als ein Text praktisch nie alle Wissensbestände verbalisiert, die zu seinem Verständnis

---

[25] Ohne *Verständnis des Ausgangstexts* wird die Übersetzung aber selten gelingen, denn schon allein die Disambiguierung mehrdeutiger Termini macht den Rückgriff auf textexterne Wissensbestandteile erforderlich.

nötig sind.[26] Die nicht versprachlichten Inhalte werden vom Textautor schlicht als Vorwissen vorausgesetzt. Wenn ein Text übersetzt wird, erreicht er ein Zielpublikum, auf dessen Wissensvoraussetzungen er nicht notwendig abgestimmt ist. In diesem Fall, der insbesondere in der fachexternen Kommunikation häufig vorkommt,[27] übernimmt der Übersetzer die Aufgabe, das unterschiedliche Präsuppositionswissen der Leser in Ausgangs- und Zielkultur zu erkennen und zu überbrücken. Fachgebietspezifisches Sachwissen ist somit für die Rezeption des Ausgangstexts sowie für die Produktion des Zieltexts gleichermaßen relevant.

Aufgaben

1. In zahlreichen Sprachen gibt es Lehr- und Arbeitsbücher für das Fachübersetzen. Suchen Sie in Verlagskatalogen einige für Ihre Arbeitssprachen relevanten Werke heraus und sehen Sie sich die Inhaltsverzeichnisse an. Auf welchen Aspekten des Fachübersetzens liegt jeweils der Fokus?
2. Vielen Translationswissenschaftlern gelten Fachübersetzer als „Sprachexperten mit Fachkenntnissen" (Stolze ³2013, 13). Kommentieren Sie diese Auffassung und überlegen Sie, ob Sie sich ihr anschließen können.
3. Werfen Sie einen Blick in die internationale Norm ISO 17100 zu den *Übersetzungs-Dienstleistungen – Dienstleistungsanforderungen* aus dem Jahr 2015. Finden Sie Aussagen, die spezifisch das Fachübersetzen betreffen? Wie beurteilen Sie das in der Norm verankerte Prinzip des Arbeitens nach dem Vier-Augen-Prinzip (Nachprüfung der Übersetzung durch den Übersetzer selbst und anschließendes Korrekturlesen durch eine weitere Person, Punkt 5.3 der Norm)?
4. Suchen Sie die Statuten der berufsständische Vertretungen für Übersetzer in den romanischen Ländern heraus, die für Sie maßgebend sind (viele davon sind online verfügbar). Prüfen Sie, welches Rollenbild vom Übersetzen sie jeweils vermitteln.
5. Suchen Sie in den von Ihnen beherrschten romanischen Sprachen Beispiele für literarische Texte, in denen stark mit wissenschaftlich-technischem Vokabular gearbeitet wird (z.B. Utopien/Dystopien; Science Fiction).
6. Lesen Sie den Beitrag von Ahrend (2006, 31–42) und notieren Sie die Kriterien, die er für die Bewertung von Fachübersetzungen nennt. Sind Ihnen in den von Ihnen beherrschten romanischen Sprachen weitere Veröffentlichungen zur Evaluation von fachsprachlichen Translaten bekannt?

---

[26] Das Verständnis des Textes ergibt sich vielmehr aus dem Zusammenspiel zwischen den im Text versprachlichten Sachbeständen und dem Vorwissen des Lesers.
[27] In der fachinternen Kommunikation ist dies weit seltener der Fall, denn die Wissenschaftler und Fachexperten bilden über die Sprach- und Kulturgrenzen hinweg eine so genannte Diakultur, die (annähernd) gleiche Wissensbestände teilt.

11 Weitere Berufsbilder im Kontext der Fachsprachen

11.1 Terminologe/Terminograph

Neben dem Fachübersetzungsmetier gibt es zahlreiche andere Berufe, in denen man mehr oder weniger systematisch mit Fachsprachen in Berührung kommt. Als Terminologen im engen Sinne bezeichnet man Wissenschaftler, die im Bereich der lexikalischen Fachsprachenforschung tätig sind, während mit dem (weit weniger bekannten) Ausdruck „Terminographen" Personen bezeichnet werden, die mit der Erfassung von Terminologiebeständen für Fachwörterbücher, fachsprachliche Glossare oder Terminologiedatenbanken betraut sind. Selten wird allerdings eine genaue Trennung beider Berufsfelder vorgenommen. Im allgemeinen Sprachgebrauch hat sich der Ausdruck „Terminologe" vielmehr als Sammelbezeichnung für alle Personen etabliert, die beruflich mit fachsprachlicher Terminologie befasst sind, sei es nun auf theoretisch-forschungs- oder praktisch-anwendungsbezogenem Feld. Darüber hinaus wird der Ausdruck auch dort, wo er die präzisere Bezeichnung „Terminograph" ersetzt, nicht so ausgelegt, dass er allein diejenigen umfasst, die sich mit fachsprachlicher Lexik beschäftigen. Wie Gouadec pointiert feststellt, ist der Terminologe immer auch Phraseologe (vgl. Gouadec ²2009a, 57) – und zumeist auch Experte für fachsprachliche Syntax und Textologie.

Obwohl der Bedarf an Terminologiearbeit groß ist, sind „Vollzeit-Terminologen" eher selten (vgl. Gouadec 2009b, 38). Man findet sie vor allem in internationalen Organisationen wie der EU, der UNO oder der NATO sowie teilweise in multinationalen Konzernen. In kleineren Wirtschaftsunternehmen sind die Personen, die mit der Pflege lexikologischer, phraseologischer (und seltener auch textologischer) Datenbanken beschäftigt sind, dagegen häufig zusätzlich oder sogar vornehmlich mit anderen Aufgaben betraut. Übersetzer etwa übernehmen bei ihrer Tätigkeit oft *en passant* das Füllen von Terminologiedatenbanken und die Technischen Redakteure, die zwingend auf terminologische Vorabrecherchen angewiesen sind, erheben ebenfalls wichtige Daten. In vielen Fällen, für die der Einsatz eines Terminologen dringend empfohlen wird, etwa bei größeren Softwarelokalisierungsprojekten (vgl. Wahle 2000, 45–46), wird auch ein projektbezogenes Outsourcing der Terminologieermittlung und -bereitstellung betrieben.

Je nach Einsatzgebiet erfolgt die Erfassung der terminographischen Einheiten ein-, zwei- oder mehrsprachig und ist für das Printmedium oder für digitale Medien (z.B. im Intranet einer Firma etc.) bestimmt. Unabhängig vom Ausgabemedium und vom intendierten Nutzerkreis lassen sich die praktisch-handwerklichen Fertigkeiten und theoriebezogene Kenntnisse der Fachterminographie nicht voneinander trennen. Wenn Terminologiearbeit nämlich die Qualität der Fachkommunikation sichern soll, müssen eine Reihe von Vorüberlegungen angestellt werden, die ein solides theoretisch-methodologisches Rüstzeug erfordern.

Dabei geht es um makrostrategische Entscheidungen wie die Frage, ob mit der Terminologieerfassung ein normativer Ansatz verbunden ist, also präskriptive Festlegungen des gewünschten Sprachgebrauchs erfolgen sollen, oder ob allein die Erfassung der Ist-Bestände (ggf. mit Fach- und Verteilersprache) intendiert ist (deskriptiver Ansatz). Selbstredend spielen aber auch mikrostrategische Entscheidungen zur Struktur der terminologischen Einträge eine Rolle. Hinweise zur Wortart, zum grammatischen Geschlecht von Substantiven oder typischen Kollokationen gelten hierbei als Standard. Ob darüber hinaus „Angaben zur Aussprache, Silbentrennung, Grammatik, Kollokation, Synonymie und Etymologie" vorzusehen sind oder nicht (Bergenholtz 1994, 55), muss die konkrete Bedarfsanalyse zeigen.

Eine solche Bedarfsanalyse ist deshalb vonnöten, weil es etwas vollständig anderes ist, ob beispielsweise ein Übersetzer Terminologie lediglich zum eigenen Gebrauch ermittelt oder ob er sie so aufbereitet, dass sie für andere nutzbar wird. Während er sich im ersten Fall damit begnügen kann, gezielt diejenigen Informationen aufzuzeichnen, die ihm selbst fehlen, wird er im zweiten vom eigenen Kenntnisstand abstrahieren und weitergehende Angaben zum Kontext der Sprachverwendung, zur Definition des Fachbegriffs und zu etwaigen Inkongruenzen zwischen ausgangs- und zielsprachlichem Terminus festhalten müssen. Auch Fragen zu Notwendigkeit und Umfang enzyklopädischer Informationen oder zur Einbindung von Illustrationen muss er beantworten. Darüber hinaus macht das Arbeiten für fremden Bedarf es erforderlich, dass er mit der lexikographischen Beschreibungssprache vertraut ist und die einzelsprachlichen Normen und Konventionen zum Gebrauch typografischer Zeichen kennt (in Deutschland DIN 2336, 2004). Unabdingbar sind überdies Entscheidungen zur Darstellung des Fachwissens (vgl. Schaeder/Bergenholtz 1994) und der dabei erforderlichen Beschreibungstiefe. Hierbei gibt es „genrespezifische" Unterschiede in dem Sinne, dass die vorbereitende Terminologiearbeit in der technischen Redaktion anders ausfällt als beim Übersetzen, wo der Sprachtransfer zwingend eine kontrastive Herangehensweise erforderlich macht.

Auch das Ausgabemedium ist in gewisser Weise für Umfang und Inhalt der Terminologieerfassung von Bedeutung: Lückenhaftigkeit in einem Printwörterbuch wird gemeinhin als gravierender Mangel angesehen, und die Erfassung noch ungesicherter Äquivalenzbeziehungen in einem zweisprachigen Fachwörterbuch trägt kaum zum Renommee des Verlags bei. Demgegenüber kann die Begrenzung des (anfänglichen) Umfangs einer Terminologiedatenbank für ein Projekt, an dem mehrere Mitarbeiter arbeiten, durchaus der Beleg für eine effiziente Arbeitsweise sein. Zum einen geht es anfänglich nur um das Gewährleisten des konsistenten Sprachgebrauchs der zentralen Termini und um die Vermeidung von Doppelaufwand bei deren Recherche. Zum anderen kann die Terminologiedatenbank nach und nach ergänzt werden. Die Problematik begrifflicher oder sprachlicher Unsicherheiten, die sich gerade bei der Etablierung neuer Fachtermini stellt, kann durch die Einführung von Zuverlässigkeitsgraden, wie sie die mehrsprachige Terminologiedatenbank der Europäischen Union, IATE, verwendet, umgangen werden (http://iate.europa.eu). Der Widerspruch zwischen Aktualitäts- und Qualitätsanspruch, den die Printwörterbücher meist zugunsten der Qualität und zulasten der Aktualität entscheiden, kann so abgemildert werden. Zuletzt sei erwähnt, dass Terminologen an der Ausarbeitung von Terminologieleitfäden beteiligt sind, die ein wichtiges Instrument der Qualitätssicherung im Betrieb darstellen. Dabei geht es vor allem um das Erstellen so genannter Style Sheets, die einen einheitlichen Sprachgebrauch innerhalb eines Unternehmens garantieren. Sprache, auch Fachsprache, wird heute zunehmend als Teil der Corporate Identity angesehen (man spricht auch von *Corporate Language*). Auch aus diesem Grund erschöpfen sich die Anforderungen an einen Terminologen längst nicht mehr in der Vertrautheit mit den unabdingbaren Terminologiemanagementsystemen.

11.2 Technical Writer

11.2.1 Definition und Tätigkeitsprofil

Ein Segment, in dem sich in vielen Sprachen ein sehr hohes Auftragsvolumen für Fachsprachenkundige ergibt, ist das Technical Writing.[1] Das relativ junge Berufsbild wird vom französischen Fachverband der Technischen Redakteure, dem *Conseil des Rédacteurs Techniques*, wie folgt umrissen:

> Les rédacteurs techniques sont les professionnels à l'origine des notices, modes d'emploi et aides en ligne fournis par les fabricants d'appareils ou de machines et les éditeurs de logiciels. Ils se situent à l'articulation entre les concepteurs et les utilisateurs des produits. (http://www.conseil-des-redacteurs-techniques.fr/, Abruf am 6. August 2015).[2]

Technical Writer sind besonders häufig in und für Industrieunternehmen tätig, aber auch in der Softwareentwicklung und – in geringerem Umfang – in der Dienstleistungsbranche (Straub 2013, 10), wobei Schätzungen zufolge durchschnittlich 13–

---

[1] Der Fachverband für Technische Kommunikation Tekom gibt allein für Deutschland an, circa 85.000 Personen seien 2012 in dieser Sparte beschäftigt gewesen (Straub 2013, 3). Die Ermittlung genauer Zahlen für die romanischen Sprachen erweist sich als schwierig, da nicht alle nationalen Berufsverbände statistische Erhebungen tätigen und auch die Berufsbezeichnung „technischer Redakteur" nicht geschützt ist. Separate Studiengänge sind vielfach noch im Aufbau befindlich, weshalb der Beruf derzeit meist von „Quereinsteigern" mit sprach- oder übersetzungsbezogenen Studienabschlüssen ausgeübt wird.

[2] Technische Redakteure sind diejenigen Experten, die für die Gebrauchs-/Bedienungsanleitungen und Online-Hilfen verantwortlich zeichnen, die von den Geräteherstellern, Maschinenbauern oder Softwareentwicklern bereit gestellt werden. Sie fungieren als Bindeglied zwischen Produktentwicklern und Produktnutzern (Übersetzung W.P./S.R.).

15% aller Tätigkeiten zur Erstellung Technischer Dokumentation ausgelagert werden (Straub 2013, 6). Im Fokus des Technical Writing steht das Anliegen, *fachbezogene Texte des täglichen Gebrauchs*, allen voran technische Dokumentationen wie Produktbeschreibungen oder Montage- und Bedienungsanleitungen, *adressatengerecht* und benutzerfreundlich zu formulieren. Der Inhalt der technischen Dokumentation ist „faktisch, informativ und oft instruktiv, jedoch nicht journalistisch und nicht werblich" (Schubert 2007, 72). Zur Zielgruppe zählen Fachexterne, etwa Konsumenten ohne spezifische Vorkenntnisse, die in die Lage versetzt werden sollen, ein Produkt zu nutzen, aber auch Nichtwissenschaftler mit spezifischem Fachwissen, d.h. „Praktiker" wie Techniker oder Monteure, die beispielsweise Geräte sicher in Betrieb nehmen oder Installationsarbeiten vornehmen sollen.

Für die Erfüllung ihrer Arbeit benötigen Technical Writer eine weitreichende Expertise, die vor allem die *Produktkenntnis* und eine *fachbezogene Vermittlungskompetenz* einschließt. Weil die Texte oft aus anderen Kulturen stammen oder für sie bestimmt sind, ist überdies eine recht ausgeprägte *kulturelle Kompetenz* von Nutzen. Vertraut sein sollte ein Technical Writer zudem mit den Gesetzen, Richtlinien und Normen, die im Zielland für das Produkt und/oder die produktbezogenen Texte gelten. Diese setzen die *rechtlichen Rahmenbedingungen*, innerhalb derer sich der Technical Writer bewegt, und reichen von Produktnormen bis hin zu Standards für die Gestaltung von Sicherheitshinweisen (cf. Baxmann-Krafft/Herzog 1999). Da die Vermittlung fachbezogener Inhalte sich aber nicht nur auf Text-, sondern in vielen Fällen auch auf Bildinformationen stützt, sollten Personen, die diesen Beruf ausüben, eine gewisse Versiertheit im Umgang mit *nonverbalen Informationsträgern* wie Piktogrammen und Diagrammen mitbringen. Funktional eingesetzte Bildelemente können die Leserfreundlichkeit eines Textes positiv beeinflussen. Allerdings werden sie nicht notwendig „in allen Kulturkreisen auf dieselbe Art interpretiert" (Göpferich 1998a, 286), weshalb beim interkulturellen Technical Writing zu prüfen ist, ob sie unverändert beibehalten werden können oder durch landesübliche Symbole ersetzt werden müssen. Kulturspezifisch sind im Übrigen auch die farbliche Gestaltung von Texten sowie das Verhältnis von Verbaltext und Bildmaterial (vgl. Reinart ²2014, 106–115), so dass den Technischen Redakteuren die Aufgabe zukommt, über ihren zielgruppengerechten Einsatz zu urteilen. Etwaige Änderungen müssen sie nicht notwendig selbst übernehmen, denn in Bezug auf die Visualisierungstechniken stehen ihnen häufig Mediendesigner, Graphiker etc. zur Seite. Eine gewisse *technische Kompetenz* wird den Technischen Redakteuren dennoch abverlangt, denn das Erstellen einfacher Computergraphiken oder Screenshots gehört vielfach mit zu den selbstverständlichen Aufgaben, die sie übernehmen. *Fremdsprachenkenntnisse* sind zwar nicht per se unentbehrlich, da der Erstellungsprozess technischer Dokumentation auch intralingual erfolgen kann, aber überall dort von Nutzen, wo fremdsprachige Texte/Medien als Informationsquelle dienen können. Die überwiegende Mehrheit der technischen Redakteure gibt daher an, sie zur Ausübung ihrer Tätigkeit zu nutzen (vgl. Schmitt 1998, 157).

Auffallend ist die terminologische Breite der Berufsbezeichnungen, die von „Technical Writer" über „Technischer Autor", „Technischer Redakteur", „Technikredakteur" bis hin zu „Dokumentationsingenieur" reicht und teils deckungsgleiche, teils voneinander abweichende Profile abdeckt. Die Benennungsvielfalt, die sich in den romanischsprachigen Bezeichnungen fortsetzt (*scrittore* oder *redattore tecnico* in Italien; *auteur/rédacteur/communicateur technique* oder *concepteur-rédacteur* in Frankreich), kann als Spiegelbild für den Facettenreichtum des Berufs gesehen werden. Dieser wird von Mertin sehr anschaulich und quasi *en passant* beschrieben, wenn sie den Technischen „Autor" vom Technischen „Redakteur" abgrenzt:

> Der *Technische Autor* ist für das Verfassen von Technischer Dokumentation zuständig. Seine Leistungen können von einem Unternehmen extern bezogen werden. Der *Technische Redakteur* ist gewöhnlich ein Angestellter dieses Unternehmens und steuert sämtliche Prozesse in der Erstellung Technischer Dokumentation, angefangen mit dem inhaltlichen Abstimmungsprozess mit der Entwicklungsabteilung, dem zeitlichen Planungsprozess, der Bilderstellung, der entsprechenden Aktualisierung und Archivierung, der Übersetzung, der Drucklegung, dem Versand bis hin zur Abrechnung der erhaltenen Leistungen mit den internen und externen Prozesspartnern (Mertin 2006, 61–62, Hervorhebungen W.P./S.R.).

Die von ihr getroffene Unterscheidung, die vom Status der betreffenden Person (Zugehörigkeit zum Unternehmen oder externer Mitarbeiter) sowie vom Umfang der durch sie erbrachten Dienstleistung abhängt, wird im Sprachgebrauch bislang jedoch noch nicht konsequent nachvollzogen. Zwei weitere Präzisierungen scheinen erforderlich: Gemäß den beiden Bedeutungen des Wortes „technical" im Englischen bezieht sich das Tätigkeitsfeld der Technical Writer sowohl auf „technische" als auch allgemein auf „fachliche" Redaktionsprozesse, was erklärt, weshalb das Konzipieren und Aktualisieren von Schulungsunterlagen oder von Online-Hilfen teilweise ebenfalls dem Technical Writing zugerechnet wird. Zudem ist der Technische Redakteur heute nicht mehr ausschließlich mit der Erstellung von Druckerzeugnissen befasst. Wenngleich das Berufsfeld noch mehrheitlich auf die „Erscheinungsformen schriftlicher Fachtexte" bezogen wird (Schmitt 1998, 155, vgl. auch Schubert 2007, 73), zeichnet der Technical Writer inzwischen in vielen Betrieben auch für die Gestaltung digitaler Texte in Datenbanken oder von Websites verantwortlich.

11.2.2 Zielsetzung und Techniken des Technical Writing

Zwei Grundanliegen kennzeichnen das Technical Writing: Der *Professionalisierungsgedanke* bei der Konzeption fachbezogener Texte und der Wunsch nach Erstellen *übersetzungsgerechter* Texte. Herrschte früher die Auffassung vor, die Verantwortung des Herstellers ende beim Produkt, wird heute die Produktdokumentation als integraler Bestandteil des Lieferumfangs wahrgenommen. Das verstärkte Qualitätsbewusstsein beim Redigieren fachbezogener Texte leitet sich aus der Erkenntnis ab, dass defekte Anleitungen das Markenimage negativ beeinflussen können. Zugleich ist es das Ergebnis rechtlicher Rahmenbedingungen, wie sie beispielsweise durch das Produkthaftungsgesetz gesetzt werden. Wird ein Produkt exportiert, muss die zugehörige Dokumentation zudem in verschiedene Sprachen übertragen werden. So legt die so genannte „Maschinenrichtlinie" der Europäischen Union (2006)[3] fest, dass ein Hersteller nicht nur die Betriebssicherheit seiner Produkte zu garantieren hat, sondern bei der Ausfuhr auch Betriebsanleitungen in der/einer Landessprache der Zielkultur bereitstellen muss (cf. Kapitel 10.1 Fachübersetzer). Das sorgfältige Redigieren und übersetzungsgerechte Formulieren verständlicher Texte ist somit zu einer wirtschaftlichen und haftungstechnischen Notwendigkeit für die Hersteller geworden.

Um das *Optimierungsanliegen* nicht dem Zufall zu überlassen, verwenden viele Unternehmen Leitlinien für die Redaktion technischer Texte. Hierin werden zahlreiche Regelungen getroffen, die von der Auswahl einer (firmenspezifischen) Terminologie über die Konsistenz der Sprachverwendung bis hin zu konkreten Formulierungsvorschlägen für wiederkehrende Textbausteine reichen und die allesamt der Erhöhung der Textqualität dienen. Das Technical Writing stellt also eine Form des *regelbasierten Schreibens* dar, bei dem Betriebssicherheit und Nutzerfreundlichkeit höchste Priorität genießen. Hauptregel für den Schreibprozess ist die Maxime, selbst komplexe fachliche Inhalte gegenstands- und adressatengerecht, d.h. *sachlich korrekt*, *verständlich* und *in logisch stringenter Form* darzustellen. Da viele Textsorten des Technical Writing der Interaktion zwischen Mensch und Maschine dienen (Göpferich 1998a), kommt nicht nur dem Sammeln und der Auswahl der relevanten Informationen, sondern auch der Reihenfolge, in der die Inhalte präsentiert werden, entscheidende Bedeutung zu. Abweichungen von der *sachlogischen Sequenz* bei der Inbetriebnahme einer Maschine beispielsweise (Präsentation von Schritt 2 vor Schritt 1) können Schäden für Mensch und Maschine nach sich ziehen und sind deshalb unbedingt zu vermeiden. Eine sorgfältige Konzeption von Textstruktur und Informationsfolge ist auch deshalb essentiell, weil sie den ersten Schritt in Richtung einer *leserfreundlichen Gestaltung* darstellt. Das schnelle Auffindbarmachen von Informationen, das durch die Formulierung kurzer und aussagekräftiger Überschriften ermöglicht und – je nach Textsorte – durch den Aufbau einer gezielten *Verweisstruktur* (etwa in Form von Indizes und Verweisen) unterstützt wird, ist daher ein wichtiges Qualitätsmerkmal der technischen Redaktion. Wenngleich für die Formulierung der Texte einzelsprachenspezifische Konventionen gelten (cf. das Kapitel 9.3), gibt es doch übergeordnete sprachliche Regeln, die eine wohl universelle Gültigkeit beanspruchen können. Hierzu gehören die Verwendung einer unmissver-

---

[3] Richtlinie 2006/42/EG des Europäischen Parlaments und des Rates vom 17. Mai 2006 über Maschinen und zur Änderung der Richtlinie 95/16/EG (Neufassung), in: *Amtsblatt der Europäischen Union* vom 9.6.2006, 24–86.

ständlichen Diktion, die konsistente Benutzung einmal eingeführter Termini (Synonymenvermeidung) und syntaktische Regeln wie die Vermeidung von mehrdeutigen oder unnötig komplexen Konstruktionen (cf. *Regelbasiertes Schreiben* ²2013). Sprachliche, inhaltliche und gestaltungstechnische Regeln greifen hierbei ineinander, denn was der *übersichtlichen Präsentation* dient, wie etwa die Gestaltung prägnanter Überschriften, erleichtert zugleich die Textrezeption. Aus diesem Grund wird von den technischen Redakteuren oft „nicht nur die lesergerechte Umsetzung der zu vermittelnden Inhalte", sondern auch die Erstellung des Layouts, d.h. „die adressatengerechte formale Gestaltung des Textes" verlangt (Schmitz/Freigang 2002, 92–93). Nicht von ungefähr beginnen Redaktionsleitfäden daher mit Hinweisen zu Wortwahl und Textstrukturierungsstandards und enden mit Vorgaben für die Layoutkomponente.

11.3 Popularisator

11.3.1 Konzept der Popularisierung

Die Verbreitung von Fachwissen, das dem Menschen bei der individuellen Lebensgestaltung und der Gemeinschaft bei der Lösung von Problemen des Zusammenlebens hilfreich sein kann, gilt in demokratischen Gesellschaften seit der Aufklärung im Allgemeinen als wichtige sozial- und bildungspolitische Aufgabe. Weniger Einigkeit herrscht darüber, von wem diese teils als Popularisierung, teils als Vulgarisierung bezeichnete Aufgabe übernommen werden soll. Das Ansehen von Fachleuten, die ihr Spezialgebiet einer breiten Öffentlichkeit zu vermitteln verstehen, ist nicht in allen Kulturen gleich ausgeprägt; im deutschen Sprachraum ist es nach wie vor niedrig, weshalb die Popularisierung gern an Personen delegiert wird, zu deren Beruf sie gehört. In Frankreich dagegen schreibt ein Professor der Chemie der École Polytechnique in einer renommierten Publikationsreihe selbst eine Anleitung mit vielen Ratschlägen, was man bei populärwissenschaftlichen Publikationen zu bedenken habe, offensichtlich ohne damit seinen Ruf als Wissenschaftler zu gefährden (Laszlo 1993). Ob nun die Spezialisten die Aufgabe selbst in die Hand nehmen oder sie anderen überlassen: Moderne Gemeinwesen, die sich gern als Wissenschaftsgesellschaften definieren, brauchen – direkte oder vermittelte – Kommunikation zwischen Spezialisten und Laien. Da Wissen Status sichert, weil man informiert erscheint und „mitreden" kann, hat Popularisierung heutzutage Konjunktur. Wissenschaftsjournalismus ist ein eigener Berufszweig geworden.

Das Bemühen um Information aus Bereichen, die einem weniger vertraut sind, sowie das Stillen dieses Bedürfnisses durch professionelle VermittlerInnen wurde jedoch auch in jüngerer Zeit einer strengen Kritik unterzogen. Vertreter der berühmten Frankfurter Schule der Soziologie haben kritisiert, dass die Populärwissenschaft eine breitere Teilhabe am gesellschaftlich relevanten Wissen nur vorgaukle, während die Macht uneingeschränkt bei den Experten bleibe. Der französische Soziologe Philippe Roqueplo (1974, 166) spricht in diesem Zusammenhang von einem bloßen Schaufenstereffekt (*effet de vitrine*). Andere betrachten die Populärwissenschaft als „wurzellose" Form des Wissens, als fragmentarische und punktuelle Kreuzworträtselgelehrsamkeit, die von Menschen gepflegt werde, die selber klassenmäßig wurzellos (geworden) seien, d.h. von sozialen Auf- oder Absteigern. Kritisiert wurde ferner, dass wissenschaftliche Erkenntnisse unter der Feder von Vulgarisatoren oft theatralisiert, inszeniert oder mythisiert würden. In den letzten Jahrzehnten scheint sich jedoch eine viel positivere Einstellung zum Phänomen Populärwissenschaft etabliert zu haben.

Popularisierung wird immer wieder als Übersetzung – mit oder ohne Anführungszeichen – apostrophiert. In der Regel handelt es sich um jene Form, die in der Translationswissenschaft als intralinguale Übersetzung bezeichnet wird, das heißt eine Umformulierung innerhalb derselben Sprache, die mit verschiedenen in der Folge beschriebenen Operationen verbunden ist. Interlingualität, die beim „eigentlichen" Übersetzen als inhärentes Grundmerkmal gilt, *kann* bei der Technischen Redaktion ebenfalls gegeben sein – dann nämlich, wenn das Ausgangsmaterial ganz oder teilweise in einer anderen Sprache als der Zielsprache vorliegt; anders als bei der Übersetzung *muss* sie aber nicht vorliegen (vgl. Schubert 2006, 193).

Mit dem Technical Writing verbindet die Popularisierung der Grundgedanke, fachliches Wissen in einer Weise zu vermitteln, die es dem Fachfremden zugänglich macht. Anders als beim Technical Writing gilt das Interesse der Popularisierung aber nicht so sehr der Erleichterung alltäglicher Verrichtungen wie der Inbetriebnahme von Gebrauchsgegenständen, sondern der *Vermittlung wissenschaftlicher Erkenntnisse und Einsichten*, was in Benennungen wie sp. *divulgación científica*; pt. *divulgação científica* oder it. *divulgazione scientifica* zum Ausdruck kommt. Bei der Popularisierung wie beim Wissenschaftsjournalismus, der „institutionalisierten Form der Wissenschaftsvermittlung" (Niederhauser 1999, 232), geht es damit nicht um das Erstellen von Gebrauchstexten für ein Publikum, das als Leserschaft schon akquiriert ist (etwa, weil das im Text beschriebene Produkt bereits gekauft wurde), sondern darum, ein potentiell am wissenschaftlich-technischen respektive geistig-kulturellen Diskurs interessiertes Publikum als Leserschaft zunächst zu *werben*, um ihm dann den fachlichen wie sprachlichen Aneignungsprozess zu erleichtern. Sehr häufig dienen popularisierte Texte der *fachexternen Kommunikation*, bei der Wissenschaftstexte in einer der Allgemeinheit verständlichen Form präsentiert werden. Angesichts des rasanten technisch-wissenschaftlichen Fortschritts erweist sich neben der Kommunikation mit dem Laien aber auch die *interfachliche Kommunikation zwischen Experten verschiedener Fachgebiete* als problematisch, denn der fortschreitenden Spezialisierung auf der einen Seite steht die gleichfalls zunehmende interdisziplinäre Verflechtung auf der anderen Seite gegenüber. Das macht im interfachlichen Austausch verschiedene Anpassungsprozesse erforderlich, die denen der fachexternen Kommunikation gleichen. Texte, die zum Zwecke der interdisziplinären Verständigung verfasst wurden, werden in der modernen Fachsprachenforschung daher teilweise ebenfalls der Popularisierungsliteratur zugeordnet (z.B. von Mashaal 2009, 17). Man mag über diese Einordnung geteilter Meinung sein, denn entgegen dem eigentlichen Wortsinn (*populus* ‚Volk') dienen die betreffenden Texte nicht der Außenkommunikation. Wie unterschiedlich die Anliegen jedoch sein können, macht Mashaal deutlich, wenn er einige Standardsituationen auflistet, in denen auch der Forscher selbst gezwungen ist, bis zu einem gewissen Grad von seinem üblichen Sprachduktus abzurücken:

> À chaque fois qu'un chercheur doit présenter ses travaux, [...], il fait en quelque sorte de la vulgarisation. C'est le cas lorsqu'il dépose une candidature à un poste, lorsqu'il propose un projet de recherche, lorsqu'il fait une demande de crédits ou lorsqu'il défend son laboratoire lors d'une évaluation. C'est aussi le cas lorsque le chercheur est sollicité par une autorité telle qu'une commission parlementaire pour donner son avis d'expert sur, par exemple, l'opportunité d'autoriser ou non la culture de plantes génétiquement modifiées (Mashaal 2009, 17).[4]

Als unstrittig kann in jedem Fall gelten, dass zwischen verschiedenen *Popularisierungsgraden* unterschieden werden muss, denn das terminologische wie fachliche Vorwissen ist nach intendierter Zielgruppe sehr verschieden.

11.3.2 Formen und Funktionen der Popularisierung

Unabhängig davon, wie eng oder wie weit man den Popularisierungsbegriff fassen möchte, impliziert er stets das Konzept der Anpassung eines technischen, wissenschaftlichen oder allgemein fachsprachlichen Textes/Diskurses an ein Zielpublikum, auf dessen Bedürfnisse er nicht ursprünglich abgestimmt war. Die Inhalte (die Themen, die behandelt werden), die Form (Zeitschriftenartikel, Wissenschaftsmagazine, wissenschaftsorientierte Sachbücher, Romane) sowie das Medium popularisierender Darstellungen (Printform, bestimmte Rundfunk- oder Fernsehformate, digitale Medien wie DVDs, Apps oder das Internet) sind weit gefächert. Sieht man von der Kommunikation zwischen Experten verschiedener Fachgebiete einmal ab, denen innerhalb der Popularisierungsliteratur zweifellos ein Sonderstatus zukommt, ist diesen Formaten eines gemeinsam: Es sind häufig nicht die Wissen-

---

4 Jedes Mal, wenn ein Wissenschaftler seine Arbeit präsentieren muss, [...] betreibt er eine Art Vulgarisierung. So zum Beispiel, wenn er sich um eine Stelle bewirbt, den Antrag auf ein Forschungsprojekt einreicht, sich um das Einwerben von Geldmitteln bemüht oder bei einer Evaluierung für seine Forschungseinrichtung eintritt; aber auch dann, wenn er durch ein amtliches Gremium wie einen parlamentarischen Ausschuss zu Rate gezogen wird, um seine Expertenmeinung dazu abzugeben, ob es beispielsweise sinnvoll ist, den Anbau genveränderter Pflanzen zu genehmigen oder nicht (Übersetzung W.P./S.R.).

schaftler selbst, die für sie verantwortlich zeichnen, sondern dem Wissenschaftsbetrieb mehr oder weniger nahe stehende Akteure wie Wissenschaftsjournalisten, Rundfunk- und Fernsehredakteure etc. Die Kompetenzabtretung an Fachfremde erklärt sich damit, dass popularisierende Erkenntnisvermittlung in wissenschaftlichen Kreisen in keinem hohen Ansehen steht (vgl. Gipper 2003, 9). Weil die Popularisierung nicht zum „eigentlichen" Aufgabengebiet der Wissenschaft gezählt wird, bleiben von der Auswahl der relevanten Themen bis hin zu den Techniken der Popularisierung nahezu alle Entscheidungen den Verantwortlichen für das jeweilige Publikationsmedium überlassen. Aufgrund dessen kann das Verhältnis von Wissenschaft und Medienöffentlichkeit, das seit den 1980er Jahren verstärkt ins Interesse der Wissenschaftsforschung gerückt ist, als aussagekräftiges Barometer für gesellschaftliche Entwicklungen angesehen werden:

> Wie Wissenschaft kommuniziert wird, ist abhängig vom Grad ihrer Ausdifferenzierung, von der Art der Förderung der Wissenschaft und der politischen Verfassung der Gesellschaft sowie von dem jeweils in ihr relevanten Publikum und seinen Erwartungen. Schließlich prägen auch die jeweils verfügbaren technischen Verbreitungsmedien, derer sich die Kommunikation bedient, deren Formen (Franzen/Rödder/Weingart 2012, 355).

Formen, Inhalte und Verbreitungsmedien populärwissenschaftlicher Kommunikationsformen sind im Zeitverlauf wandelbar und unübersehbar an bestimmte Kulturen und Gesellschaftsformen gebunden. Waren es beispielsweise in Frankreich früher die Salons, das Theater und die Popularisierungsliteratur in Buchform, die wissenschaftliche Erkenntnisse der Allgemeinheit zugänglich machten, wird diese Funktion in den heutigen demokratischen Staaten vor allem von Zeitungen, Zeitschriften, Rundfunk und Fernsehen, daneben auch von Erwachsenenbildungsprogrammen sowie von so genannten Wissenschaftsevents übernommen. Das Spektrum der Popularisierungsformate hat sich im Verlauf der Jahrzehnte also deutlich ausgeweitet. Zugleich hat sich die Bewertung wissenschaftlicher Erkenntnisse und ihrer Verbreitungsnotwendigkeit verändert: Während manch ein Aufklärer sein politisch-gesellschaftliches Engagement noch hinter fiktionalen Figuren verstecken und umstrittene naturwissenschaftliche Erkenntnisse in Romanform tarnen musste (deren Verbreitung war, wenn sie den vorherrschenden religiösen Denkrichtungen widersprachen, mit unüberschaubaren Risiken verbunden), gilt die Teilhabe an wissenschaftlichen Erkenntnissen in der heutigen „Wissensgesellschaft" beinahe schon als Selbstzweck. Subversives Potential wird wissenschaftlichem Gedankengut im 21. Jahrhundert nur noch in autoritären Regimen zugeschrieben. Auch an anderer Stelle sind Verschiebungen erkennbar: Standen im *siècle des lumières* mit Vernunftbildung, Einforderung der Menschenrechte und Religionskritik noch im weitesten Sinne sozial- und geisteswissenschaftliche Themen im Vordergrund, scheint die Konzeption der Wissenschaftskommunikation heute recht einseitig an den Naturwissenschaften orientiert. Das vielzitierte angelsächsische Konzept des *Public Understanding of Science (PUS)* zumindest räumt den *sciences* (den Naturwissenschaften) gegenüber den Geisteswissenschaften (den *humanities*) schon in der Namensgebung den Vorrang ein. Ein konzeptioneller Wandel ist allerdings insofern zu verzeichnen, als das PUS zunehmend durch den Gedanken des *Public Engagement with Science and Technology (PEST)* abgelöst wird, der gleich mehrere Akzentverschiebungen gegenüber dem PUS erkennen lässt: Neben der Einbeziehung des technischen Bereichs, die einer inhaltlichen Ausweitung gleich kommt, ist der Wille zu einer stärkeren Einbeziehung der Öffentlichkeit erkennbar (vgl. Franzen/Rödder/Weingart 2012, 355). Wenn das *engagement* ernst gemeint ist und das belehrende Element, das dem Konzept des *Public „Understanding" of Science* noch anhaftete, entfallen soll, dürfen Themenfelder wie Politik, Wirtschaft, Psychologie etc. bei der Popularisierung allerdings nicht ausgeklammert bleiben. Immerhin besteht Konsens darüber, dass die wichtigste Funktion der Popularisierung (in dem prototypischen Bereich der fachexternen Kommunikation) in der „Implementierung eines wissenschaftlichen Wissens in eine soziale Lebenswelt" besteht (Gipper 2003, 22).

11.3.3 Inhalte und Techniken der Popularisierung

Das vorrangige Ziel der Popularisierung besteht nicht darin, „spezielles Fakten- und Formelwissen zu erzeugen und Laien zu Experten zu machen" (Meisel 2004, 5), sondern darin, wissenschaftliche Erkenntnisse anschlussfähig machen. Dies ist aber nur zu erreichen, wenn sich der Popularisator darüber Rechenschaft ablegt, an welchen Hürden der *direkte* Austausch, d.h. die unmittelbare Teilhabe des Laien an der fachinternen Kommunikation, scheitert. Laut Niederhauser sind dies im Wesentlichen komplexe Inhalte, eine hochspezialisierte Sprache sowie die Tatsache, dass Fachliteratur häufig in einer Sprache vorliegt, die vom Rezipienten nicht beherrscht wird bzw. die nicht seiner Muttersprache entspricht (vgl. Niederhauser 1999, 232). Der Faktor „Sprache" ist somit bei jeder Popularisierungsaufgabe von zentraler Bedeutung. Tatsächlich haben die vorangegangenen Kapitel gezeigt, dass das Beherrschen von Fachsprache schon über die Kompetenz vieler muttersprachlicher Sprachbenutzer hinausgeht. Sind die fachlichen Informationen darüber hinaus in einer Fremdsprache formuliert, verstärkt sich das Problem, denn selbst in „Schulsprachen" bringt der Laie selten das erforderliche fachspezifische Niveau mit, um die Originaltexte unmittelbar zu verstehen (vgl. hierzu Kapitel 10).

Dennoch ist es bei der Popularisierung mit der Verwendung einer „leichten Sprache" nicht getan, denn die „Anschlussfähigkeit" des Wissens hängt sowohl bei der inter- als auch bei der intrakulturellen Popularisierungsaufgabe ganz entscheidend von den präsentierten Inhalten und vom Vorwissen des Zielpublikums ab. Werfen wir also zunächst einen Blick auf die Inhalte populärwissenschaftlicher Publikationen. Diese sind von Land zu Land nicht unbedingt deckungsgleich, denn Grundvoraussetzung für einen Popularisierungsbedarf ist, dass eine gewisse *(Medi-*

en)öffentlichkeit besteht. Dabei ist eine Wechselbeziehung zwischen medialem und gesellschaftlichem Interesse zu beobachten, denn einerseits werden in popularisierenden Werken/Sendungen aktuelle Debatten aufgegriffen und andererseits werden bestimmte Themen von ihnen erst gesetzt. Es wird also zum einen dann popularisiert, wenn eine fachexterne Öffentlichkeit bereits besteht (etwa bei wissenschaftlichen Entdeckungen, die unzweifelhaft „Nachrichtenwert" besitzen), und zum anderen dann, wenn diese Öffentlichkeit vom Popularisierungsmedium erst herzustellen ist, beispielsweise durch den Appell an die Neugier des Rezipienten, den Verweis auf die Errungenschaften eines Landsmannes und die Präsentation einer Identifikationsfigur.

In allen Fällen *muss* sich eine Popularisierung sprachlich wie inhaltlich von einem Fachtext unterscheiden, denn mit dem Verlassen des Ursprungsmediums wird die fachliche Information in eine veränderte Kommunikationssituation gestellt. Diese ist ganz wesentlich durch das Wissensgefälle zwischen Textautor und Textleser geprägt. Anders als der Fachmann, der für die *peer group* schreibt, kann der Popularisator die Kenntnis von Standardwerken oder aktuellen Publikationen zum jeweiligen Forschungsthema nicht voraussetzen. Ebenso wenig kann er davon ausgehen, dass der Adressat es als Holschuld ansieht, sich mit den präsentierten Inhalten vertraut zu machen, denn während der Wissenschaftler in einer Rezeptionspflicht steht, was die Forschungsliteratur anbetrifft, kann der Laie die Auseinandersetzung mit einem Thema schlicht ablehnen. Aus diesem Grund sind Popularisatoren bemüht, die Relevanz wissenschaftlicher Erkenntnisse für das Berufs- oder Alltagsleben der Adressaten aufzuzeigen und sie so als Leser/Hörer/Zuschauer zu gewinnen. „Sperrige" Themen wie methodologische Probleme, alltagsferne und zugleich unspektakuläre Forschungsergebnisse sowie alles, was die Rezeption des Popularisierungsformats be- oder gar verhindern könnte (mathematische Formeln, Fußnoten, der wissenschaftliche Apparat mit Anmerkungen, Literaturangaben etc.), bleiben ausgeklammert oder werden auf ein Mindestmaß reduziert. Da es gilt, sich am vermuteten Wissensstand und an der Interessenlage des Laien zu orientieren, wird der wissenschaftliche Diskurs überdies zwangsläufig in andere Argumentationszusammenhänge gestellt. Auf inhaltlicher Ebene führt dies zu komplexen Anpassungsvorgängen, die sich maßgeblich in einer Verringerung der Informationsfülle, d.h. der Menge an Informationen, die präsentiert werden, äußern. Bestimmte Informationen werden ersatzlos gestrichen, andere – als besonders relevant betrachtete – Informationen hingegen entfaltet und mit einer ausführlichen Erklärung versehen. Letzteres hat zur Folge, dass sich neben der Informationsfülle auch die Informationsdichte (im Sinne von Komplexität und Kompressionsgrad) gegenüber einem wissenschaftlichen Text verringert (vgl. Niederhauser 1999, 120–128). Vor allem auf niedrigen Popularisierungsstufen, wie sie sich in der Boulevardpresse finden, kann sich hieraus die Gefahr der einseitigen oder inhaltlich verzerrenden Darstellung ergeben – etwa, wenn bei PCB-Funden in Eiern undifferenziert von *„Dioxin-Eiern/oeufs à la dioxine/huevos contaminados con* *dioxinas*" die Rede ist und mit keinem Wort erwähnt wird, dass die akute Toxizität von PCB gering ist – geschweige denn, dass sich hinter der Benennung PCB (Polychlorierte Biphenyle) eine Gruppe von insgesamt 209 Substanzen (so genannten „Kongeneren") verbirgt, die in dioxinähnliche und nicht dioxinähnliche Substanzen zerfallen. Fälle wie dieser erklären, warum Popularisierungen in der *scientific community* auf Vorbehalte stoßen. Dennoch wäre es vorschnell, die Differenzqualität der populärwissenschaftlichen zur wissenschaftlichen Literatur als qualitative und quantitative Reduktion abzutun. Erstens ist es unangemessen, die Leistung von Popularisierungsformaten an *worst practice*-Beispielen zu messen. Zweitens ist es gar nicht das Anliegen der Popularisierungswerke, dem Laien dieselbe Verstehenstiefe zu vermitteln wie dem Experten. Die Popularisierung von Wissenschaftstexten erfüllt vielmehr die Hauptfunktion, Kompetenzprobleme beim Laien zu überbücken. Schon allein aus diesem Grund kann sie kein Gleichbleiben des Wissenschaftsdiskurses mit sich selber bedeuten. Die sinnvolle (!) Reduktion von Komplexität und Kompression stellt somit keinen Defekt, sondern ein Qualitätsmerkmal populärwissenschaftlicher Formate dar. Wie überzeugend die hierfür erforderlichen Transformationen gelingen, hängt entscheidend von der Person des Popularisators ab – sicherlich ein Argument dafür, dass auch Wissenschaftler sich der Popularisierung zuwenden sollten.

Was passiert nun aber auf sprachlicher Ebene, wenn eine fachliche Information das Ursprungsmedium verlässt? Da den Fachtermini innerhalb der fach*internen* Kommunikation ein wichtiger Status zukommt und sie gleichzeitig in der fach*externen* Kommunikation die wohl deutlichsten „Unwissenheitssignale" an den Laien senden (Niederhauser 1999, 191), ist der überlegte Umgang mit ihnen von zentraler Bedeutung. Eine Kernentscheidung des Popularisators besteht daher in der sinnvollen *Auswahl* der einzuführenden Termini. Um den Text nicht durch allzu viele erklärungsbedürftige Ausdrücke zu überlasten, wird er bemüht sein, den Leser/Hörer/Zuschauer nur mit denjenigen Fachtermini vertraut machen, die für die adäquate Darstellung des Themas unabdingbar sind und auf diejenigen zu verzichten, die es nicht sind. Hierfür stehen ihm verschiedene Techniken zur Verfügung: Er kann Fachwörter wahlweise durch eine explizite Definition *im Fließtext* einführen oder in einem *textbegleitenden Kästchen* erklären. Er kann (einige wenige) exhaustive Begriffsfestlegungen treffen oder – häufiger – auf *Kurzdefinitionen* zurückgreifen, in denen er sich auf die für das Verständnis des Textzusammenhangs erforderlichen definitorischen Merkmale beschränkt. Überdies hat er die Möglichkeit, bei der Einführung der Fachausdrücke „Aufmerksamkeitssignale" zu setzen (Niederhauser 1999, 145) wie ein „so genannt" oder ein „das als x bezeichnete Merkmal" etc. Er kann Termini weglassen und stattdessen ihren fachlichen Gehalt erläutern, d.h. *Erklärungsäquivalente setzen* und Periphrasen bilden. Er kann die Möglichkeit einer „entfaltenden Definition" (Niederhauser 1999, 150) nutzen, bei der Informationen zu einem zentralen Fachbegriff auf unterschiedliche Stellen, an denen er vorkommt, aufgeteilt werden. Nicht zuletzt kann er auch zu der Auffassung gelangen, dass bestimmte Termini dem Zielpublikum aufgrund seines Bildungsgrads unkommentiert „zugemutet" werden können. Die Kompetenzkontrolle, die er dabei ausübt, basiert – mangels entsprechender empirischer Daten – meist auf Erfahrungswerten. Wenngleich es also keine unverrückbare Bezugsgröße gibt, lässt die Kenntnis des Verbreitungsmediums es zu, den Rezipientenkreis recht präzise zu umreißen und den Verstehenshorizont des intendierten Durchschnittslesers korrekt einzuschätzen.

Wichtig erscheint die Feststellung, dass man sich die Anpassungsleistungen bei der Popularisierung nicht als punktuelle Eingriffe in den Text vorstellen darf und dass sie sich nicht allein auf den Austausch von Fachwörtern durch gemeinsprachliche Wörter beschränken. Dies wird schon am Fall der oben angesprochenen „entfaltenden Definition" deutlich, bei der sich die Gesamtbedeutung eines Terminus erst nach Lesen des Gesamttextes erschließt. Es zeigt sich aber auch darin, dass nicht nur auf der lexikalischen, sondern auf *allen Ebenen der Sprache gezielte Veränderungen von Textmerkmalen zu verzeichnen sind.* Fachtextsortenkonventionen etwa (cf. 9.3) sind dem Laien nicht bekannt und können somit nicht als Erkennungssignal dienen. Entsprechend werden stark konventionalisierte Textstrukturen meist nicht reproduziert, sondern durch einen stärker *narrativ* als deskriptiv-argumentierend ausgerichteten Diskurs ersetzt. Während viele fachliche Kommunikationssituationen durch feste Diskursvorgaben geregelt sind, besteht in der fachexternen Kommunikation ein großer Gestaltungsspielraum. Wie bereits erwähnt hängt die konkrete sprachliche Ausgestaltung stark vom jeweiligen Publikationsorgan ab; sie ist aber auch von individualstilistischen Vorlieben des Popularisators geprägt. Verallgemeinernd lässt sich jedoch feststellen, dass die Sprachzeichenwahl durch den Wunsch nach *Verlebendigung des Dargestellten* sowie den „Ersatz des Fremden durch Bekanntes" (Stolze 1993, 269) gekennzeichnet ist. Wichtige Instrumente hierfür sind *Vergleiche* und *Analogien*, die fachliche Phänomene an den Erfahrungsbereich der Rezipienten heranrücken, aber auch der Einsatz von *(kognitiven) Metaphern*, die in der innerfachlichen Kommunikation nicht in allen Sprachgemeinschaften gerne gesehen sind (cf. Kap. Terminus, „Metaphernverbot"). In der extrafachlichen Kommunikation schaffen sie jedoch anerkanntermaßen *Verständnisbrücken*, denn das Verstehen wird durch ihren konkreten Ursprungsbereich wie Tier- und Farbenwelt oder Körperteile erleichtert (vgl. Roche 2013, 131–132).

Eine herausragende Bedeutung kommt nicht zuletzt den Visualisierungstechniken zu. Bilder und graphische Darstellungen, wie sie natürlich auch in der fachinternen Kommunikation verwendet werden, sind in Frequenz, Art und Funktion von den nonverbalen Mitteln „echter" Wissenschaftstexte verschieden. Photos beispielsweise, die in Wissenschaftstexten kaum vorkommen, fungieren in populärwissenschaftlichen Medien häufig als „Eyecatcher" und dienen der *attraktiven Präsentation* fachlicher Inhalte. Da der populärwissenschaftliche Adressat erst von der Nützlichkeit der Rezeption überzeugt werden muss, ist der *ästhetische Anspruch* an sie wie an sämtliche anderen nonverbalen Mittel hoch. Während nonverbale Mittel in Fachtexten immer auch als Informationsträger und nie allein als optische Gestaltungselemente eingesetzt werden, tragen sie bei populärwissenschaftlichen Publikationen entscheidend dazu bei, einen *Leseanreiz* zu schaffen. Umgekehrt können Diagramme, Graphiken oder Tabellen aus Texten, die der innerfachlichen Kommunikation dienen, für die Popularisierungsaufgabe oft nicht unverändert übernommen werden. Erstens können fachfremde Leser die relevanten Informationen nicht unbedingt aus ihnen herauslesen und zweitens erfüllen sie nur bedingt die *auflockernde* Funktion, die ihnen im populärwissenschaftlichen Text zugedacht ist. Geschickt platzierte Photos sind nämlich nicht nur Blickfang; sie ermöglichen es auch, Informationen in Bildunterschriften zu „verstecken", Ergänzungen zu im Text enthaltenen Erklärungen und Definitionen zu machen und einen *optischen Eindruck* der beschriebenen Phänomene zu vermitteln (cf. Häusermann ²2005, 156–162). Insofern belegen die nonverbalen Mittel wie Photos, Graphiken und Kästchen, dass eine gute Popularisierungsleistung zwar unzweifelhaft mit der angemessenen Sprachzeichenwahl beginnt, aber nicht dort endet.

Aufgaben

1. Vergleichen Sie Aufbau und Inhalt von ein- und mehrsprachigen Fachwörterbüchern in einer romanischen Sprache Ihrer Wahl. Welche Unterschiede können Sie zwischen diesen so genannten Definitions- respektive Äquivalenzwörterbüchern erkennen?
2. Die mehrsprachige Terminologie-Datenbank der EU-Institutionen, *iate*, trägt Termini aus verschiedensten Sachgebieten wie Wirtschaft, Recht, Informationstechnologie zusammen. Rufen Sie verschiedene Einträge der öffentlich zugänglichen Datenbank ab und erläutern Sie die Eintragsstruktur (die URL lautet http://iate.europa.eu).
3. Finden Sie heraus, ob es in den Ländern der von Ihnen gesprochenen Sprachen Berufs- und Interessenvertretungen für Technical Writer gibt und welche Vorgaben von ihnen gemacht werden. Vergleichen Sie etwaige Vorgaben mit den in Deutschland geläufigen Regeln (VDI-Richtlinien: VDI 4500 Blatt 1, 2 und 3; tekom-Richtlinie).
4. Schlagen Sie für die romanischen Sprachen, die Sie kennen, das Stichwort Popularisierung/Vulgarisierung in einem Standardwörterbuch und in einer gängigen Enzyklopädie nach. Welche Begriffsmerkmale werden herausgestellt?
5. Mashaal (2009, 17) schreibt: „Même la rédaction d'un article scientifique primaire, destiné aux revues professionnelles, est un acte de vulgarisation: ne vaut-il pas mieux qu'un tel texte soit lisible au-delà du cercle restreint des spécialistes si l'on veut que les travaux décrits aient de la publicité et que leur intérêt, leur portée ou leur qualité soient reconnus ?" Kommentieren Sie diese sehr weite Begriffsfestlegung.

6. Der Freiburger Germanist Uwe Pörksen (1986, 191–199) erläutert anhand eines deutschen populärwissenschaftlichen Bestsellers, wie in vulgarisierender Literatur – im Gegensatz zum prototypischen Fachtext – die Basisfunktionen der Sprache eingesetzt werden. Lesen Sie den Abschnitt und analysieren einen kurzen populärwissenschaftlichen Text in einer romanischen Sprache entlang der von Pörksen erstellten Liste:
    1. Funktion der Darstellung und Unterscheidung
    2. Funktion der Gliederung
    3. Funktion der Metasprache
    4. Funktion der fragenden und hypothetischen Erweiterung des gegebenen Horizonts
    5. Kontaktfunktion
    6. Ausdrucksfunktion
    7. Appellfunktion
    8. Poetische Funktion

Literaturverzeichnis

Adamzik, Kirsten (2001): Kontrastive Textologie. Tübingen, Stauffenburg.
Ahmann, Heiko (2012): Das Trügerische am Berufsbild des Übersetzers. Berlin, Logos.
Ahrend, Klaus (2006): „Kriterien für die Bewertung von Fachübersetzungen", in: Schippel, Larisa (ed.): Übersetzungsqualität – Kritik – Kriterien – Bewertungshandeln. Berlin, Frank & Timme, 31–42.
Albrecht, Jörn (1992): „Wortschatz vs. Terminologie: Einzelsprachliche Charakteristika in der Fachterminologie", in: Albrecht, Jörn/Baum, Richard (eds.): Fachsprache und Terminologie in Geschichte und Gegenwart. Tübingen, Narr, 59–78.
Albrecht, Jörn (2004): „Der Beitrag der Sprachwissenschaft zur Übersetzungsforschung – Überlegungen eines Konservativen", in: Albrecht, Jörn/Gerzymisch-Arbogast, Heidrun/Rothfuß-Bastian, Dorothee (eds.): Translation. Traduction. Translation. Neue Forschungsfragen in der Diskussion. Festschrift für Werner Koller. Tübingen, Narr, 1–21.
Albrecht, Jörn (2005): Übersetzung und Linguistik. Tübingen, Narr.
Albrecht, Jörn (2013): „Zwischen Fach- und Gemeinsprache: Tier- und Pflanzennamen", in: Sergo, Laura/Wienen, Ursula/Atayan, Vahram (eds.): Fachsprache(n) in der Romania. Entwicklung, Verwendung, Übersetzung. Berlin, Frank & Timme, 3–20.
Albrecht, Jörn/Baum, Richard (1992, eds.): Fachsprache und Terminologie in Geschichte und Gegenwart. Tübingen, Narr.
Albrecht, Jörn/Gerzymisch-Arbogast, Heidrun/Rothfuß-Bastian, Dorothee (2004, eds.): Translation. Traduction. Translation. Neue Forschungsfragen in der Diskussion. Festschrift für Werner Koller. Tübingen, Narr.
Antos, Gerd (1989): „Textproduktion: ein einführender Überblick", in: Antos, Gerd/Krings, Hans P. (eds.): Textproduktion. Ein interdisziplinärer Forschungsüberblick. Tübingen, Niemeyer, 5–57.
Arntz, Reiner/Picht, Heribert/Mayer, Felix (1991/⁴2002): Einführung in die Terminologiearbeit. Hildesheim, Olms.
Arntz, Reiner/Thome, Gisela (1990, eds.): Übersetzungswissenschaft. Ergebnisse und Perspektiven. Festschrift für Wolfram Wilss zum 65. Geburtstag. Tübingen, Narr.
Aschenberg, Heidi/Wilhelm, Raymund (2003, eds.): Romanische Sprachgeschichte und Diskurstraditionen. Tübingen, Narr.
Auer, Peter/Bassler, Harald (2007): „Der Stil der Wissenschaft", in: Auer, Peter/Bassler, Harald (eds.): Reden und Schreiben in der Wissenschaft. Frankfurt am Main/New York: Campus Verlag, 9–29.
Bausinger, Hermann (1972): Deutsch für Deutsche. Dialekte, Sprachbarrieren, Sondersprachen. Frankfurt am Main, Fischer.
Baxmann-Krafft, Eva-Maria/Herzog, Gottfried (1999): Normen für Übersetzer und technische Autoren. Berlin u.a., Beuth.
BDÜ 2012: „Übersetzungsmarkt wächst um 12 Prozent", Pressemitteilung des Bundesverbands der Dolmetscher und Übersetzer vom 28. September 2012, online unter http://www.themenportal.de/wirtschaft/uebersetzungsmarkt-waechst-um-12-prozent-12976, Abruf am 9. November 2013.
Beier, Rudolf (1979): „Zur Syntax in Fachtexten", in: Mentrup, Wolfgang (ed.): Fachsprachen und Gemeinsprache. Düsseldorf, Schwann, 276–301.
Belke, Horst (1973): Literarische Gebrauchsformen. Grundstudium Literaturwissenschaft. Hochschuldidaktische Arbeitsmaterialien 9. Düsseldorf, Bertelsmann.

Beneš, Eduard (1981): „Die formale Struktur der wissenschaftlichen Fachsprachen in syntaktischer Hinsicht", in: Bungarten, Theo (ed.): Wissenschaftssprache. Beiträge zur Methodologie, theoretischen Fundierung und Deskription. München, Fink, 184–212.

Bergenholtz, Henning (1994): „Zehn Thesen zur Fachlexikographie", in: Schaeder, Burkhard/Bergenholtz, Henning (eds.): Fachwissen und seine Repräsentation in Wörterbüchern. Tübingen, Narr, 43–56.

Berschin, Helmut (1989): „Wie beschreibt man eine Fachsprache? Am Beispiel des Wirtschaftsfranzösischen", in: Dahmen, Wolfgang/Holtus, Günter/Kramer, Johannes/Metzeltin, Michael (eds.): Technische Sprache und Technolekte in der Romania. Tübingen, Narr, 52–63.

Best, Joanna/Kalina, Sylvia (2002) (eds.): Übersetzen und Dolmetschen – Eine Orientierungshilfe. Tübingen, Francke.

Binon, Jean/Verlinde, Serge (2002): „Les langue(s) de spécialité(s): mythe ou réalité? Lexicographie et langue (s) de spécialité (s)", in: Des mots aux dictionnaires: travaux de la section lexicologie, lexicographie, onomastique, toponymie. Actes du XXII Congrès international de linguistique et philologie romanes, Bruxelles, 23–29 juillet 1998, Tübingen, Niemeyer, 616–628, 9 vls., online unter http://ekladata.com/AbxoL5z37lFbgk8oHxhQ7tq6Ch0.pdf: 40–45, Abruf am 21. September 2014.

Blumenthal, Peter (1979): „Die Linguistik des Weingeschmacks. Ein deutsch-französischer Vergleich", in: Zeitschrift für französische Sprache und Literatur 89, 97–129.

Born, Joachim (2001, ed.): Mehrsprachigkeit in der Romania. Französisch im Kontakt und in der Konkurrenz zu anderen Sprachen. Akten des 2. Frankoromanistenkongresses, Dresden, 25. bis 27. September 2000. Wien, Praesens.

Braun, Peter/Schaeder, Burkhard/Volmert, Johannes (1990/[2]2003, eds.): Internationalismen. Studien zur interlingualen Lexikologie und Lexikographie. Tübingen, Niemeyer.

Brinker, Klaus ([6]2005): Linguistische Textanalyse. Berlin, Erich Schmidt.

Bühler, Karl (1934): Sprachtheorie. Die Darstellungsfunktion der Sprache. Jena: G. Fischer.

Buhlmann, Rosemarie/Fearns, Anneliese (1987): Handbuch des Fachsprachenunterrichts. Unter besonderer Berücksichtigung naturwissenschaftlich-technischer Fachsprachen. (narr studienbücher). Berlin u.a.: Langenscheidt. – (2000): 6., überarbeitete und erweiterte Auflage. Tübingen, Narr.

Bullion, Michaela von (2004): „Galileo, Quarks & Co. Wissenschaft im Fernsehen", in: Conein, Stephanie/Schrader, Josef/Stadler, Matthias (eds.): Erwachsenenbildung und die Popularisierung von Wissenschaft. Probleme und Perspektiven bei der Vermittlung von Mathematik, Naturwissenschaften und Technik. Bielefeld, Bertelsmann, 90–114, auch als online-Ressource unter http://www.die-bonn.de/doks/conein0401.pdf, Abruf am 20. August 2015.

Bungarten, Theo (1981, ed.): Wissenschaftssprache. Beiträge zur Methodologie, theoretischen Fundierung und Deskription. München, Fink.

Burger, Harald ([4]2010): Phraseologie. Eine Einführung am Beispiel des Deutschen. Berlin, Erich Schmidt.

Burger, Harald/Dobrovol'skij, Dmitrij/Kühn, Peter/Norrik, Neil (2007, eds.): Phraseologie/Phraseology. Ein internationals Handbuch zeitgenössischer Forschung/An International Handbook of Contemporary Research. 2 Halbbände (HSK 28.1/2). Berlin, de Gruyter.

Bußmann, Hadumod (2008, ed.): Lexikon der Sprachwissenschaft. 4., durchgesehene und bibliographisch ergänzte Auflage. Stuttgart, Kröner.

Cabré i Castellví, M. Teresa (1993): La terminologia: la teoria, els mètodes, les aplicacions. Barcelona, Empúries.

Caiazza, Gabriella ([2]2002): Sprachfallen Italienisch. München, Hueber.

Caro Cedillo, Ana (2004): Fachsprachliche Kollokationen. Ein übersetzungsorientiertes Datenbankmodell Deutsch-Spanisch. Tübingen, Narr.

Cartagena, Nelson/Gauger, Hans-Martin (1989): Vergleichende Grammatik Spanisch-Deutsch. Bd. 2. Mannheim u.a., Duden, 581–615.

Clyne, Michael G. (1987): „Cultural Differences in the Organization of Academic Texts. English and German", in: Journal of Pragmatics 11, 211–247.

Clyne, Michael G. (1991): „Zu kulturellen Unterschieden in der Produktion und Wahrnehmung englischer und deutscher wissenschaftlicher Texte", in: Informationen Deutsch als Fremdsprache 18, 376–383.

Conein, Stephanie (2004): „Wissenschaft en passant? Chancen und Grenzen von Wissenschafts-Events", in: Conein, Stephanie/Schrader, Josef/Stadler, Matthias (eds.): Erwachsenenbildung und die Popularisierung von Wissenschaft. Probleme und Perspektiven bei der Vermittlung von Mathematik, Naturwissenschaften und Technik. Bielefeld, Bertelsmann, 141–155.

Conein, Stephanie/Schrader, Josef/Stadler, Matthias (2004, eds.): Erwachsenenbildung und die Popularisierung von Wissenschaft. Probleme und Perspektiven bei der Vermittlung von Mathematik, Naturwissenschaften und Technik. Bielefeld, Bertelsmann, auch als online-Ressource unter http://www.die-bonn.de/doks/conein0401.pdf, Abruf am 20. August 2015.

Coseriu, Eugenio (1966): „Structure lexicale et enseignement du vocabulaire", in: Actes du premier colloque international de linguistique appliquée (26–31 octobre 1964). Nancy, Annales de l'Est, 175–252.

Coseriu, Eugenio (1971): „Thesen zum Thema ‚Sprache und Dichtung'", in: Stempel, Wolf-Dieter (ed.): Beiträge zur Textlinguistik. München: Fink, 183–188.

Coseriu, Eugenio (^{2}1975): Die Geschichte der Sprachphilosophie von der Antike bis zur Gegenwart. Eine Übersicht. Teil 1: Von der Antike bis Leibniz. Tübingen, Narr.

Coseriu, Eugenio (^{2}1981): Textlinguistik. Tübingen, Narr.

Dahmen, Wolfgang/Holtus, Günter/Kramer, Johannes/Metzeltin Michael, (1989, eds.): Technische Sprache und Technolekte in der Romania. Tübingen, Narr.

Dante Alighieri (2007): De vulgari eloquentia, mit der italienischen Übersetzung von Gian Giorgio Trissino (1529). Deutsche Übersetzung von Michael Frings und Johannes Kramer. Stuttgart, ibidem.

de Beaugrande, Robert-Alain/Dressler, Wolfgang Ulrich (1981): Einführung in die Textlinguistik. Tübingen, Niemeyer.

de Bruyne, Jacques (^{2}2002): Spanische Grammatik. Übersetzt von Dirko-J. Gütschow. Tübingen, Niemeyer.

Dimter, Matthias (1981): Textklassenkonzepte heutiger Alltagssprache. Berlin, de Gruyter.

DIN 2330 (1993): Begriffe und Benennungen – Allgemeine Grundsätze. Normenausschuss Terminologie (NAT) im DIN Deutsches Institut für Normung e.V., Beuth.

DIN 2336 (2004): Darstellung von Einträgen in Fachwörterbüchern und Terminologie-Datenbanken. Berlin, Beuth.

DIN 2342 (1992/2011): Begriffe der Terminologielehre. Berlin, Beuth.

DIN 2342 (2011-08): Begriffe der Terminologielehre. Normenausschuss Terminologie (NAT) im DIN Deutsches Institut für Normung. Berlin, Beuth.

DIN 2342-1 (1992): Begriffe der Terminologielehre – Grundbegriffe. Normenausschuss Terminologie (NAT) im DIN Deutsches Institut für Normung. Berlin, Beuth.

DIN EN 15038 (2006): Übersetzungs-Dienstleistungen – Dienstleistungsanforderungen. Normenausschuss Gebrauchstauglichkeit und Dienstleistungen (NAGD) im DIN, Deutsches Institut für Normung. Berlin, Beuth.

Doval, Irene (2006): „Eine besondere Frage der zweisprachigen Lexikographie: Die ‚falschen Freunde'", in: Deutsche Grammatik im europäischen Dialog. Krakau, online unter http://www2.rz.hu-berlin.de/linguistik/institut/syntax/krakau2006/beitraege/doval.pdf, Abruf am 21. August 2014.

Drescher, Martina (2002, ed.): Textsorten im romanischen Sprachvergleich. Tübingen, Stauffenburg.
Drozd, Lubomir/Seibicke, Wilfried (1973): Deutsche Fach- und Wissenschaftssprache. Wiesbaden, Brandstetter.
Dudenredaktion (⁸2009): Duden – Die Grammatik. Mannheim/Wien/Zürich, Dudenverlag.
Eckkrammer, Eva Martha/Hödl, Nicola/Pöckl, Wolfgang (1999): Kontrastive Textologie. Wien, Edition Praesens.
Eckkrammer, Eva Martha (1999): „Die Packungsbeilage von Medikamenten im diachronischen und intersprachlichen Vergleich", in: Eckkrammer, Eva M./Hödl, Nicola/Pöckl, Wolfgang: Kontrastive Textologie. Wien, Edition Praesens, 77–129.
Eckkrammer, Eva Martha (2002): „Textsorten im interlingualen und -medialen Vergleich: Ausschnitte und Ausblicke", in: Drescher, Martina (ed.): Textsorten im romanischen Sprachvergleich. Tübingen, Stauffenburg, 15–39.
Engberg, Jan (1997): Konventionen in Fachtextsorten. Kontrastive Analysen zu deutschen und dänischen Gerichtsurteilen. (Forum für Fachsprachenforschung 36). Tübingen, Narr.
Ernst, Gerhard/Gleßgen, Martin-Dietrich/Schmitt, Christian/Schweickard, Wolfgang (2006, eds.): Romanische Sprachgeschichte/Histoire linguistique de la Romania. 2. Teilband. Berlin/New York, de Gruyter.
Fandrich, Brigitte (²2002): Sprachfallen Französisch. Mit Abschlusstests. München, Hueber.
Fix, Ulla/Habscheid, Stephan/Klein, Josef (2001, ed.): Zur Kulturspezifik von Textsorten. Tübingen, Stauffenburg.
Fleischer, Wolfgang (³2007): Phraseologie der deutschen Gegenwartssprache. Tübingen, Niemeyer.
Fleischmann, Eberhard/Schmitt, Peter Axel/Wotjak, Gerd (2004, eds.): Translationskompetenz. Tagungsberichte der LICTRA (Leipzig International Conference on Translation Studies) 4. bis 6.10.2001. Tübingen, Stauffenburg.
Fluck, Hans-Rüdiger (1976): Fachsprachen. Einführung und Bibliographie. (UTB 483). Tübingen, Francke.
Fluck, Hans-Rüdiger (1985): Fachdeutsch. Heidelberg, Groos.
Fluck, Hans-Rüdiger (2002): „‚Fachsprachen' – was ist das?", online-Dokument, abrufbar unter http://www.fachsprachen.de/content/defintion.html, Abruf am 15. Februar 2014.
Fluck, Hans-Rüdiger (⁵1996): Fachsprachen. Tübingen/Basel, Francke.
Franzen, Marina/Rödder, Simone/Weingart Peter (2012): „Wissenschaft und Massenmedien: Von Popularisierung zu Medialisierung", in: Maasen, Sabine/Kaiser, Mario/Reinhart, Martin/Sutter, Barbara (eds.): Handbuch Wissenschaftssoziologie. Wiesbaden, Springer, 355–364.
Fricke, Harald/Zymner, Rüdiger (1991): Einübung in die Literaturwissenschaft: Parodieren geht über Studieren. Paderborn u.a., Schöningh.
Galtung, Johan (1981): „Structure, Culture and Intellectual Style. An Essay Comparing Saxonic, Teutonic, Gallic and Nipponic Approaches", in: Social Science Information 20, 817–856. Deutsche Übersetzung (von Bernd Samland) – (1983): „Struktur, Kultur und intellektueller Stil. Ein vergleichender Essay über sachsonische, teutonische, gallische und nipponische Wissenschaft", in: Leviathan 11, 303–338. Wiederabgedruckt in: (1985): Wierlacher, Alois (ed.): Das Fremde und das Eigene. Prolegomena zu einer interkulturellen Germanistik. München, iudicium, 151–193.
Gauger, Hans-Martin (1982): „Falsche Freunde", in: Romania historica et Romania hodierna. Festschrift für Olaf Deutschmann. Frankfurt am Main u.a., Peter Lang, 77–92.
Gipper, Andreas (2003): Wunderbare Wissenschaft. Literarische Strategien naturwissenschaftlicher Vulgarisierung in Frankreich. München, Wilhelm Fink.
Glück, Helmut (1993, ed.): Metzler Lexikon Sprache. Stuttgart/Weimar, Metzler.
Glück, Helmut (³2005, ed.): Metzler Lexikon Sprache. Stuttgart/Weimar, Metzler.

Goebl, Hans (2010): „English only und die Romanistik – ein Aufschrei", in: Schröder, Hartmut/Beck, Ursula (eds.): Semiotische Weltmodelle: Mediendiskurse in den Kulturwissenschaften. Festschrift für Eckhard Höfner zum 65. Geburtstag. Münster, Lit Verlag, 189–213.

Göhring, Heinz (^{2}2007): Interkulturelle Kommunikation. Anregungen für Sprach- und Kulturmittler. Tübingen, Stauffenburg.

Göpferich, Susanne (1998a): Interkulturelles Technical Writing. Tübingen, Narr.

Göpferich, Susanne (1998b): „Text, Textsorte, Texttyp", in: Snell-Hornby, Mary/Hönig, Hans G./Kußmaul, Paul/Schmitt, Peter Axel (eds.): Handbuch Translation. Tübingen, Stauffenburg, 61–64.

Gouadec, Daniel (1990): Terminologie – Constitution des données. Paris, AFNOR.

Gouadec, Daniel (^{2}2009a): Profession : Traducteur. Paris, La Maison du Dictionnaire.

Gouadec, Daniel (2009b): Guide des métiers de la traduction-localisation et de la communication multilingue et multimédia. Paris, La Maison du Dictionnaire.

Grafton, Anthony (1998): Die tragischen Ursprünge der deutschen Fußnote. Aus dem Amerikanischen von H. Jochen Bußmann. (dtv 30668). München, Deutscher Taschenbuch Verlag.

Griebel, Cornelia (2013): Rechtsübersetzung und Rechtswissen. Kognitionstranslatologische Überlegungen und empirische Untersuchung des Übersetzungsprozesses. Berlin, Frank & Timme.

Große, Ernst Ulrich (1998): „Zwischen Linguistik und Landeskunde: die faux amis culturels", in: Französisch heute 4/98: 359–378, auch online verfügbar unter: http://www.freidok.uni-freiburg.de/volltexte/3161/pdf/Faux_amis.pdf, Abruf am 28. August 2014.

Hakelmacher, Sebastian (2000): „Die Fußnote als Höchstmaß wissenschaftlicher Arbeiten", in: Meuser, Thomas (ed.): Promo-Viren. Zur Behandlung promotionaler Infekte und chronischer Doktoritis. 2., völlig infizierte Auflage. Wiesbaden, Gabler, 75–88.

Hartmann, Reinhard R.K. (1980): Contrastive Textology. Heidelberg, Groos.

Haschka, Christine (1989): „Zur Entwicklungsgeschichte der ‚faux amis'-Forschung", in: Lebende Sprachen Nr. 4/1989, 148–152.

Hassenstein, Bernhard (1979): „Wie viele Körner ergeben einen Haufen? Bemerkungen zu einem uralten und zugleich aktuellen Verständigungsproblem", in: Peisl, Anton/Mohler, Armin (eds.): Der Mensch und seine Sprache. Frankfurt am Main/Berlin/Wien, Ullstein, 219–242.

Häusermann, Jürg (^{2}2005): Journalistisches Texten. Sprachliche Grundlagen für professionelles Informieren. Konstanz, UVK.

Heine, Carmen/Schubert, Klaus/Gerzymisch-Arbogast, Heidrun (2006, eds.): Text and Translation. Theory and Methodology of Translation. Tübingen, Narr.

Heller, Dorothee (1998): Wörter und Sachen. Grundlagen einer Historiographie der Fachsprachenforschung. (Forum für Fachsprachenforschung 43). Tübingen, Narr.

Hoffmann, Lothar (^{2}1985): Kommunikationsmittel Fachsprache. Eine Einführung. Tübingen, Narr.

Hoffmann, Lothar (1998): „Syntaktische und morphologische Eigenschaften von Fachsprachen", in: Hoffmann, Lothar/Kalverkämper, Hartwig/Wiegand, Herbert Ernst mit Galinski, Christian und Hüllen, Werner (eds.): Fachsprachen – Ein internationales Handbuch zur Fachsprachenforschung und Terminologiewissenschaft. Halbband 1. Berlin/New York, de Gruyter, 416–427.

Hoffmann, Lothar/Kalverkämper, Hartwig/Wiegand, Herbert Ernst mit Galinski, Christian und Hüllen, Werner (1998, eds.): Fachsprachen – Ein internationales Handbuch zur Fachsprachenforschung und Terminologiewissenschaft. Halbband 1. (Handbücher zur Sprach- und Kommunikationswissenschaft 14.2.) Berlin/New York, de Gruyter.

Hoffmann, Lothar/Kalverkämper, Hartwig/Wiegand, Herbert Ernst mit Galinski, Christian und Hüllen, Werner (1999, eds.): Fachsprachen – Ein internationales Handbuch zur Fachsprachenforschung und Terminologiewissenschaft. Halbband 2. (Handbücher zur Sprach- und Kommunikationswissenschaft 14.2.) Berlin/New York, de Gruyter.

Hohnhold, Ingo (1982): „Grundbegriffe im Bereich und im Umfeld übersetzungsorientierter Terminologiearbeit", in: Lebende Sprachen 1/1982, 1–5.

Holtus, Günter/Metzeltin, Michael/Schmitt, Christian (1989–2005, eds.): Lexikon der Romanistischen Linguistik. Tübingen, Niemeyer.
Holz-Mänttäri, Justa/Nord, Christiane (1993, eds.): Traducere navem. Festschrift für Katharina Reiss zum 70. Geburtstag. Tampere, Tampereen yliopisto.
Horn-Helf, Brigitte (2007): Kulturdifferenz in Fachtextsortenkonventionen. Analyse und Translation. Ein Lehr- und Arbeitsbuch. Frankfurt am Main, Peter Lang.
House, Juliane (1977): A Model for Translation Quality Assessment. Tübingen, Narr.
House, Juliane (1997): Translation Quality Assessment. A Model Revisited. Tübingen, Narr.
Hundertmark-Santos Martins, Maria Teresa (1995): Die Falschen Freunde – Os Falsos amigos Portugiesisch-Deutsch, Deutsch-Portugiesisch – Português-Alemão, Alemão-Português. Tübingen, Niemeyer.
Ischreyt, Heinz (1965): Studien zum Verhältnis von Sprache und Technik. Institutionelle Sprachlenkung in der Terminologie der Technik. (Sprache und Gemeinschaft. Band 4). Düsseldorf, Schwann.
ISO 17100 (2015): Services de traduction – Exigences relatives aux services de traduction. Première édition 2015-05-01.
ISO 860 (1996/2007): Terminology work – Harmonisation of concepts and terms. Genf.
Jumpelt, Rudolf Walter (1961): Die Übersetzung naturwissenschaftlicher und technischer Literatur. Berlin, Langenscheidt.
Kadrić, Mira/Kaindl, Klaus/Kaiser-Cooke, Michèle (2005): Translatorische Methodik. Wien, Facultas.
Kaehlbrandt, Roland (1989): Syntaktische Entwicklungen in der Fachsprache der französischen Wirtschaftswissenschaften. (Zeitschrift für französische Sprache und Literatur, Beiheft 16). Stuttgart, Steiner.
Kalverkämper, Hartwig (1988): „Die Fachwelt in der allgemeinen einsprachigen Lexikographie (deutsch – englisch – französisch – italienisch)", in: Fachsprache 10, 98–123.
Kalverkämper, Hartwig (1990): „Gemeinsprache und Fachsprachen – Plädoyer für eine integrierende Sichtweise", in: Stickel, Gerhard (ed.): Deutsche Gegenwartssprache: Tendenzen und Perspektiven. Berlin/New York, de Gruyter, 88–133.
Kalverkämper, Hartwig (1998a): „Fach und Fachwissen", in: Hoffmann, Lothar et al. (eds.): Fachsprachen – Ein internationales Handbuch zur Fachsprachenforschung und Terminologiewissenschaft. 1. Halbband. Berlin/New York, de Gruyter, 1–24.
Kalverkämper, Hartwig (1998b): „Fachsprachliche Phänomene in der Schönen Literatur", in: Hoffmann, Lothar et al. (eds.): Fachsprachen – Ein internationales Handbuch zur Fachsprachenforschung und Terminologiewissenschaft. 1. Halbband. Berlin/New York, de Gruyter, 717–728.
Kloss, Heinz (^{2}1978): Die Entwicklung neuer germanischer Kultursprachen seit 1800. 2., erweiterte Auflage. (Schriften des Instituts für deutsche Sprache 37). Düsseldorf, Schwann.
Kocourek, Rostislav (1982): La langue française de la technique et de la science. Vers une linguistique de la langue savante. Wiesbaden, Brandstetter. – (1991): Deuxième édition augmentée, refondue et mise à jour avec une nouvelle bibliographie.
Koessler, Maxime/Derocquigny, Jules (1928/^{6}1964): Les faux amis ou les trahisons/[pièges] du vocabulaire anglais. Paris, Vuibert.
Kosturek, Kamila (2013): „Falsche Freunde – ein Hindernis im Fremdsprachenlernprozess nur in der Theorie oder auch in der Praxis?", in: GLOTTODIDACTICA XL/1, Adam Mickiewicz University Press Poznań: 91–103, online abrufbar unter https://repozytorium.amu.edu.pl/jspui/bitstream/10593/11044/1/strony%20odglottodidactica_xl-8.pdf, Abruf am 28. August 2014.
Krafft, Fritz (2002): „Artes mechanicae", in: Lexikon des Mittelalters. München, Deutscher Taschenbuch-Verlag, Sp. 1063–1065.

Krefeld, Thomas (1985): Das französische Gerichtsurteil in linguistischer Sicht. Frankfurt am Main u.a., Peter Lang.
Kuhn, Alwin (1931): Die französische Handelssprache im 17. Jahrhundert. Leipzig/Paris, Romanisches Seminar/Droz.
Kühnel, Helmut (1979): Kleines Wörterbuch der faux amis. Deutsch-Französisch, Französisch-Deutsch. Leipzig, VEB Verlag Enzyklopädie.
Kupsch-Losereit, Sigrid (1998a): „Interferenzen", in: Snell-Hornby, Mary/Hönig, Hans G./Kußmaul, Paul/Schmitt, Peter Axel (eds.): Handbuch Translation. Tübingen, Stauffenburg, 167–170.
Kupsch-Losereit, Sigrid (1998b): „Gerichtsurteile", in: Snell-Hornby, Mary/Hönig, Hans G./Kußmaul, Paul/Schmitt, Peter Axel (eds.): Handbuch Translation. Tübingen, Stauffenburg, 225-228.
Larsen, Aase V. (1998): „Informationsstrukturen in deutschen Verträgen", in: Fagsprogsforskningen i Norden, Netvaærk LSP SSP. Nyhedsbrev Nr. 13, April 1998, Handeshøjskolen i Århus, Selbstverlag, 87–103.
Laszlo, Pierre (1993): La vulgarisation scientifique. (Que sais-je? 2722). Paris, PUF.
Laurén, Christer/Nordman, Marianne (1996): Wissenschaftliche Technolekte. Frankfurt am Main u.a., Peter Lang.
Lavric, Eva/Pöckl,Wolfgang/Schallhart, Florian (2011, eds.): Comparatio delectat. Akten der VI. Internationalen Arbeitstagung zum romanisch-deutschen und innerromanischen Sprachvergleich, Innsbruck, 3.–5. September 2008, Teil 2. Frankfurt am Main u.a., Peter Lang.
Lewandowski, Theodor (^{5}1990): Linguistisches Wörterbuch 1. Heidelberg/Wiesbaden, Quelle & Meyer.
Maasen, Sabine/Kaiser, Mario/Reinhart, Martin/Sutter, Barbara (2012, eds.): Handbuch Wissenschaftssoziologie. Wiesbaden, Springer
Malblanc, Alfred (1968): Stylistique comparée du français et de l'allemand. Paris, Didier.
Martinet, André (1979): Grammaire fonctionnelle du français. Paris, Crédif/Didier.
Mashaal, Maurice (2009): „Chercheurs et vulgarisation", in: Reflets de la Physique n°1, 17–19.
Meisel, Klaus (2004): „Vorbemerkungen", in: Conein, Stephanie/Schrader, Josef/Stadler, Matthias (eds.): Erwachsenenbildung und die Popularisierung von Wissenschaft. Probleme und Perspektiven bei der Vermittlung von Mathematik, Naturwissenschaften und Technik. Bielefeld, Bertelsmann, 5–6.
Mentrup, Wolfgang (1979, ed.): Fachsprachen und Gemeinsprache. Düsseldorf, Schwann.
Mertin, Elvira (2006): Prozessorientiertes Qualitätsmanagement im Dienstleistungsbereich Übersetzen. Frankfurt am Main u.a., Peter Lang.
Möhn, Dieter/Pelka, Roland (1984): Fachsprachen. Eine Einführung. (Germanistische Arbeitshefte 30). Tübingen, Niemeyer.
Mravlag, Hedwig (2013): Relationsadjektive im Deutschen, Französischen und Russischen. Innsbruck, innsbruck university press.
Niederhauser, Jürg (1999): Wissenschaftssprache und populärwissenschaftliche Vermittlung. (Forum für Fachsprachenforschung 53). Tübingen, Narr.
Nord, Christiane (1989): „Loyalität statt Treue. Vorschläge zu einer funktionalen Übersetzungstypologie", in: Lebende Sprachen Nr. 3/1989, 100–105.
Novellino (1988): Das Buch der hundert alten Novellen. Italienisch/Deutsch. Übersetzt und herausgegeben von János Riesz. Stuttgart, Reclam.
Olschki, Leo (1919/1922/1927): Geschichte der neusprachlichen wissenschaftlichen Literatur, 3 Bde. Heidelberg, Winter.
Peisl, Anton/Mohler, Armin (1979, eds.): Der Mensch und seine Sprache. Frankfurt am Main/Berlin/Wien, Ullstein.

Phal, André (1968): „De la langue quotidienne à la langue des sciences et des techniques", in: Le français dans le monde 61 (Dezember 1968), 7–11.
Picht, Heribert (1987): „Fachsprachliche Phraseologie – Die terminologische Funktion von Verben", in: Terminologie et Traduction N° 3/1987, 65–78.
Picht, Heribert (1990): „Die Fachwendung – ein Stiefkind der Fachübersetzung", in: Arntz, Reiner/Thome, Gisela (eds.): Übersetzungswissenschaft. Ergebnisse und Perspektiven. Festschrift für Wolfram Wilss zum 65. Geburtstag. Tübingen, Narr, 207–215.
Piirainen, Elisabeth (1997): „‚Da kann man nur die Hände in den Schoß legen'. Zur Problematik der falschen Freunde in niederländischen und deutschen Phraseologismen", in: Barz, Irmhild/Schröder, Marianne (eds.): Nominationsforschung im Deutschen. Festschrift für Wolfgang Fleischer zum 75. Geburtstag. Frankfurt am Main u.a., Peter Lang, 201–211.
Piirainen, Elisabeth (1999): „Falsche Freunde in der Phraseologie des Sprachenpaares Deutsch-Niederländisch", in: Sabban, Annette (ed.): Phraseologie und Übersetzen: Phrasemata II. Bielefeld, Aisthesis Verlag, 187–204.
Pöckl, Wolfgang (1990): „Französische Fachsprachen", in: Holtus, Günter/Metzeltin, Michael/Schmitt, Christian (eds.): Lexikon der Romanistischen Linguistik. Bd. V,1. Tübingen, Niemeyer, 267–282.
Pöckl, Wolfgang (1994): „Die Verwissenschaftlichung der Umgangssprache", in: Pöll, Bernhard (ed.): Fachsprache – kontrastiv. Beiträge der gleichnamigen Sektion des 21. Österreichischen Linguistentages Salzburg, 23.–26. Oktober 1993. Bonn, Romanistischer Verlag, 27–44.
Pöckl, Wolfgang (1995a): „Französische Form, italienisches Recht, deutsche Sprache. Über Verordnungen in Südtirol", in: Sornig, Karl/Halwachs, Dieter W./Penzinger, Christine/Ambrosch, Gerd (eds.): Linguistics with a Human Face. Festschrift für Norman Denison zum 70. Geburtstag. (Grazer Linguistische Monographien 10). Graz, Institut für Sprachenwissenschaft der Universität Graz, 307–313.
Pöckl, Wolfgang (1995b): „Nationalstile in Fachtexten? Vom Tabu- zum Modethema", in: Fachsprachen 17/3–4, 98–107.
Pöckl, Wolfgang (1999): „Die französischen Fachsprachen im 20. Jahrhundert und ihre Erforschung: eine Übersicht", in: Hoffmann, Lothar/Kalverkämper, Hartwig/Wiegand, Herbert Ernst mit Galinski, Christian und Hüllen, Werner (eds.): Fachsprachen – Ein internationales Handbuch zur Fachsprachenforschung und Terminologiewissenschaft. Halbband. 2., Berlin/New York, de Gruyter, 1491–1503.
Pöckl, Wolfgang (2001): „Französisch als Wissenschaftssprache im Jahr 2000", in: Born, Joachim (ed.): Mehrsprachigkeit in der Romania. Französisch im Kontakt und in der Konkurrenz zu anderen Sprachen. Akten des 2. Frankoromanistenkongresses, Dresden, 25.– bis 27. September 2000. Wien, Praesens, 117–128.
Pöckl, Wolfgang (2006): „Übersetzer und Übersetzung im Umkreis des französischen Königs Karl V. des Weisen (1364–1380)", in: Wolf, Michaela (ed.): Übersetzen – Translating – Traduire: Towards a ‚social Turn'? Münster u.a., LIT-Verlag, 177–185.
Pöckl, Wolfgang (2008): Zum Stand der deutschen Internationalismenforschung, in: Krings, Hans P./Mayer, Felix (eds.): Sprachenvielfalt im Kontext von Fachkommunikation, Übersetzung und Fremdsprachenunterricht. Festschrift für Reiner Arntz. (Forum für Fachsprachenforschung 83). Berlin: Frank & Timme, 445–455.
Pöckl, Wolfgang (2014): „Eurolinguistik und Translationswissenschaft", in: Journal for EuroLinguistiX 11, 14–24.
Polenz, Peter von (1978): Geschichte der deutschen Sprache. Erweiterte Neubearbeitung der früheren Darstellung von Hans Sperber. 9., überarbeitete Auflage. (Göschen 2206). Berlin/New York, de Gruyter.

Pöll, Bernhard (1994, ed.): Fachsprache – kontrastiv. Beiträge der gleichnamigen Sektion des 21. Österreichischen Linguistentages Salzburg, 23.–26. Oktober 1993. Bonn, Romanistischer Verlag.
Pöll, Bernhard (2005): Le français langue pluricentrique? Études sur la variation diatopique d'une langue standard. Frankfurt am Main u.a., Peter Lang.
Popper, Karl (1979) [1962]: „Die Logik der Sozialwissenschaften", in: Adorno, Theodor et al. (^{9}1979, eds.): Der Positivismusstreit in der deutschen Soziologie. Darmstadt, Luchterhand, 103–123.
Pörksen, Uwe (1986): Deutsche Naturwissenschaftssprachen. Historische und kritische Studien. (Forum für Fachsprachenforschung 2). Tübingen, Narr.
Posner, Roland (1993): „What is an Academic Discipline?", in: Titzmann, Michael (ed.): Zeichen(theorie) und Praxis. 6. Internationaler Kongress der Deutschen Gesellschaft für Semiotik 8.–11. Oktober 1990. Passau, Rothe, 145–174.
Regelbasiertes Schreiben. Deutsch für die technische Kommunikation (^{2}2013). Stuttgart, Gesellschaft für Technische Kommunikation – tekom e.V.
Reinart, Sylvia (1993): Terminologie und Einzelsprache. Vergleichende Untersuchung zu einzelsprachlichen Besonderheiten der fachsprachlichen Lexik mit Schwerpunkt auf dem Sprachenpaar Deutsch-Französisch. (Europäische Hochschulschriften: Reihe 21, Linguistik; Bd. 130). Frankfurt am Main u.a., Peter Lang.
Reinart, Sylvia (2009): „Professionalität beim Fachübersetzen – am Beispiel von Wirtschaftsfachtexten", in: Ahrens, Barbara/Černý, Lothar/Krein-Kühle, Monika/Schreiber, Michael (eds.): Translationswissenschaftliches Kolloquium I. Beiträge zur Übersetzungs- und Dolmetschwissenschaft (Köln/Germersheim). Frankfurt am Main u.a., Peter Lang, 241–272.
Reinart, Sylvia (2012): „Literatur- vs. Fachübersetzen: Von heiligen Originalen und heiligen Auftraggebern", in: Holzer, Peter/Feyrer, Cornelia/Gampert, Vanessa (eds.): «Es geht sich aus...» zwischen Philologie und Translationswissenschaft: Translation als Interdisziplin. Frankfurt am Main u.a., Peter Lang, 209–221.
Reinart, Sylvia (^{2}2014): Kulturspezifik in der Fachübersetzung. Die Bedeutung der Kulturkompetenz bei der Translation fachsprachlicher und fachbezogener Texte. (Forum für Fachsprachen-Forschung 88). Berlin, Frank & Timme.
Reiß, Katharina (1971): Möglichkeiten und Grenzen der Übersetzungskritik. München: Hueber.
Reiß, Katharina (1976): Texttyp und Übersetzungsmethode. Der operative Text. Kronberg/Ts., Scriptor.
„Richtlinie 2006/42/EG des Europäischen Parlaments und des Rates vom 17. Mai 2006 über Maschinen und zur Änderung der Richtlinie 95/16/EG (Neufassung)", in: Amtsblatt der Europäischen Union L 157 vom 9.6.2006: 24–86, auch online unter: http://eur-lex.europa.eu/legal-content/DE/TXT/PDF/?uri=CELEX:32006L0042&rid=1, Abruf am 7. August 2015.
„Richtlinie 2010/64/EU des Europäischen Parlaments und des Rates vom 20. Oktober 2010 über das Recht auf Dolmetschleistungen und Übersetzungen in Strafverfahren", L 280: 1–7, online unter http://eur-lex.europa.eu/legal-content/DE/TXT/?uri=uriserv:jl0047, Abruf am 7. August 2015.
Rincke, Karsten (2010): „Alltagssprache, Fachsprache und ihre besonderen Bedeutungen für das Lernen", in: Zeitschrift für Didaktik der Naturwissenschaften 16, 235–260.
Rocco, Goranka (2013): Textsorten der Unternehmenskommunikation aus kontrastiv-textologischer Perspektive. Eine Untersuchung der Aktionärsbriefe und Einstiegsseiten der deutschen und italienischen Banken. Frankfurt am Main u.a., Peter Lang.
Roche, Jörg (^{3}2013): Fremdsprachenerwerb – Fremdsprachendidaktik. Tübingen, Francke.
Roelcke, Thorsten (^{3}2010): Fachsprachen. Berlin, Erich Schmidt.
Roqueplo, Philippe (1974): Le partage du savoir. Science, culture, vulgarisation. Paris, Seuil.

Sabban, Annette (1999, ed.). Phraseologie und Übersetzen: Phrasemata II. Bielefeld, Aisthesis Verlag.
Sandrini, Peter (1999): „Translation zwischen Kultur und Kommunikation: Der Sonderfall Recht", in: Sandrini, Peter (ed.): Übersetzen von Rechtstexten. Fachkommunikation im Spannungsfeld zwischen Rechtsordnung und Sprache. Tübingen, Narr, 9–43.
Schaeder, Burkhard (1990/²2003): „Versuch einer theoretischen Grundlegung der Internationalismen-Forschung", in: Braun, Peter/Schaeder, Burkhard/Volmert, Johannes (eds.): Internationalismen. Studien zur interlingualen Lexikologie und Lexikographie. Tübingen: Niemeyer, 34–46.
Schaeder, Burkhard/Bergenholtz, Henning (1994, eds.): Fachwissen und seine Repräsentation in Wörterbüchern. Tübingen, Narr.
Schmidt, Wilhelm (1969): „Charakter und gesellschaftliche Bedeutung der Fachsprachen", in: Sprachpflege 18, 10–20.
Schippel, Larisa (2006, ed.): Übersetzungsqualität – Kritik – Kriterien – Bewertungshandeln. Berlin, Frank & Timme.
Schmitt, Peter Axel (1998): „Technical Writing und Übersetzen", in: Snell-Hornby, Mary/Hönig, Hans G./Kußmaul, Paul/Schmitt, Peter Axel (eds.): Handbuch Translation. Tübingen, Stauffenburg, 154–159.
Schmitz, Klaus-Dirk/Freigang, Karl-Heinz (2002): „Terminologieverwaltung und Sprachdatenverarbeitung", in: Best, Joanna/Kalina, Sylvia (eds.): Übersetzen und Dolmetschen – Eine Orientierungshilfe. Tübingen, Francke, 85–100.
Schmitzberger, Eva Maria (2012): „Funktionen fachsprachlicher Elemente in fiktionalen Texten. Daniel Kehlmanns Roman ‚Die Vermessung der Welt' im Vergleich mit der englischen Übersetzung", in: trans-kom 5 [1] (2012), online unter http://www.trans-kom.eu/bd05nr01/trans-kom_05_01_06_Schmitzberger_fiktionale_Texte.20120614.pdf, Abruf am 30. November 2013, 139–156.
Schopp, Jürgen F. (2005): „Gut zum Druck"? Typographie und Layout im Übersetzungsprozeß. Tampere, Tampere University Press. Electronic dissertation, abrufbar unter http://acta.uta.fi/english/teos.phtml?10803, letzter Abruf am 12. Mai 2014.
Schreiber, Michael (2004): Vergleichende Studien zur romanischen und deutschen Grammatikographie. Frankfurt am Main u.a., Peter Lang.
Schubert, Klaus (2006): „Interkulturalität in technischer Redaktion und Fachübersetzung", in: Wolff, Dieter (ed.): Mehrsprachige Individuen – Vielsprachige Gesellschaften. Frankfurt am Main u.a., Peter Lang, 191–204.
Schubert, Klaus (2007): Wissen, Sprache, Medium, Arbeit. Ein integratives Modell der ein- und mehrsprachigen Fachkommunikation. Tübingen, Narr.
Schuldt, Janina (1992): Den Patienten informieren. Beipackzettel von Medikamenten. Tübingen, Narr.
Schwanitz, Dietrich (1999): Bildung. Alles, was man wissen muss. Frankfurt am Main, Eichborn.
Schwanzer, Viliam (1981): „Syntaktisch-stilistische Universalia in den wissenschaftlichen Fachsprachen", in: Bungarten, Theo (ed.): Wissenschaftssprache. Beiträge zur Methodologie, theoretischen Fundierung und Deskription. München, Fink, 213–230.
Seibicke, Wilfried (1959): „Fachsprache und Gemeinsprache", in: Muttersprache 69, 70–74.
Sergo, Laura/Wienen, Ursula/Atayan, Vahram (2013, eds.): Fachsprache(n) in der Romania. Entwicklung, Verwendung, Übersetzung. Berlin, Frank & Timme.
Siebenschein, Hugo (1936): Abhandlungen zur Wirtschaftsgermanistik. Prag, Orbis.
Sinner, Carsten (2014): Varietätenlinguistik. Eine Einführung. Tübingen, Narr.
Snell-Hornby, Mary/Hönig, Hans G./Kußmaul, Paul/Schmitt, Peter Axel (1998, eds.): Handbuch Translation. Tübingen, Stauffenburg.

Sokal, Alan (1999): „Die Grenzen überschreiten: Ein Nachwort", in: Sokal, Alan/Bricmont, Jean: Eleganter Unsinn. Wie die Denker der Postmoderne die Wissenschaften missbrauchen. Ins Deutsche übertragen von Johannes Schwab und Dietmar Zimmer. München, Beck, 319–331.

Sokal, Alan D. (1996): „Transgressing the boundaries: Toward a transformative hermeneutics of quantum gravity", in: Social Text 46/47, 217–252.

Spillner, Bernd (1981): „Probleme der Syntax von Fachsprachen – an französischen Beispielen", in: Kühlwein, Wolfgang/Raasch, Albert (eds.): Sprache Lehren/Lernen. Kongreßberichte der 11. Jahrestagung der Gesellschaft für Angewandte Linguistik (Darmstadt 1980), Bd. I. Tübingen, Narr, 41–48.

Spillner, Bernd (1983): „Zur kontrastiven Analyse von Fachtexten – am Beispiel der Syntax von Wetterberichten", in: Zeitschrift für Literaturwissenschaft und Linguistik 13, 110–123.

Spillner, Bernd (1989): „Stilelemente im fachsprachlichen Diskurs", in: Dahmen, Wolfgang/Holtus, Günter/Kramer, Johannes/Metzeltin, Michael (eds.): Technische Sprache und Technolekte in der Romania. Romanistisches Kolloquium II. Tübingen, Narr, 2–19.

Stempel, Wolf-Dieter (1971, ed.): Beiträge zur Textlinguistik. München, Fink.

Stickel, Gerhard (1990, ed.): Deutsche Gegenwartssprache: Tendenzen und Perspektiven. Berlin/New York, de Gruyter.

Spitzbart, Harry (1972, ed.): Spezialprobleme der wissenschaftlichen und technischen Übersetzung. Halle (Saale), Niemeyer.

Stoll, Karl-Heinz (2004): „Englisch als Kommunikationsvernichter", in: Fleischmann, Eberhard/Schmitt, Peter Axel/Wotjak, Gerd (eds.): Translationskompetenz. Tagungsberichte der LICTRA (Leipzig International Conference on Translation Studies) 4.–6.10.2001. Tübingen, Stauffenburg, 443–461.

Stolze, Radegundis (1993): „Mitteilen und Erklären: Kompensatorische Übersetzungsstrategien bei Verständnisbarrieren", in: Holz-Mänttäri, Justa/Nord, Christiane (eds.): Traducere navem. Festschrift für Katharina Reiss zum 70. Geburtstag. Tampere, Tampereen yliopisto, 261–274.

Stolze, Radegundis (1999): Die Fachübersetzung. Eine Einführung. Tübingen, Narr.

Stolze, Radegundis (^{3}2013): Fachübersetzen – Ein Lehrbuch für Theorie und Praxis. Berlin, Frank & Timme.

Storni, Bruno/Giovannelli, Paolo (1997): Schwierigkeiten des deutsch-italienischen Wortschatzes. Stuttgart u.a., Klett.

Straub, Daniela (2013): Ergebnisse der tekom-Frühjahrsumfrage. Branchenkennzahlen für die Technische Dokumentation 2012, online unter http://www.tekom.de/uploads/media/235/-Branchenkennzahlen_2012_23502.pdf, Abruf am 18. Juni 2014.

Stuckenberger, Kornelia (1999): Sprachfallen Spanisch. Mit Abschlusstests. München, Hueber.

Tabares Plasencia, Encarnación (2014, ed.): Fraseología jurídica contrastiva español-alemán/Kontrastive Fachphraseologie der spanischen und deutschen Rechtssprache. Berlin, Frank & Timme.

Tekin, Özlem (2012): Grundlagen der Kontrastiven Linguistik in Theorie und Praxis. Tübingen, Stauffenburg.

Temmerman, Rita (2000): Towards New Ways of Terminology Description: The Sociocognitive Approach. Amsterdam/Philadelphia, Benjamins.

Ten Hacken, Pius (2015): Terms and Specialised Vocabulary: Taming the Prototypes, in: Kockaert, Hendrik J./Steurs, Frieda (eds.): Handbook of Terminology: Volume 1. Amsterdam, Benjamins, 3–13.

Trillhaase, Günther (1972): „,Polysemie' und ,Kontext' in der Translation", in: Spitzbart, Harry (ed.): Spezialprobleme der wissenschaftlichen und technischen Übersetzung. Halle (Saale), Niemeyer, 87–119.

Ulijn, Jan M. (1979): „Le registre scientifique et technique et ses constantes et variantes supralinguistiques", in: Fachsprache. Internationale Zeitschrift für Fachsprachenforschung, -didaktik und Terminologie 1, 126–153.

Vaerenbergh, Leona van (2006): „‚Covert', ‚instrumentell', ‚interlingual deskriptiv'. Der Stellenwert der multilingualen Textredaktion in Theorie und Praxis der Translation", in: Heine, Carmen/Schubert, Klaus/Gerzymisch-Arbogast, Heidrun (eds.): Text and Translation. Theory and Methodology of Translation. Tübingen, Narr, 105–128.

Vanderperren, François (1994): Dictionnaire des faux amis: Allemand-Français. Wörterbuch der faux amis: Deutsch-Französisch. Louvain-la-Neuve, Duculot.

Wahle, Kirsten (2000): „Wie wird Software lokalisiert?", in: Schmitz, Klaus-Dirk/Wahle, Kirsten (eds.): Softwarelokalisierung. Tübingen, Stauffenburg, 31–47.

Wandruszka, Mario (1977): „‚Falsche Freunde': ein linguistisches Problem und seine Lösung", in: Zeitschrift für französische Sprache und Literatur. Beiheft Nr. 5. Festgabe für Julius Wilhelm zum 80. Geburtstag. Wiesbaden, Steiner, 53–77.

Wandruszka, Mario (1979): Die Mehrsprachigkeit des Menschen. München, Piper.

Warner, Alfred (1966): Internationale Angleichung fachsprachlicher Wendungen in der Elektrotechnik – Versuch einer Aufstellung phraseologischer Grundsätze für die Technik. Berlin, VDE-Verlag.

Weinrich, Harald (2001): „Sprache und Wissenschaft", in: Weinrich, Harald: Sprache, das heißt Sprechen. (Forum für Fachsprachenforschung 50). Tübingen, Narr, 207–220.

Weizsäcker, Carl Friedrich von (1959): „Sprache als Information", in: Die Sprache. Fünfte Folge des Jahrbuchs Gestalt und Gedanke. (Herausgegeben von der Bayrischen Akademie der Schönen Künste.) München, Oldenbourg, 45–76.

Wesch, Andreas (1998): Zum französischen Varietätenraum in Europa – ein Querschnitt durch sein spezifisches Profil im Vergleich zum Spanischen, postum [2012] veröffentlichte Habilitationsschrift, online unter http://zsm.phil-fak.uni-koeln.de/fileadmin/zsm/Habil_Welsch.pdf, Abruf am 20. August 2015.

Wienen, Ursula (2011): „Translatorische Dimensionen der Fachsprachenverwendung in literarischen Texten am Beispiel von Übersetzungen aus dem Französischen ins Deutsche", in: Comparatio delectat. Akten der VI. Internationalen Arbeitstagung zum romanisch-deutschen und innerromanischen Sprachvergleich, Innsbruck, 3.–5. September 2008, Teil 2. Frankfurt am Main u.a., Peter Lang, 815–829.

Wilss, Wolfram (1977): Übersetzungswissenschaft. Probleme und Methoden. Stuttgart, Klett.

Wolff, Dieter (2006, ed.): Mehrsprachige Individuen – Vielsprachige Gesellschaften. Frankfurt am Main u.a., Peter Lang.

Wotjak, Gerd (1984): „Kongruenzen und Divergenzen im spanischen und deutschen Wortschatz", in: Beiträge zur Romanischen Philologie 23/1, 109–152.

Wotjak, Gerd (1987): „Illokutives, Pragmatisches und Semantisches – Pragmatisches im Semantischen?", in: Lunder germanistische Forschungen 55, 127–137.

Wotjak, Gerd/Herrmann, Ulf (1984): Kleines Wörterbuch der falschen Freunde. Deutsch–Spanisch, Spanisch– Deutsch. Leipzig, Verlag Enzyklopädie.

Wotjak, Gerd/Herrmann, Ulf (^{7}1997): Kleines Wörterbuch der falschen Freunde. Deutsch-Spanisch, Spanisch-Deutsch. [Überarbeitete Auflage]. Berlin/München, Langenscheidt.

Wüster, Eugen ([1931]/^{3}1970): Internationale Sprachnormung in der Technik, besonders in der Elektrotechnik. Die nationale Sprachnormung und ihre Verallgemeinerung. Bonn, Bouvier.

Wüster, Eugen (1974): „Die Allgemeine Terminologielehre – ein Grenzgebiet zwischen Sprachwissenschaft, Logik, Ontologie, Informatik und den Sachwissenschaften", in: Association internationale de linguistique appliquée. Third Congress Copenhagen 1972, Proceedings volume III. Applied Linguistics – Problems and Solutions. Heidelberg, Groos, 640–655.

Wüster, Eugen (1979): Einführung in die Allgemeine Terminologielehre und terminologische Lexikographie. 2 Bde. Wien/New York, Springer.
Wüster, Eugen (³1991): Einführung in die allgemeine Terminologielehre und terminologische Lexikographie. Bonn, Romanistischer Verlag.
Zehrer, Christiane (2014): Wissenskommunikation in der technischen Redaktion. Die situierte Gestaltung adäquater Kommunikation. Berlin, Frank & Timme.
Zschirnt, Christiane (2004): Bücher. Alles, was man lesen muss. München, Heyne.
Zuluaga, Alberto (1980): Introducción al estudio de las expresiones fijas. Frankfurt am Main u.a., Peter Lang.

Index

Abkürzungen 70
Affixe 60
Akronyme 59, 70
Akzeptabilität 112
anaphorisch 111
Appellfunktion 114
artes liberales 16, 19
artes mechanicae 16
Ausbau 6f.
Ausbausprache 83
Ausdrucksökonomie 59, 65, 70, 72
Basis 103
Beamtendeutsch 10
Bedienungsanleitungen 140
Begrifflichkeit 65
Begriffssysteme 66
Benennungsbildung 74
Benennungsgrundsätze 75
Benennungsprinzipien 66
Benennungsregeln 66f.
Betriebsanleitungen 142
Bildungsdurchsichtigkeit 65
Bildungswortschatz 20
Bindestrich-Wissenschaften 21
blending 59
CLIL 2
corporate language 77, 134, 139
covert translation 131
Deklarationsfunktion 114
Derivation 59
Determinans 28
diachron 56
diachronisch 73
Dialekt 29
Dialekte 2ff., 7
Dialektfärbung 77, 134
Dialektik 14
Dialektologie 3
diaphasisch 49
diastratisch 41, 49
Diphtong 54
Dolomitenladinisch 7
Dubletten 74
Eindeutigkeit 63, 65, 76, 78
Eineindeutigkeit 65, 78
Einsprachigkeit 8

Entlehnungen 9, 90
epitheton ornans 105
Erbwörter 28
Erklärungsäquivalente 149
Etymologie 138
Etymon 86
Exaktheit 63, 65, 76, 78
Expansionsthese 103
expressive Texte *Siehe* formbetonte Texte
Fachchinesisch 10
Fachdenken 42
Fächerkanon 14
fachexterne Kommunikation 128
fachinterne Kommunikation 128
fachliche Umgangssprache 44, 46
Fachlichkeitsgrade 49
Fachliteratur 19
Fachsprachlichkeit 35, 48
Fachterminologie 9
Fachtextsorten 48
Fachvokabular 21
faux amis 83, 85
faux amis culturels 91
faux amis, absolute *87*
faux amis, formale 89
faux amis, idiomatische 91
faux amis, intralinguale 93
faux amis, kommunikative 91f.
faux amis, morphologische 88
faux amis, orthographische 89
faux amis, partielle 88
faux amis, phonetische 90
faux amis, phraseologische 91
faux amis, pragmatische 91
faux amis, semantische 87
faux amis, strukturelle 88f.
Flexionslehre 103
Flexionsmorphologie 56
formbetonte Texte 114
Gelehrtensprache 17
Gemeinsprache 9, 23, 36f., 39, 53, 58, 111
Genus-faux amis 89, 92
Grammatik 14
Grammatikographie 59
Graphemik 55
Gruppensprachen 41

Handelssprache 27
Handelsterminologie 27
Handwerkssprachen 24, 48, 76
Homographien 93
Homonymien 93
horizontale Gliederung 43, 45, 126
Hortativ 58
Indefinitpronomen 58
Informationsbarrieren 9
Informationsfunktion 114
Informativität 112
Inkongruenzen 138
Institutionensprache 47
Intentionalität 112
Interferenzen 86, 91
Interferenzfehler 85
Interlexeme 81
Internationalismen 66, 76, 81ff., 94
Intertextualität 112
Ist-Norm 67
Junggrammatiker 25
Kasussystem 57
kataphorisch 111
Kirchensprache 6
Kohärenz Siehe Textkohärenz
Kohäsion Siehe Textkohäsion
Kollokation 138
Kollokationen 98
Kollokator 103
Kommunikationsbarrieren 10
Kommunikationskompetenz 2
Komposita 60f., 74
Komposition 59
Konfigierung 59
Konfixbildungen 61
Konfixe 60f., 82
Konnotationen 65, 77
Konnotationsfreiheit 76
Konsistenz 134
Konsumtionssprache 47
Kontaktfunktion 114
Kontextautonomie 65, 72, 76
Kontextunabhängigkeit 63, 72, 78
Konventionalität 63
Konversion 59
Korsisch 7
Kultsprache 6
Kultursprachen 3, 20, 83
langue 72, 84

lateinamerikanisches Spanisch 33
Lautgesetze 24
Lexikographen 19
Lexikographie 6, 26
lexikographische Produkte 5
Lexikon 5
Linguistik 23, 28
literarische Texte 11
Literatursprache 36
Literaturübersetzung 126
Mehrsprachigkeit 3
Metaphern 74, 135
Minderheitensprachen 6f., 124
Morphemanalysen 56
Morpheme 56
mots de civilisation 91
Nationalsprachen 6ff., 20
Neologismen 27
Neutralität 63, 65
Nomenklaturen 67f., 126, 128
Nominalflexion 57
Nominalstil 106
Nominalsyntagmen 107
Obligationsfunktion 114
Okzitanisch 7
onymische Bestandteile 75, 84
operative Texte Siehe appellbetonte Texte
Organon-Modell 112f.
orthoepisch 54
overt translation 131
parole 72, 84
Passivkonstruktionen 58
peer review 11
Performanz 5
Periphrasen 149
Philologie 15
Phonematik 53
Phonotaktik 53
Phraseologen 137
Phraseologismen 82, 135
Pluralbildung 57
pluralis modestiae 58
plurizentrische Sprachen 3, 93
Poetolekte 4
Polysemie 65, 71, 78, 96
Popularisierung 17, 143
Präfigierung 59
Präfixe 60, 82
pragmalinguistisch 49

Prototypensemantik 73
Pseudogallizismen 88
Pseudoitalianismen 89
Public Engagement with Science and Technology 147
Public Understanding of Science 146
Quadrivium 15
Reduktionsthese 103f., 107
Regiolekte 3f.
Relationsadjektive 29, 59f., 107
Rhetorik 14, 18
Rückbildung 59
Sachwörterbücher 13
Scheinentsprechungen 90
Schriftsprache 20
scientific community 33
Selbstdeutigkeit 65, 69f., 74
Semantik 73
Seme 73
septem artes liberales 14f.
Siglen 59, 70
Situationalität 112
Slang 4
Softwarelokalisierung 137
Soll-Norm 67
Sondersprachen 3
soziokognitives Modell 73
Soziolekt 29
Soziolekte 3f.
Soziolinguistik 3, 6, 26
Soziologenjargon 10
Sprachökonomie 71, 76
Sprachpolitik 6
Sprachsystem 125
Sprachtechnologie 26
Sprachtheorie 112
Sprachverwendung 125
Standardsprache 3
Stilkonventionen 11
Suffixe 60, 82
synchronisch 37
Synonyme 70
Synonymie 65
Syntagmen 98
Systematik 65
Systematizität 69
systemlinguistisch 49
Technische Redakteure 137, 139f.
technolektal 57, 59

Technolekte 3f., 63
Tempusverwendung 58
Terminographen 137
Terminologen 137
Terminologie 23
Terminologiearbeit 137
Terminologiedatenbanken 26, 137f.
Terminologiekommissionen 32
Terminologielehre 26
Terminologienormung 26
terminologische Grundsätze 66
Textanalyse 114
Textkohärenz 111
Textkohäsion 111
Textlinguistik 28, 111
Textsorten 28
Texttypologie 113
Textualitätskriterien 115
Thema-Rhema 111
Theoriesprache 44, 46
Triphthong 54
Trivialnamen 70
Trivium 15
typografische Zeichen 138
Übersetzungseinheit 133
übersetzungsgerechte Texte 141
Umgangssprache 5
Umgangssprachlichkeit 77
Universalia 78
Universalien 50, 85, 107
Universalienhypothese 107
Urkundenübersetzung 131
Varietäten 3, 5f., 8, 28f., 50, 53
Varietätenlinguistik 25
Verben 35
Vernakulärnamen 128
Verständnisbarrieren 9
Verteilersprache 44
vertikale Gliederung 43, 45f.
vertikale Schichtung 128
Verwaltungssprache 47
Verwissenschaftlichung 5, 48
Voice over 128
volgarizzamenti 18, 20
Volkssprachen 17f.
Werbetexte 112
Werkstattsprache 44
Wirtschaftsgermanistik 27
Wirtschaftslinguistik 27f.

Wissenschaftsintegration 45
Wissenschaftsjournalismus 2, 9, 143
Wissenschaftskulturen 8
Wissenschaftssprachen 8, 20, 30, 44, 46f.
Wortbildungsregeln 65

Wortbildungsverfahren 59
Wortfamilie 29
Wortmischung 59
Zitate 11

www.ingramcontent.com/pod-product-compliance
Lightning Source LLC
Chambersburg PA
CBHW081331230426
43667CB00018B/2896